U0690481

教育部首批新文科研究与改革实践立项项目
中国商业会计学会优秀教材奖一等奖

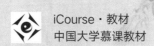

iCourse・教材
中国大学慕课教材

新形态教材

财经大数据分析

——以 Python 为工具

CAIJING DASHUJU FENXI
—YI Python WEI GONGJU

王彦超 林东杰 马云飙 段丙蕾 著

源数据下载地址

中国教育出版传媒集团
高等教育出版社・北京

内容提要

本书是高等学校智能财经系列教材之一。本书分为基础篇和应用篇两部分共 11 章,主要内容包括:数据创建,数据查看,数据清洗;股权性质信息整理——应用数据转置,筛选财务报表数据——应用数据筛选,合并财务报表——应用数据合并,制作数据透视表和计算行业竞争度——应用数据分组,分析一般公司债的票面利率影响因素——应用统计分析,使用 ARIMA 模型预测股票价格——应用时间序列,绘制股票日 K 线图——应用可视化表达,建立上市公司价值分类判断指标体系——应用机器学习。

本书选取了大量实践案例,每章设置有实操练习题,适合作为高等学校大数据分析相关课程教材,也可作为社会人士的自学用书。

图书在版编目(CIP)数据

财经大数据分析:以 python 为工具/王彦超等著
.—北京:高等教育出版社,2024.2(2025.6 重印)
ISBN 978 - 7 - 04 - 061665 - 1

Ⅰ.①财…　Ⅱ.①王…　Ⅲ.①经济-数据管理-高等学校-教材　Ⅳ.①F208

中国国家版本馆 CIP 数据核字(2024)第 004224 号

策划编辑	林荫	责任编辑　林荫	封面设计　张文豪	责任印制　高忠富

出版发行	高等教育出版社		网　　址	http://www.hep.edu.cn
社　　址	北京市西城区德外大街 4 号			http://www.hep.com.cn
邮政编码	100120		网上订购	http://www.hepmall.com.cn
印　　刷	上海叶大印务发展有限公司			http://www.hepmall.com
开　　本	787 mm×1092 mm　1/16			http://www.hepmall.cn
印　　张	22.25			
字　　数	535 千字		版　　次	2024 年 2 月第 1 版
购书热线	010 - 58581118		印　　次	2025 年 6 月第 2 次印刷
咨询电话	400 - 810 - 0598		定　　价	46.00 元

本书如有缺页、倒页、脱页等质量问题,请到所购图书销售部门联系调换

版权所有　侵权必究
物 料 号　61665-00

前　言

　　党的二十大报告指出："加强基础学科、新兴学科、交叉学科建设,加快建设中国特色、世界一流的大学和优势学科。"新文科旨在从学科体系、学术体系、话语体系、课程体系、教学体系等方面促进文科转型升级,是对传统文科的交叉融合和学科重组。人工智能、大数据、区块链等现代信息技术赋能文科,为文科发展提供了跨学科的方法、思维和范式,为新文科建设创造了必要条件、提供了新工具。

　　在此背景下,财经类高校越来越重视"人工智能＋X"复合型人才培养。以财经类高校为例,新文科复合型人才的培养思路有两个方向,一个是培养数据科学家,另外一个是培养业财融合的系统架构专家。在融合党的二十大报告精神以及立足于培养数据科学家的基础上,本书旨在培养学生熟练掌握计算机语言(Python)与商业语言(会计理论)的综合能力,引导学生借助 Python 工具,把已学过的知识创新性地运用到实践中,培养学生理论联系实际,进而提高学生的大数据分析能力,成为新时代需要的数据科学家。为了帮助学生更加充分地学习本书的内容,我们充分利用数字技术和慕课等方式来全方位呈现知识体系。通过在线课程(中国大学慕课网:https://www.icourse163.org)可以反复学习各知识点内容,同时,大家可以随时关注课程并互动交流。

　　本书坚持突出原创,立足中国实践与财经类高校教学和科研实际,力求打造具有中国特色、紧贴时代需求的原创性教材,为新文科发展提供有力支撑,服务中国特色、世界一流大学和学科建设。本书基于 Python,融合会计与财务的相关知识,综合财经大数据及经济活动,培养学生的综合应用能力,特别是能够建立系统的数据分析与数据挖掘的能力。本书的特色可以归纳为:以实践为题、以数据思维为法、以科研成果为理。第一,以实践为题,教学素材源于生活,本书中大量案例来自实践。第二,以数据思维为法,培养学生的数据思维。本书从经管专业视角出发,梳理 Python 语言的常用方法和函数,并形成课程体系,通过会计语言与计算机语言的充分结合,最终培养学生的数据思维。第三,以科研成果为理,以科研成果支撑教学。本书紧跟国内外最新研究动态,将相关研究成果纳入教材。本书各知识点紧紧围绕现实案例,使学生能够综合运用多章节知识来解决现实生活中的真实问题,达到学以致用、融会贯通的目的。

　　本书是我为本科生和研究生开设的 Python 相关课程不断凝练和总结的成果,也是我主持的国家社会科学基金重大项目的成果之一,同时也是 2023 年北京市高等教育本科教学改革创新项目的阶段性成果、2023 年度中央财经大学研究生教育教学改革研究课题和学校专项研究生教育教学改革研究课题的成果之一。以本书为基础的课程教案获评 2023 年北京高校"优质本科教案"。本书由我和我的同事林东杰、马云飙和段丙蕾共同完成。具体分工如下:王彦超、马云飙负责第 1 章至第 4 章,王彦超、段丙蕾负责第 5 章至第 7 章,王彦超、林东杰负责第 8 章至第 11 章。为了充分体现校企融合和产教融合,本书写作过程中得到我指导的很多来自企业的硕士生的积极参与,他们为书稿成稿提供了重要支持。最后,由我对全书进行总校、修改和定稿。

学习本课程需要有一定的 Python 基础,包括常用数据类型、判断和循环语句、函数等知识。如果读者零基础,建议先学习安装与环境配置、Python 基础语法等知识。我们已经形成了"安装与环境配置""Python 基础"等电子文档,读者可关注微信公众号"智会堂"的推文。

本书可以作为大数据会计、智能财务和数据分析方向相关课程教材,适用于职业教育(含职业本科)、普通本科及研究生等不同培养层次的教学使用。当然,由于作者水平、精力和时间有限,书中肯定有不足之处,恳请读者批评指正(联系邮箱:wangyanchao @cufe.edu.cn),以便再版时进行修订完善。最后,感谢高等教育出版社对本书的出版给予的支持。

目　录

基　础　篇

应　用　篇

财经大数据分析
——以 Python 为工具

基础篇

第 1 章

数据创建

数据是进行数据处理和分析的基础,科学地创建、导入和存储数据是一项非常重要的工作。为了更好地进行数据分析,首先需要构建自己的数据集或数据库。数据的来源,可以自建,也可以读取本地存储的数据,也可以利用网络爬虫爬取所需的网上的数据。通过创建和存储数据,为后续调用、清洗、运行、计算和分析数据提供基础。本章主要介绍以下两种数据创建方式:一是 DataFrame 数据创建;二是基于本地存储的数据创建,这些数据通常是从数据公司下载的数据,如 Wind(万得资讯)、CSMAR(国泰安)等。

1.1 数据分析模块介绍

在数据分析中,我们会经常用到两个包 Numpy(Numerical Python)和 Pandas(Python Data Analysis Library)。

Numpy 是科学计算的基础包。Numpy 提供了两种基本对象 ndarray(N-dimenshional Array Object)与 ufunc(Universal Function Object)。Numpy 提供了如下的常见功能:提供了快速高效的多维数组对象 ndarray;用于对数组执行元素级计算以及直接对数组执行数学计算的函数;用于读写硬盘上基于数组的数据集的工具;线性代数运算、傅里叶变换以及随机数生成;用于将 C、C++、Fortran 代码集成到 Python 的工具等。

除了为 Python 提供快速的数组处理能力,Numpy 在数据分析方面还有另外一个主要作用,即作为在算法之间传递数据的容器。对于数值型数据,Numpy 数组在存储和处理数据时要比内置的 Python 数据结构更高效。

Pandas 是基于 Numpy 的一种高效数据包。Pandas 纳入了大量的库和标准的数据模型,提供了许多便捷的处理数据的方法和函数,极大简化了数据处理流程,广泛应用于会计、金融领域的数据分析。Pandas 具体应用不仅包含了本章介绍的数据创建,还包括本书后续章节的数据查看、数据清洗、数据转置、数据筛选、数据合并、数据分组、数据统计等方面内容。

1.2 DataFrame 简介

在 Python 中，DataFrame 是一种表格型数据结构，类似 Excel，属于二维数据类型，是 Pandas 中非常重要的结构化数据容器。通过 DataFrame，数据分析过程中的繁琐操作在很大程度上被简化了。DataFrame 既有行索引，也有列索引，即数据以行和列的表格形式排列，如图 1-1 所示。其中：index 表示行索引、行号或行名；column 表示列索引或列名；data 对应二维数据的值。从行来看，DataFrame 可看作是由多组 Series 上下堆积而成的。从列来看，DataFrame 可以看作是由多组 Series 序列从左至右拼接而成的。

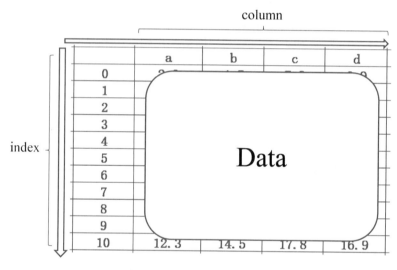

图 1-1　DataFrame 基本结构

1.3 DataFrame 数据创建

借助 Pandas 模块中的 pandas.DataFrame() 函数来创建数据，具体语法如下所示。

---

pandas.DataFrame( )语法及常用参数：

　　pandas.DataFrame（data＝None，index＝None，columns＝None，dtype＝None，copy＝False)

常用参数说明：

data：表示输入的数据，这些数据可以有多种数据类型，包括列表（List）、数组（Numpy）、字典（Dict）、序列（Series）或已有 DataFrame 等。

---

index：指定行索引值，默认不选，此时取值为 $0, 1, 2, \cdots, n$。

columns：指定列索引值，默认不选，此时取值为 $0, 1, 2, \cdots, n$。

dtype：表示数据类型对象，默认不选，属于非主要参数。

copy：表示是否从输入复制数据，默认不选，属于非主要参数。

下面，以 Python 中的基本数据类型为例，来详细阐释如何利用 pandas.DataFrame()函数创建数据。

首先，导入 Numpy 模块和 Pandas 模块。

```
In[1]: import numpy as np
       import pandas as pd
```

（1）基于列表（List）创建 DataFrame 数据。列表用于存储一组数据。从形式上看，列表会将所有元素放在方括号[]里面，方括号内的元素个数没有限制，相邻元素之间用逗号分隔，如：[a1, a2, a3]。从内容上看，列表可以存储整数、小数、字符串、列表、元组等任何类型的数据，并且同一个列表中元素的类型也可以不同，如：["ABC", 1, [2, 3], 4.2]。

当数据为列表类型时，为方便后期分析与运算，可以将列表转变为 DataFrame 数据进行操作，并且可以在 DataFrame 中分别定义行索引和列索引。

假设有一个股票代码的列表，简化起见，如列表[600636, 600519, 600887]。现在我们要把这个列表转换为 DataFrame 数据，并且把对应的股票中文简称作为行标签，同时加一个列标签"stock"，转换成一个 3 行 1 列的 DataFrame 数据，具体程序代码如下：

```
In[2]: data1 = [600636, 600519, 600887]
       data1 = pd.DataFrame(data1, index = ['国新文化','贵州茅台','伊利股份'],
                            columns = ['stock'])
       print(data1)
Out[2]:          stock
       国新文化   600636
       贵州茅台   600519
       伊利股份   600887
```

（2）基于数组（Numpy）创建 DataFrame 数据。Numpy 作为 Python 中的基础包，拥有非常多的函数和方法。numpy.arange()是比较常用的函数之一，通过该函数可直接生成数组。例如借助该函数生成一个数组，然后通过 pandas.DataFrame()函数将该数组转换成一个标准的 DataFrame 数据。同样，可以分别定义行标签和列标签。具体操作如下：

```
In[3]: data2 = np.array([[3, 5, 8, 0], [2, 5, 9, 1], [1, 4, 7, 2]])   #定义数组
       data2 = pd.DataFrame (data2,
                            columns = ['r1', 'r2', 'r3', 'r4'],
                            index = ['code1', 'code2', 'code3'])   #生成 DataFrame
```

```
        print(data2)
Out[3]:        r1  r2  r3  r4
        code1   3   5   8   0
        code2   2   5   9   1
        code3   1   4   7   2
```

（3）基于字典（Dict）创建 DataFrame 数据。字典可存储任意类型数据，是一种可变容器模型。当录入数据为字典类型时，通过 pandas.DataFrame()函数，可以很方便地将字典转变为 DataFrame 类型。其中，字典的关键字（Key）对应 DataFrame 中列标签，字典中每一对数据（Key 和 value）会形成一个序列（Series），这些序列中对应的字典中的 Key 汇总到一起就是 DataFrame 中的 columns（列标签）。

假设有两家公司三天的股价数据，现在我们要把这些公司股价数据生成一个字典，其中，字典的关键字为股票代码，字典的值为股价，然后再将字典转换为 DataFrame 数据。具体代码如下：

```
In[4]: data3 = {'002422':[25.82, 25.20, 25.13], '600683':[4.49, 5.00, 4.50]}
        data_stock = pd.DataFrame(data3, index = ['date1', 'date2', 'date3'])
        print(data_stock)
Out[4]:        002422   600683
        date1    25.82     4.49
        date2    25.20     5.00
        date3    25.13     4.50
```

（4）基于序列（Series）创建 DataFrame 数据。序列是 Pandas 库中一种基本的数据结构，属于一维数据类。Series 数据结构包括行索引、列索引及列标签对应的数值序列。

作为二维数据结构的 DataFrame 可以拆分为一系列 Series，同时一系列 Series 可以组合成 DataFrame。基于此，DataFrame 可以通过 Series 来创建。其中，index 为序列的标签，columns 对应各个序列。当遇到序列长度不同的情况时，缺失数据会显示为 NaN。相比于用列表创建 DataFrame，用 Series 创建数据可以实现自动对齐。

具体操作如下：

```
In[5]: data4 = {"one":pd.Series(np.random.rand(2), index = ["a", "b"]),
        "two":pd.Series(np.random.rand(3), index = ["a", "b", "c"])}
        data_s = pd.DataFrame(data4)
        print(data_s)
Out[5]:        one        two
        a    0.089839   0.113541
        b    0.147525   0.787567
        c    NaN        0.866156
```

（5）其他数据类型创建 DataFrame 数据。除此之外，有时候需要构建一个时间序列，模拟一些数据, pandas.date_range() 函数为创建时间序列提供了便利。通过该函数, 可以生成一个给定起始时间、固定周期、固定偏移量的时间序列。结合其他数据, 可以通过 pandas.DataFrame() 函数创建一个虚拟时间序列数据。举例如下:

> **pandas.data_range( )语法:**
>   pd.date_range(start＝None, end＝None, periods＝None, freq='D', tz＝None,
>   normalize＝False, name＝None, closed＝None, ** kwargs)
>
> **常用参数说明:**
>
> **start:** 日期的起点, 默认为 None。
>
> **end:** 日期的终点, 默认为 None。
>
> **periods:** 生成的周期数, 取值为整数, 默认为 None。
>
> **freq:** 日期偏移量, 即相邻时间的间隔, 取值为 string 或 DateOffset, 默认为'D', 表示以自然日为单位。
>
> **tz:** 设定时区, 可以为 string 或 tzinfo, 默认为 None。
>
> **normalize:** 是否将 start、end 参数值正则化到午夜时间戳, 默认为 False。
>
> **name:** 生成时间索引值, 默认为 None。
>
> **closed:** 设置区间开闭, 默认为 None, 也可取'left'或'right', 分别表示在返回的结果基础上, 取左开右闭或左闭右开的结果。

首先运用 pandas.date_range() 函数创建一个起始数据为 1/1/2021、固定周期为 5 的时间序列, 然后使用 numpy.random() 函数生成 5 行 4 列的随机数, 与时间序列相互匹配, 并定义列标签, 生成 DataFrame 数据。

具体操作如下:

```
In[6]: calendar = pd.date_range('1/1/2021', periods = 5)
       data_c = pd.DataFrame (np.random.randn(5, 4),
                         index = calendar, columns = list('OCHL'))
       print(data_c)
Out[6]:               O           C           H           L
       2021-01-01   0.726396   - 0.947193    0.821889    0.303822
       2021-01-02   0.748206   - 2.148412   - 0.177123   - 0.558452
       2021-01-03  - 0.321472    0.405756   - 0.776193    0.168922
       2021-01-04   0.484867    0.665267   - 0.240142   - 0.293953
       2021-01-05   2.236395    1.447346    0.037013    0.194154
```

1.4 基于本地存储的数据创建 ●

对于数据分析而言, 获取和利用现有数据库中的数据是比较常见的。目前, 市场上有很

多专注于数据生产的第三方公司,比如 CSMAR(国泰安)和万得资讯(Wind),以及 Tushare
等。这些公司主要提供基本数据产品给使用者。这些数据大部分是结构化数据。例如,上
市公司披露的年报信息、重要的公司治理数据、环境数据、宏微观经济数据、重大事件的数据
和市场交易数据等等。通过读取和处理这些结构化数据,Python 可以高效地进行数据分
析、可视化或数据挖掘。

　　本节将从单个文件读取与批量文件读取两个角度,分别介绍 CSV 文件、TXT 文件与
Excel 文件的读取方法。

1.4.1　单个文件读取

　　(1) 读取文本文件。在现有第三方数据库中,很多数据被存储在文本文件(CSV 文件、
TXT 文件)中。这是因为文本文件可以储存较大样本量的数据,与其他存储形式相比能够
节省大量的储存空间。

　　把第三方数据导入并转换为 DataFrame 对象是数据分析的基础工作。pandas.read_csv
()是专门读取 CSV 文件、TXT 文件的函数,该函数包含 20 多个相关参数。该函数的详细
介绍如下:

---

pandas.read_csv( )语法及常用参数:

　　　pandas.read_csv(filepath_or_buffer, sep=',', delimiter=None, header='infer',
　　　　　　names=None, index_col=None, usecols=None, prefix=None,
　　　　　　skiprows=None, nrows=None, encoding=None)

常用参数说明:

filepath_or_buffer(唯一必须有的参数): 文件所处的路径。

sep: 指定分隔符,默认为逗号','。

delimiter: 备选分隔符。

header: 指定哪一行作为表头。默认设置为 0(即第一行作为表头;如果指定了列名则
header 为 None)。

names: 指定列的名称,用列表表示。

index_col: 指定哪一列数据作为行索引,可以是一列,也可以是多列。

usecols: 需要读取的列数,默认为 None。

prefix: 给列名添加前缀,默认为 None。当 header ＝None 或者没有 header 的时候有效,
如 prefix="x",列名会显示为"x1""x2""x3"。

skiprows: 需要忽略的行数,或需要跳过的行号列表。

nrows: 需要读取的行数。

encoding: 中文文本编码方式,常见的有 utf-8, gbk, unicode。

　　假设有一个 CSV 格式的沪深 A 股日市场回报率文件,该文件在本地的路径为 D:\
data,文件名为 marketReturn。具体读取方法如下:

```
In[7]: data5 = pd.read_csv(r'D:\data\marketReturn.csv') #r是防止转义
       print(data5[['Trddt','Dretwdeq']].head())  #读取指定列,并显示前5行
```

```
Out[7]:      Trddt      Dretwdeq
      0   1990-12-19     2.680429
      1   1990-12-20     0.752547
      2   1990-12-21    67.771445
      3   1990-12-24     0.049638
      4   1990-12-25     0.050022
```

假设我们有一个 TXT 格式的文件,该文件在本地的路径为 D:\data,文件名为 testdata。具体读取方法如下:

```
In[8]: data6 = pd.read_csv(r'D:\data\testdata.txt', encoding ='utf-8')
       print(data6)
Out[8]:      Trddt      OPnindex
      0   1990-12-19      2.0
      1   1990-12-20      5.0
      2   1990-12-21      8.0
      3   1990-12-22      5.5
```

需要注意的是,在进行文件读取时,有时会因为编码的问题,造成中文的文本文件读取失败,具体解决方法如下:

① 当 TXT 文件或 CSV 文件的数据不是 utf8 格式时,需将其另存为 utf8 格式。

② 若原始的数据文件是 utf8 格式,为保证正常读入,需将 pd.read_csv()函数的参数 encoding 设置为 utf-8。

(2) 读取 Excel 等表格文件。很多财经数据会以 Excel 的形式存储。在 Python 中,可以通过 pandas.read_excel()函数导入已有 Excel 文件。函数和相关参数说明如下:

---

pandas.read_excel( )语法及常用参数:

　　pd.read_excel(io, sheet_name = 0, header = 0, names = None, index_col = None,
　　　　　　　　usecols = None, nrows＝None, skiprows＝None)

常用参数说明:

io: Excel 文件的路径对象,可以是网址或者文件所在本地地址。

sheet_name: 指定 Excel 的 sheet。默认为 0(第一个 sheet 页),也可以指定具体的 sheet 名称。为 None 时获取所有工作表。

header: 指定作为列名的行,默认为 0,即取第一行的值为列名。如果指定了列名则 header 为 None。

names: 指定列的名称,默认为 None。

index_col: 指定列为索引列,默认为 None。

usecols: 需要读取的列数,默认为 None。

nrows: 需要读取的行数。

skiprows: 需要忽略的行数,或需要跳过的行号列表。

假设在本地有一个 Shibor 文件,记录了上海银行间同业拆放利率(Shanghai Interbank Offered Rate,简称 Shibor)数据,数据来源于中国外汇交易中心官网,该数据是由信用等级较高的银行自主报出的人民币同业拆出利率计算确定的算术平均利率。自对社会发布以来,Shibor 被认为是评估市场利率的重要参考之一。具体导入方法如下:

```
In[9]:   data7 = pd.read_excel(r'D:\data\Shibor.xls')
         print(data7.head())
Out[9]:            Clsdt        shibor
         0    2006-10-08       2.7404
         1    2006-10-09       2.7431
         2    2006-10-10       2.7454
         3    2006-10-11       2.7475
         4    2006-10-12       2.7470
```

1.4.2　批量文件读取

在对资本市场进行分析时,往往需要依靠较长时间跨度的数据资料作为支撑。由于单个 CSV 和 Excel 文件储存的数据有限,而资本市场交易数据量又很大,这导致很多市场交易数据无法在一个 CSV 或 Excel 文件中得以保存。例如,从 CSMAR 数据库提取了上市公司日交易数据,有将近 3 000 万条的观测数据,由于 CSV 或 Excel 单个文件容量有限,不能把所有上市公司的日交易数据存放到一个单独的 CSV 或 Excel 文件中。在保存到本地过程中,要么按照股票代码逐个保存日交易数据,要么把市场上所有的股票交易数据存放到一起,然后再拆分为不同的 CSV 或 Excel 分别保存。在这种情况下,我们需要对这些文件进行批量读取,形成一个整体的文件,为下一步分析提供基础。

本节以 CSV 文件为例,介绍两种批量文件读取的方法。TXT 文件及 Excel 文件更改所需函数和后缀即可,操作同理。

案例:假设在本地存储了沪深 A 股上市公司的个股日交易数据,分别以公司代码为文件名,以 CSV 格式存储,其中,主板、中小板和创业板大概有 4 000 多家公司。下面将以此为应用案例,讲解如何批量读取文件,并将其转换为 DataFrame 格式文件。

首先,如图 1-2 所示,利用 for 循环,获取所需读取的全部文件名称列表。

图 1-2　文件名称批量读取流程

```
In[10-1]: import os
          read_data = r'D:\data\test'   #存放沪深 A 股上市公司交易数据的文件夹
          items = os.listdir(read_data)  #显示所在文件夹中的所有文件
          print(items)
```

```
Out[10-1]: ["000001.SZ.zip", "000002.SZ.CSV", "000003.SZ.CSV",
            "000004.SZ.zip", "000005.SZ.CSV", "000006.SZ.CSV"]
```

从输出的结果可以看出,该文件夹中的文件格式多样,不仅仅包含 CSV 文件,还有 ZIP 文件等其他文件类型。在这种情况下,可以使用 endswith()函数对文件类型进行筛选。具体方法如下:

```
In[10-2]: datalist = []    # 创建一个空列表
          for name in items:
              if name.endswith (".CSV"):    # 如果属于 CSV 的文件,则进入下一步
                  datalist.append(name)
          print(datalist)
Out[10-2]: ["000002.SZ.CSV", "000003.SZ.CSV",
            "000005.SZ.CSV","000006.SZ.CSV"]
```

在获得文件名的列表后,可以根据文件名称和文件路径构建文件的绝对路径,再按照文件绝对路径逐个读取文件中的数据,主要有两种方法:

方法一:如图 1-3 所示,先生成一个空 DataFrame,然后利用 for 循环以及 read_csv()函数依次读取文件名称的列表中的文件,然后再利用 append()函数依次将数据添加到 DataFrame 中。

图 1-3　文件内容批量读取方法一

具体方法如下:

```
In[11]: data8 = pd.DataFrame()
        for firm in datalist[:50]:
            df = pd.read_csv(read_data + "\\" + firm, encoding = "gbk")
            data8 = data8.append(df)
        print(data8.head())
Out[11]:    Code        OPnindex
        0   000002.SZ       5.0
        1   000003.SZ       8.0
        2   000005.SZ       4.6
        3   000006.SZ       5.9
```

方法二:如图 1-4 所示,先生成一个空列表,然后利用 for 循环以及 read_csv()函数依次读取文件名称列表中的文件,再利用 append()函数依次将数据添加到生成的空列表中,最后

通过 concat( ) 函数整合数据存入 DataFrame。

图 1-4　文件内容批量读取方法二

具体方法如下：

```
In[12]: dflist = []
        for firm in datalist[]:
            df = pd.read_csv(read_data + "\\" + firm, encoding = "gbk")
            dflist.append(df)
        data9 = pd.concat(dflist)
        print(data9)
Out[12]:      Code        OPnindex
         0    000002.SZ      5.0
         1    000003.SZ      8.0
         2    000005.SZ      4.6
         3    000006.SZ      5.9
```

其中，append( ) 函数与 concat( ) 函数常用于数据合并，将在后面的章节对这两个函数详细介绍。上述两种方法进行数据批量读取的结果完全一致，但第二种方式只进行一次 DateFrame 合并，因此运行速度相对较快。

1.5　实操练习题

从 CSMAR 数据库中下载 Excel 2003 格式的 1990—2022 年资产负债表、利润表、现金流量表所有科目的数据，对这些文件进行批量读取，分别形成资产负债表、利润表、现金流量表数据。

第2章

数据查看

本章主要结合 DataFrame 数据结构特征,介绍如何利用 Python 查看数据的基本属性、基本分布,以及描述数据的基本特征。

2.1 DataFrame 数据属性 ————————————————●

2.1.1 DataFrame 基本属性介绍

基于 DataFrame 的二维数据结构可知,index、columns 和 values 是 DataFrame 数据的三大基本属性,分别指代 DataFrame 中的行索引、列索引和数据值。

index 属性储存 DataFrame 的行名和数据类型等信息,columns 属性储存 DataFrame 的列名和数据类型等信息,values 可以以每行为一个数组的形式储存全部 values 二维数组。如图 2-1 所示,该 DataFrame 的行标签为 name1、name2、name3,列标签为 a、b、c、d。

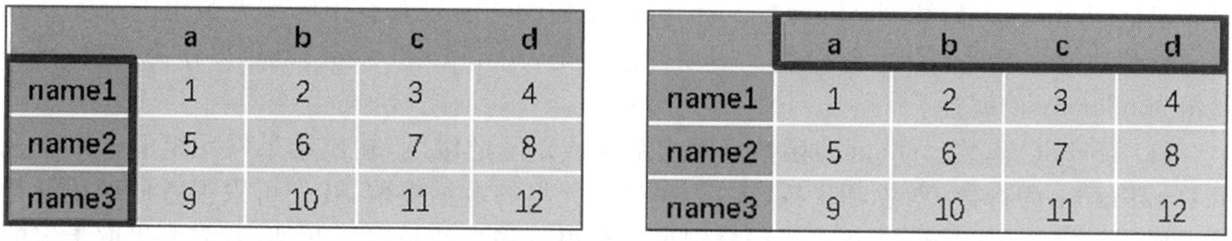

	a	b	c	d
name1	1	2	3	4
name2	5	6	7	8
name3	9	10	11	12

	a	b	c	d
name1	1	2	3	4
name2	5	6	7	8
name3	9	10	11	12

图 2-1 DataFrame 行列标签

本部分以 In[1]中 data1 数据为例,演示如何查看 DataFrame 各部分属性。

```
In[1]:  nd = np.array([[3, 5, 8, 0], [2, 5, 9, 1], [1, 4, 7, 2]])
        data1 = pd.DataFrame(nd, columns = ['n1', 'n2', 'n3', 'n4'],
                             index = ['code1', 'code2', 'code3'])

        print(data1)
```

```
Out[1]:        n1  n2  n3  n4
        code1  3   5   8   0
        code2  2   5   9   1
        code3  1   4   7   2
```

接 In[1]，对 data1 的数据 index 进行查看，输出行索引名称及其数据类型。

```
In[2]: index = data1.index
       print(index)
Out[2]: Index(['code1', 'code2', 'code3'], dtype = 'object')
```

接 In[2]，对 data1 的数据 columns 进行查看，输出列名称及其数据类型。

```
In[3]: column = data1.columns
       print(column)
Out[3]: Index(['n1', 'n2', 'n3', 'n4'], dtype = 'object')
```

接 In[3]，对 data1 的数据 values 进行查看，输出对应的二维数组。

```
In[4]: values = data1.values
       print(values)
Out[4]: [[3 5 8 0]
        [2 5 9 1]
        [1 4 7 2]]
```

2.1.2　DataFrame 结构属性

在数据分析时，首先需要对数据的大小和数据的基本结构等有大致的了解。查看 DataFrame 数据结构（包括整体列、行数）并获得相关数据结构信息是后续数据分析的重要基础。例如，在数据迭代过程中，可能会需要数据的观测数、行数或列数等。数据查看涉及的函数包括 shape() 函数和 size() 函数。shape() 函数的功能是查看矩阵或者数组的维度；size() 函数的功能是统计矩阵元素个数。需要注意的是，shape() 和 size() 既可以作为函数，也可以作为 ndarray 的属性。

（1）shape() 函数。shape() 函数可输出数组或矩阵的维度，输出结果以元组的形式来显示 DataFrame 的行数、列数，即（行，列）。再通过元组的数据提取，我们可以很方便地统计行数和列数，例如 shape[0] 和 shape[1] 分别可以获得行和列的长度。此外，若需要提取指定的行和列，则使用指定行和列的索引标签直接打印，结果以序列形式呈现。

以 In[1] 中 data1 数据为例，演示如何查看 DataFrame 的 shape 属性。

```
In[5]: df = data1.values
       print(data1.shape)    #直接输出 DataFrame 的维度
       print(df.shape)       #先提取 DataFrame 的 values,再输出数组维度
Out[5]: (3, 4)
        (3, 4)
```

接 In[5]，对 data1 数据行的长度进行查看，读取矩阵第一维度的长度。

```
In[6]: print(data1.shape[0])
       print(data1.shape[1])
Out[6]: 3
        4
```

（2）size()函数。size()函数用来统计基础数据的元素个数，进行初步的分析。

---

size( )语法及常用参数：
   df.size(a, axis＝None)
常用参数说明：
a： 输入的矩阵。
axis： int 型的可选参数，指定返回哪一维的元素个数；当没有指定时，返回整个矩阵的元素个数。

若不设置 axis 参数，则函数默认返回矩阵的元素个数。若设置 axis 参数为 0，则返回矩阵的行数；若设置 axis 参数为 1，返回矩阵的列数。

以 In[1]中 data1 数据为例，演示如何查看 DataFrame 的 size 属性。

```
In[7]: df = data1.values
       print(df.size)
Out[7]: 12
```

2.1.3 序列提取

在处理 DataFrame 的数据时，时常需要提取指定序列（Series）并转换为其他序列、数组等多种形式，以实现数据降维。通过逐步降维再返回原数据，是迭代和数据计算中的常用办法。

Series 是一种类似一维数组的对象，是由一组数据（各种 Numpy 数据类型）以及相关数据标签（即索引）组成的。一组数据也可产生简单的 Series 对象，并可存储整数、浮点数、字符串、Python 其他类型对象的数据等。Series 类型具有两大属性：index 和 values，其中，index 为索引，保存标签信息；values 为对应值，保存相应数值。

序列提取的过程如图 2-2 所示。

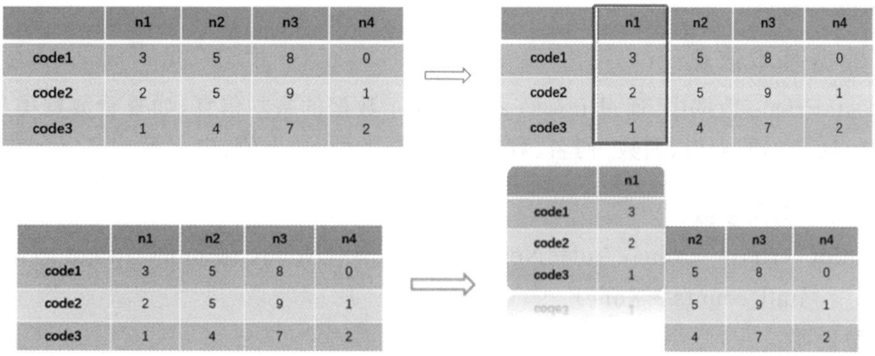

图 2-2　序列提取

与 DataFrame 的属性类似,index 属性可以用于查看被提取序列(Series)各行的索引值;dtype 属性可以查看被提取序列的数据类型;values 可以查看被提取序列的相关数值。对于多行并列的提取,可以通过提取几个并列的索引实现。

续接上节,以 In[1] 中 data1 数据为例,可以提取某一列。

```
In[8]: print(data1['n3'])
Out[8]: code1    8
        code2    9
        code3    7
```

接 In[8],对 data1 提取的"n3"序列数据类型和数值进行查看,读取数据类型,并以列表形式查看提取的数据值。

```
In[9]: print(data1['n3'].dtype)
Out[9]: int32
In[10]: print(data1['n3'].values)
Out[10]: [8  9  7]
```

接 In[10],对 data1 进行多行并列提取,用索引并列实现多行或多列的数据查看。

```
In[11]: print(data1[['n1', 'n3']])
Out[11]:         n1  n3
        code1   3   8
        code2   2   9
        code3   1   7
```

2.2　DataFrame 数据查看

本节详细介绍一些查看数据的常用函数。这些函数主要用来查看数据的基本信息和基本描述性统计特征。

2.2.1　数据基本信息

在 DataFrame 数据中,通过 info() 函数可显示数据的基本信息,如查看数据类型和内存信息等,包括数据的索引、列数、列名、数据量、数据类型、缺失值、内存等。

---

info( )语法及常用参数:

　　df.info(verbose=None, buf=None, max_cols=None, memory_usage=None,
　　　　null_counts=None)

常用参数说明:

verbose:是否打印完整的摘要。

---

buf：表示可写缓冲区，默认为 sys.stdout。

max_cols：数据类型为 int，可选参数，表示何时从详细输出切换到截断输出。如果 DataFrame 的列数超过 max_cols，则使用截断的输出。

memory_usage：可选参数，表示是否显示 DataFrame 元素（包括索引）的总内存使用情况。若为 True，则始终显示内存使用情况；若为 False，则永远不会显示内存使用情况。

null_counts：数据类型为布尔值，是可选参数，表示是否显示非空计数。若值为 True，则始终显示计数；若值为 False，则不显示计数。

本部分以 In[1] 中的 data1 数据为例，演示如何查看 DataFrame 的基本信息以及相关统计变量。

```
In[12]: print(data1.info())
Out[12]: Name: n3, dtype: int32
        <class 'pandas.core.frame.DataFrame'>
        Index: 3 entries, code1 to code3
        Data columns (total 4 columns):
         #   Column  Non-Null Count  Dtype
        ---  ------  --------------  -----
         0   n1      3 non-null      int32
         1   n2      3 non-null      int32
         2   n3      3 non-null      int32
         3   n4      3 non-null      int32
        dtypes: int32(4)
        memory usage: 72.0 + bytes
        None
```

2.2.2 数据基本描述

描述性统计是数据分析的重要工具，也是快速查看数据分布和数据特征的方法。通过 describe() 函数可以对数据的数量、均值、标准差、最小值、四分位取值等基本信息进行描述性统计，从而帮助我们了解数据的范围、大小、波动趋势等信息，用于后续的数据处理与分析。例如，在数据处理中，可以通过比较中位数和均值来分析数据质量。若均值和中位数差距不大，则说明数据存在较少极端值，数据质量较好；反之，则极端值较多，需要进行极端值处理。describe() 函数的基本语法如下：

describe( )语法及常用参数：
    df.describe(percentiles＝None, include＝None, exclude＝None)
常用参数说明：
percentiles：指定分位数，在 0 到 1 之间，默认是 [0.25，0.5，0.75]，也就是返回 25％、50％、75％分位数，可以进行修改。

include：指定选择哪些数据类型的变量用来计算统计量，此参数默认包含所有列。

exclude：指定不选哪些数据类型的变量用来计算统计量，此参数默认不丢弃任何列。

describe()函数相关统计量见表 2-1。

表 2-1 describe()函数相关统计量

统计量	说　明	统计量	说　明
count	#数量统计,此列共有多少有效值	50%	#二分之一分位数
unipue	#不同的值的个数	75%	#四分之三分位数
std	#标准差	max	#最大值
min	#最小值	mean	#均值
25%	#四分之一分位数		

以 In[1]中的 data1 数据为例,对 DataFrame 进行数据描述,获取相关统计变量。

```
In[13]: print(data1.describe())
Out[13]:       n1       n2       n3    n4
        count  3.0   3.000000   3.0   3.0
        mean   2.0   4.666667   8.0   1.0
        std    1.0   0.577350   1.0   1.0
        min    1.0   4.000000   7.0   0.0
        25 %   1.5   4.500000   7.5   0.5
        50 %   2.0   5.000000   8.0   1.0
        75 %   2.5   5.000000   8.5   1.5
        max    3.0   5.000000   9.0   2.0
```

值得注意的是,describe()函数只能对浮点数据进行描述性统计,而无法对日期或者字符串进行此操作。

2.2.3　读取数据前/后几行

在常用的数据处理中,可以通过 head()/tail()函数来提取数据对象的前/后几行。此操作可以用于数据预览和查看分布,以判断数据是否有误。这对于快速检查对象中的数据类型是否正确非常有用。

---

head()和 tail()语法及常用参数:

　　df.head(n)

　　df.tail(n)

常用参数说明:

n:表示行数,是输入值。head()和 tail()函数用于获取前/后 n 行,默认为 5 行,也可以选择任意行数,如"head(3)"则为读取前 3 行数据。在特殊情况下,如 n 为负值,head()函数返回除最后 n 行之外的所有行。

本节以 In[1]中的 data1 数据为例,使用 head()函数查看 data1 的前 2 行数据。

```
In[14]: print(data1.head(2))
Out[14]:        n1  n2  n3  n4
        code1   3   5   8   0
        code2   2   5   9   1
```

接 In[14]，使用 tail()函数，查看 data1 的最后 1 行数据。

```
In[15]: print(data1.tail(1))
Out[15]:        n1  n2  n3  n4
        code3   1   4   7   2
```

2.2.4 数据分位数

分位数是将一个随机变量的概率分布范围分为几个等份的数值点，按照数据从小到大分为若干等份，并以此来分析数据的分布，常用的有中位数、四分位数、百分位数等。通过 quantile()函数可以获取数据分位数信息，可以详细地查看数据分布，进而判断是否存在极端值。

---

quantile( )语法及常用参数：

    df.quantile(q, axis＝0, numeric_only＝True, interpolation='linear')

常数参数说明：

q: 分位，默认值为 0.5(50％ quantile)，$0 \leqslant q \leqslant 1$。

axis: 可选参数包括 0、1、'index'、'columns'，默认为 0。若表示行，则为 0 或'index'；若表示列，则为 1 或'columns'。

numeric_only: 数据类型为 bool，默认为 True。如果为 False，将计算 datetime 和 timedelta 数据的分位数。

interpolation: 指定了当所需分位位于两个数据点 i 和 j 之间时要使用的插值方法，可选参数包括'linear'、'lower'、'higher'、'midpoint'、'nearest'。

本节以 In[1]中 data1 数据为例，使用 quantile()函数查看数据分位数。

```
In[16]: print(data1.quantile([0.25, 0.5, 0.75]))
Out[16]:        n1   n2   n3   n4
        0.25   1.5  4.5  7.5  0.5
        0.50   2.0  5.0  8.0  1.0
        0.75   2.5  5.0  8.5  1.5
```

此函数也可以针对某一列数据进行操作，读者可以尝试操作。

2.2.5 数据抽样

使用 Python 进行数据分析处理时，时常需要进行随机抽样。df.sample()函数可用于从 DataFrame 或者 Series 中随机取样。

> **sample( )语法及常用参数:**
>
> df.sample(n＝None, frac＝None, replace＝False, weights＝None,
> 　　　　random_state＝None, axis＝None)
>
> **常用参数说明:**
>
> **n:** 从数据集中随机选取 n 行数据,不能和 frac 参数同时使用。如果 frac＝None,那么 n 默认为 1。
>
> **frac:** 从数据集中选取一定比例的数据,不能和 n 同时使用。如果 frac＞1,replace 必须为 True。
>
> **replace:** 是否允许重复取样,即一条数据多次选取,默认为否。
>
> **weights:** 为每条数据添加权重。默认为 None。如果 axis＝0,可以直接使用某一列为权重。除非权重的类型为 Series,否则权重的长度必须和数据集中所用轴方向一样长。如果权重和大于 1,则会归一化为 1。
>
> **random_state:** 设置随机数种子,指定随机数种子后,每次选取的结果就固定了。
>
> **axis:** 选择轴向。可选参数包括 0、1、'index'、'columns',默认为 0。若表示行,则为 0 或 'index';若表示列,则为 1 或'columns'。

以 In[17]中 data2 数据为例,对 DataFrame 进行数据抽样,反映相关统计变量。

```
In[17]: nd = np.array([[3, 5, 8, 0], [2, 5, 9, 1], [1, 4, 7, 2],
                       [0, 4, 3, 8], [5, 5, 8, 9], [1, 2, 3, 4]])
        data2 = pd.DataFrame(nd, columns = ['n1', 'n2', 'n3', 'n4'],
                             index = ['code1', 'code2', 'code3',
                             'code4', 'code5', 'code6'])
        print(data2.sample())
Out[17]:        n1  n2  n3  n4
        code5   5   5   8   9
```

2.2.6　数据唯一值

unique( )函数和 nunique( )函数可对数据的唯一值进行统计。unique( )函数可以查看序列(Series)的所有不同值,返回的数据类型为 array;nunique( )函数则可直接统计 DataFrame 中每列的不同值数量,也可用于 Series,返回值为不同值的个数。

(1) unique( )函数。使用 unique( )函数可以从列中提取唯一值,其输出结果按唯一值出现的顺序返回。需要注意的是,此函数只能用于一维数组,返回值为 array。

> **unique( )语法及常用参数:**
>
> pandas.unique(values)
>
> **常用参数说明:**
>
> **values:** 指类似于数组的一维对象。

以 In[18]为例,演示如何使用 unique( )函数查看 Series 数据的唯一值。

```
In[18]: se = pd.Series([1, 3, 4, 5, 2, 2, 3])
        print(se.unique())
Out[18]: [1  3  4  5  2]
```

（2）nunique()函数。nunique()函数可用来统计 DataFrame 或 Series 中各列的不同值数量，返回值为不同值的个数。

> **nunique()语法及常用参数：**
> df.nunique（axis＝0，dropna＝True）
> **常用参数说明：**
> **axis：** 可选参数包括 0、1、'index'、'columns'，默认为 0。若表示行，则为 0 或'index'，若表示列，则为 1 或'columns'。
> **dropna：** 在计数中是否包括 NaN，默认为 True，表示不包括 NaN。

以 In[19]中为例，使用 nunique()函数统计 DataFrame 各列不同值的数量。

```
In[19]: data2 = pd.DataFrame({'A': [1, 2, 3], 'B': [1, 1, 1]})
        print(data2.nunique())
Out[19]: A     3
         B     1
         dtype: int64
```

2.2.7　数据简单计算值

除上述操作外，有时还会根据需求统计一些简单计算值，例如求和、最大值、最小值、均值、中位数、标准差和相关系数等，见表 2-2。

表 2-2　　　　　　　　　　查看数据的简单计算结果的函数

函　　数	描　　　述	函　　数	描　　　述
df.sum()	＃返回所有列的和值	df.min()	＃返回每一列的最小值
df.mean()	＃返回所有列的均值	df.median()	＃返回每一列的中位数
df.count()	＃返回每一列中的非空值的个数	df.std()	＃返回每一列的标准差
df.max()	＃返回每一列的最大值	df.corr()	＃返回列与列之间的相关系数

2.3　实操练习题

对已经读取的资产负债表数据，进行以下操作：

1. 查看该数据的基本属性；
2. 提取资产合计列；
3. 查看数据基本信息；
4. 查看前 10 行数据；
5. 查看数据分位数；
6. 计算每个会计科目的最小值、最大值和均值。

第3章

数据清洗

数据处理过程中,原始数据可能存在着各种不利于分析及后续处理的情况,如数据缺失、有异常值等。这些情况("脏"数据)的存在不仅会影响数据建模,而且会影响数据分析的结果。干净、整洁的数据是进行后续数据分析与研究的基础,故数据清洗十分重要。

数据清洗的目的包括两点:第一,通过清洗使数据可用;第二,让数据变得更适合后续的分析。换句话说,"脏"的数据要清洗,干净的数据也要清洗。

本章介绍的数据清洗方法包括:缺失值处理、异常值处理、数据去重、数据替换和数据标准化。

在进行数据清洗时,常用到 Numpy 和 Pandas,首先调用这两个模块。

```
In[1]: import numpy as np
       import pandas as pd
```

3.1 数据标签重命名

数据标签重命名是数据清洗的第一步,将数据行列标签修改为符合自己习惯的或依照惯例使用的标签名称,方便后续调用、阅读和理解。

3.1.1 批处理

DataFrame 数据结构支持批量重命名行列标签,如图 3-1 所示。

图 3-1 行列标签修改

下面以 data1 为例,批量修改行列标签。本例中 In[2]将 data1 的列标签从"abcd"修改为"ABCD",In[3]将行标签从"name1 name2 name3"修改为"name age id"。

```
In[2]: l = [[1, 2, 3, 4], [5, 6, 7, 8], [9, 10, 11, 12]]
       data1 = pd.DataFrame(l, index = ['name1', 'name2', 'name3'],
                            columns = list('abcd'))
       data1.columns = list('ABCD')
       print(data1)
Out[2]:      A    B    C    D
       name1  1    2    3    4
       name2  5    6    7    8
       name3  9    10   11   12


In[3]: data1.index = ['name', 'age', 'id']
       print(data1)
Out[3]:     A    B    C    D
       name  1    2    3    4
       age   5    6    7    8
       id    9    10   11   12
```

用"="给 DateFrame 的行列标签列表赋值时,需要注意直接赋值命名需要确保和原本字段数量一致。

3.1.2 rename( )函数

有时候我们只需要修改 DataFrame 数据的部分行、列标签,如图 3-2 所示。

	A	B	C	D
name	1	2	3	4
age	5	6	7	8
id	9	10	11	12

	A	B	X	Y
name	1	2	3	4
age	5	6	7	8
id	9	10	11	12

图 3-2 部分标签重命名

可以通过 pandas 模块的 rename( )函数实现特定的行列标签修改。需要注意的是,在使用 rename( )函数修改行列标签时,函数字典值必须唯一,未包含在字典/Series 中的标签将保留原样,列出的额外标签不会触发错误。

---

rename( )基本语法

　　　　df.rename(mapper＝None, index＝None, columns＝None,
　　　　　　axis＝None, copy＝True, inplace＝False, level＝None)

常用参数说明:

mapper, index, columns:可以选择类似字典或函数变换应用于该轴的值。

axis:指定轴,可以是轴名称('index', 'columns')或数字(0, 1)。默认为 0。

> **copy**：复制基础数据，默认为 True。
> **inplace**：默认为 False，即使用原数据的副本进行更改，True 表示对原数据进行更改。
> **level**：如果是 MultiIndex，只重命名指定级别的标签，默认为 None。

rename()函数支持两种调用方法：
一是(index＝index_mapper, columns＝columns_mapper, …)；
二是(mapper, axis＝{'index', 'columns'}, …)。

In[4]和 In[5]分别展示这两种调用方法，将 data1 的 C 列改为 X 列，D 列改为 Y 列。两种方法修改列标签效果相同，此处建议使用第一种方法，即使用关键字参数来阐明意图。

```
In[4]: df1 = data1.rename(columns = {'C':'X', 'D':'Y'})
       print(df1)
Out[4]:     A   B   X   Y
       name 1   2   3   4
       age  5   6   7   8
       id   9   10  11  12

In[5]: df2 = data1.rename({'C':'X', 'D':'Y'}, axis = 1)
       print(df2)
Out[5]:     A   B   X   Y
       name 1   2   3   4
       age  5   6   7   8
       id   9   10  11  12
```

在使用 rename()函数重命名时，还可以通过传入函数实现。在示例 In[6]中，将 data2 的行标签运用 lambda 函数依次加 10。由于是在原数据上进行修改，需要将参数 inplace 设置为 True，data2 才会被成功修改。

```
In[6]: data2 = pd.DataFrame([[1, 2, 3], [4, 5, 6], [7, 8, 9]],
       columns = list('abc'))
       data2.rename(lambda x:x + 10, axis = 0, inplace = True)
       print(data2)
Out[6]:    a  b  c
       10  1  2  3
       11  4  5  6
       12  7  8  9
```

接下来使用 rename()函数对多层数据的行列索引进行重命名操作。首先创建一个多层数据框 multi_data，输出结果为 Out[7]，行列索引分别为两层；然后使用 rename()函数，将"数学"改为"物理"，此时需要将参数 level 设置为－1，意为修改离数据最近的一层索引，输出结果为 Out[8]。

```
In[7]: multi_data = pd.DataFrame(np.random.randint(60, 100, (4, 4)),
      columns = pd.MultiIndex.from_product([['期中','期末'],
                                            ['语文','数学']]),
      index = pd.MultiIndex.from_product([['小明','小刚'],
                                          ['高一','高二']]))
      print(multi_data)
Out[7]:            期中        期末
               语文 数学 语文 数学
      小明  高一    92   63   65   89
          高二    70   65   78   62
      小刚  高一    85   99   83   89
          高二    90   74   99   93


In[8]: multi_data.rename({'数学':'物理'},
      axis = 1, inplace = True, level = -1)
      print(multi_data)
Out[8]:            期中        期末
               语文 物理 语文 物理
      小明  高一    92   63   65   89
          高二    70   65   78   62
      小刚  高一    85   99   83   89
          高二    90   74   99   93
```

3.2　缺失值处理

缺失数据(missing data)在数据分析中普遍存在,当原始数据存在缺失值,或者在计算过程中产生缺失值时,则需要对缺失值进行删除或替换处理。在 Python 中,Pandas 使用浮点值 NaN(Not a Number)表示浮点和非浮点数组中的缺失数据。

3.2.1　缺失值查看

在 Pandas 中,可以使用 isnull()与 notnull()函数找到数据中的缺失值。函数返回布尔值,若 isnull()函数的返回值为 True,或 notnull()函数的返回值为 False,则说明数据中存在缺失值。

以 In[9]为例,随机生成一个 5 行 3 列的 DataFrame,并人为设置几个缺失值,然后在 In[10]和 In[11]中使用 isnull()与 notnull()函数查看数据中的缺失值。

```
In[9]: data3 = pd.DataFrame(np.random.randint(1, 10, size = (5, 3)),
                            columns = list('abc'))
       data3.iloc[2:4, 0] = np.nan
       data3.iloc[0, 1] = np.nan
       print(data3)
Out[9]:     a    b    c
        0  5.0  NaN  3
        1  5.0  1.0  7
        2  NaN  8.0  9
        3  NaN  2.0  6
        4  7.0  4.0  2


In[10]: print(data3.isnull())
Out[10]:    a       b       c
        0  False   True    False
        1  False   False   False
        2  True    False   False
        3  True    False   False
        4  False   False   False


In[11]: print(data3.notnull())
Out[11]:    a       b      c
        0  True    False  True
        1  True    True   True
        2  False   True   True
        3  False   True   True
        4  True    True   True
```

不同大小的数据集可使用不同的方法查看缺失值。对于容量较小的数据集,可以使用isnull()语句;对于容量较大的数据集,一般采取两种方式:

① 可以使用info()函数查看,通过info()函数可以查看字段的数据类型以及各字段下非空值的数量;

② 使用对insull()输出的布尔值求和来查看,如 In[12]所示。

```
In[12]: print(data3.isnull().sum())
Out[12]: a    2
         b    1
         c    0
         dtype: int64
```

3.2.2 缺失值删除

当数据量较大或数据冗余时,需要对存在缺失值的数据进行过滤,可以使用 dropna()函数删除缺失值数据,也可以选择删除整行或整列。

> **dropna( )语法及常用参数:**
>
>   df.dropna(axis=0, how='any', thresh=None, subset=None, inplace=False)
>
> **常用参数说明:**
>
> **axis:**选择轴向。可选参数包括 0、1、'index'、'columns',默认为 0。若表示行,则为 0 或 'index';若表示列,则为 1 或'columns'。
>
> **how:**默认为' any',' any'指带缺失值的所有行/列;' all'指清除一整行/列都是缺失值的行/列。
>
> **thresh:**指定保留数据的最小非缺失值数量。如果某一行或列中的非缺失值数量小于等于该阈值,则会被删除。
>
> **subset:**删除特定列中包含缺失值的行或列。
>
> **inplace:**默认为 False,即将筛选后的数据存为副本,True 表示直接在原数据上更改。

以 In[9]中的 data3 为例,使用默认情况的 dropna()函数对缺失值整行进行删除。

```
In[13]: print(data3.dropna())                          # 删除带有缺失值的行
Out[13]:      a    b    c
          1  5.0  1.0  7
          4  7.0  4.0  2


In[14]: print(data3.dropna(axis = 1, how ='all'))      # 删除整列都是缺失值的列
Out[14]:      a    b    c
          0  5.0  NaN  3
          1  5.0  1.0  7
          2  NaN  8.0  9
          3  NaN  2.0  6
          4  7.0  4.0  2


In[15]: print(data3.dropna(axis = 1,how ='any'))       # 删除带有缺失值的列
Out[15]:      c
          0   3
          1   7
          2   9
          3   6
          4   2
```

3.2.3　缺失值填充

在处理缺失值的过程中,直接删除缺失值是一种简单直接的办法,但可能因此使得原数据中的重要信息丢失。本部分介绍另一种处理缺失值的方法——缺失值填充,使用 fillna() 函数可以填充数据集中的空值。

---

fillna()语法及常用参数:

　　df.fillna(value=None, method=None, axis=None, inplace=False, limit=None, downcast=None)

常用参数说明:

value: 它是一个用于填充空值的值,或是一个 Series/dict/DataFrame。

method: 填充的方法,backfill 和 bfill 代表填充后值,ffill 和 pad 填充空值前值,默认为 None。

axis: 选择轴向。可选参数包括 0、1、'index'、'columns'. 若表示行,则为 0 或'index',若表示列,则为 1 或'columns'. 默认为 0。

inplace: 默认为 False,即使用原数据的副本进行更改,True 表示对原数据进行更改。

limit: 它是一个整数值,指定连续的前向/后向 NaN 值填充的最大数量。

downcast: 设置数据类型转换,默认为 None。

在常用的数据处理中,可以指定数值对缺失值进行填充,如可以使用 0 替代缺失值(函数参数设置为:fillna(value=0)),还可以使用平均值、中位数等统计量代替缺失值,如下例所示。

```
In[16]: print(data3.fillna(0))      #使用 0 填充
Out[16]:    a    b    c
        0  5.0  0.0  3
        1  5.0  1.0  7
        2  0.0  8.0  9
        3  0.0  2.0  6
        4  7.0  4.0  2


In[17]: print(data3.fillna(data3.mean()))        #使用平均值填充
Out[17]:    a          b     c
        0  5.000000  3.75  3
        1  5.000000  1.00  7
        2  5.666667  8.00  9
        3  5.666667  2.00  6
        4  7.000000  4.00  2


In[18]: print(data3.fillna(data3.median()))       #使用中位数填充
```

```
Out[18]:    a      b    c
       0   5.0    3.0   3
       1   5.0    1.0   7
       2   5.0    8.0   9
       3   5.0    2.0   6
       4   7.0    4.0   2
```

　　在缺失值的处理中,除了使用特定数填充外,常用的操作还包括使用其前后数值进行填充。其中,使用前值进行缺失值替换的函数为 fillna(method＝"ffill"),使用后值替换缺失值的函数为 fillna(method＝"bfill")。

```
In[19]: print(data3.fillna(method = "bfill"))
Out[19]:    a      b    c
       0   5.0    1.0   3
       1   5.0    1.0   7
       2   7.0    8.0   9
       3   7.0    2.0   6
       4   7.0    4.0   2
```

3.3　异常值处理

　　异常值,是偏离绝大多数样本点的特殊值,也称为离群点。这些异常值,在某些建模场景下会导致结论的错误,其中一种典型的异常值即为极端值。极端值是指样本中其数值明显偏离其余值的个别样本。在数据分析过程中,对数据进行异常值的识别与修正,是必不可少的一环。

　　检测异常值的方法包括常用法与建模法两种。其中常用法包括 3σ 方法、IQR 方法与缩尾法;建模法包括 KNN 算法(基于近邻度的异常点检测)、K-means(基于聚类方法的异常点检测)等。极端值的处理方式与异常值类似。

3.3.1　常用法

　　(1) 3σ 方法。3σ 方法是处理数据异常值最常用的方法之一。它是指按一定概率确定一个置信区间,将超过该置信区间的数据剔除。3σ 方法存在一定局限性,它是一种以数据量充分大为前提($n>10$)的方法。对正态或近似正态分布的数据进行处理,数据量过小时使用该方法剔除异常值是不够可靠的。

　　3σ 方法的原则如下:μ 为平均值,σ 为标准差,数值分布在 $(\mu-\sigma,\ \mu+\sigma)$ 的概率为 0.682 7;数值分布在 $(\mu-2\sigma,\ \mu+2\sigma)$ 的概率为 0.954 5;数值分布在 $(\mu-3\sigma,\ \mu+3\sigma)$ 的概率

为 0.997 3。数据取值超过$(\mu-2\sigma$，$\mu+2\sigma)$区间的概率不足 5%，属于小概率事件，可以认为处于该区间外的数据为异常值；数据取值超过$(\mu-3\sigma$，$\mu+3\sigma)$区间的概率不足 0.3%，可以认为超出该范围的数据是极端值。以正态分布为例，正态分布如图 3-3 所示。

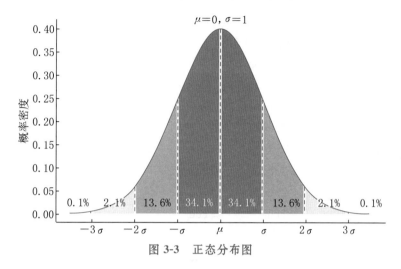

图 3-3　正态分布图

使用 3σ 方法对数据中的极端值进行识别与修正的步骤如下：

① 计算需要检验的数据的平均值与标准差；

② 比较数据各个值与平均值的偏差是否超过 3 倍标准差，若超过 3 倍标准差，则判定为极端值；

③ 剔除或替换极端值，得到规范的数据。

下面以 In[20]为例，演示如何使用 3σ 方法对数据中的极端异常值进行识别与修正。

```
In[20]: data4 = pd.DataFrame({'key1':[1, 1, 1, 3, 2, 4, 2, 100, 5, 2, 2.3, 6],
        'key2':[1, 1, 3, 2, 5, 50, 1, 0.2, 2, 0.5, 2, 4]},
        index = ['name1', 'name2', 'name3', 'name4',
            'name5', 'name6', 'name7', 'name8', 'name9',
            'name10', 'name11', 'name12'])
        data5 = data4.copy()
        def threeσ_outlier(df, col_list, n):
          '''
          :param df: input data
          :param col_list: columns list of data
          :param n: times of std
          :return: final data
          '''
          for col in col_list:
              col_mean = df[col].mean()            #取均值 mean
              col_std = df[col].std()              #取标准差 std
```

```
        σ_test = (np.abs(df[col] - col_mean) <= n * col_std)  #3σ test
        col_new = str(col) + '_bool'              # 新列名定义
        df[col_new] = σ_test                       # 新增一列,用 bool 值填充
        df.loc[df[col_new].isin([False]), col] = df[col].mean()
    # bool,选择 mean 均值填充
    return df
    print(threeσ_outlier(data5, ['key1','key2'], 3))
```

```
Out[20]: key1     key2    key1_bool  key2_bool
name1    1.000    1.000   True       True
name2    1.000    1.000   True       True
name3    1.000    3.000   True       True
name4    3.000    2.000   True       True
name5    2.000    5.000   True       True
name6    4.000    5.975   True       False
name7    2.000    1.000   True       True
name8    10.775   0.200   False      True
name9    5.000    2.000   True       True
name10   2.000    0.500   True       True
name11   2.300    2.000   True       True
name12   6.000    4.000   True       True
```

(2) IQR 方法。四分位距(interquartile range),是衡量一组数据离散程度的统计量,用 IQR 表示。其值等于第一个四分位数(25%, Q1)和第三个四分位数(75%, Q3)的差距,计算公式如下:

$$IQR = Q3 - Q1$$

箱线图可以加深对 IQR 方法的理解,该方法利用数据的分位数识别数据中的异常点。数据按顺序排列后第一个四分位数(25%)和第三个四分位数(75%)之间的范围为 IQR,即箱体部分;使用公式 $Q1-1.5 \times IQR$ 和 $Q3+1.5 \times IQR$ 进行计算得到上限与下限,低于下限和高于上限的部分即为异常值,如图 3-4 所示。

因此,基于箱线图,可以定义异常点与极端异常点,计算公式见表 3-1。

表 3-1   计算公式

标　准	结　论
$x < Q1-1.5 \times IQR$ 或 $x > Q3+1.5 \times IQR$	异常值
$x < Q1-3 \times IQR$ 或 $x > Q3+3 \times IQR$	极端异常值

以 In[21] 和 In[22] 为例,演示如何使用 IQR 方法对数据中的异常值进行处理。若想对极端异常值进行处理,更改计算上、下限公式即可。

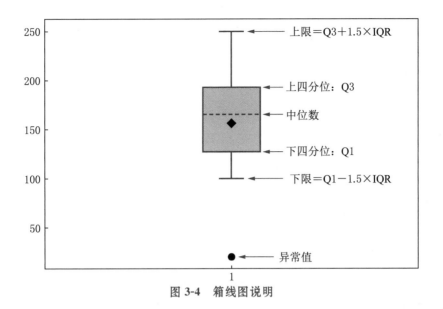

图 3-4　箱线图说明

```
In[21]: data6 = pd.DataFrame({'key1':[1, 1, 1, 3, 2, 4, 2, 100, 5],
        'key2':[1, 1, 3, 2, 5, 50, 1, 0.2, 3]},
        index = ['name1', 'name2', 'name3', 'name4',
                'name5', 'name6', 'name7', 'name8', 'name9'])
        data7 = data6.copy()
        Q1 = data7.quantile(.25)
        Q3 = data7.quantile(.75)
        IQR = Q3 - Q1
        x_low = Q1 - 1.5 * IQR                     #计算下限
        x_top = q3 + 1.5 * IQR                      #计算上限
        d_bool1 = np.where(data7<x_low, True,
        np.where(data7>x_top, True, False))
        df = pd.DataFrame(d_bool1, index = data7.index, columns = data7.columns)
        print(df)
Out[21]:  key1    key2
   name1  False   False
   name2  False   False
   name3  False   False
   name4  False   False
   name5  False   False
   name6  False   True
   name7  False   False
   name8  True    False
   name9  False   False
```

```
In[22]: d_bool2 = (data7<x_low)|(data7>x_top)    #二维数组的另一种输出方式
        print(d_bool2)
Out[22]:     key1    key2
    name1    False   False
    name2    False   False
    name3    False   False
    name4    False   False
    name5    False   False
    name6    False   True
    name7    False   False
    name8    True    False
    name9    False   False
```

从 In[21] 和 In[22] 输出的结果可以看出:数据介于上下限内时,输出为 False;介于上下限外时,即为异常值时,输出为 True。

最后用列平均值替换异常值,结果如下:

```
In[23]: print(data7)
        for col in data7.columns:
            data7.loc[d_bool2[col], col] = data7[col].mean()
        print(data7)
Out[23]: key1    key2
    name1      1     1.0
    name2      1     1.0
    name3      1     3.0
    name4      3     2.0
    name5      2     5.0
    name6      4    50.0
    name7      2     1.0
    name8    100     0.2
    name9      5     3.0
             key1        key2
    name1    1.000000    1.000000
    name2    1.000000    1.000000
    name3    1.000000    3.000000
    name4    3.000000    2.000000
    name5    2.000000    5.000000
    name6    4.000000    7.355556
    name7    2.000000    1.000000
    name8   13.222222    0.200000
    name9    5.000000    3.000000
```

（3）缩尾法。缩尾法（Winsorize）是一种处理极端值的方法。通常，将超出变量特定百分位范围的数值替换为其特定百分位数值。在缩尾法处理异常值或极端值时，将用到 winsorize()函数，在处理大样本数据时，缩尾法比 3σ 法高效。

---

winsorize()语法及常用参数：

winsorize(a, limits=None, inclusive=(True, True), inplace=False, axis=None, nan_policy='propagate')

常用参数说明：

a：需要进行处理的数据。

limits：处理的数据百分位上限和下限，根据 limits 参数项给的特定百分位对数据进行处理。

inclusive：默认为(True, True)，即对每一侧被屏蔽的数据数量进行截断，False 是对每一侧被屏蔽的数据数量舍入。

inplace：默认为 False。即使用原数据的副本进行更改，True 表示对原数据进行更改。

axis：处理特定的轴。如果为 None，则对整个数组进行处理，但保持其形状。

nan_policy：处理 NaN 值的方式。默认允许 NaN 值，并可以进行覆盖。

下面通过举例说明 Winsorize 的操作原理：

对于一个 5 行 2 列的所有数据，假设进行上下 20% 的 Winsorize 缩尾处理（通常取 10% 以内比较合适）。首先对所有数值进行排序，10 个数中前 20% 和后 20%（即前 2 个和后 2 个数）是需要处理的极端值，然后将这 4 个极端值替换成序列中最接近极端值的数，即第三个数和倒数第三个数，最后呈现一个缩尾后的 5 行 2 列数据，如图 3-5 所示。

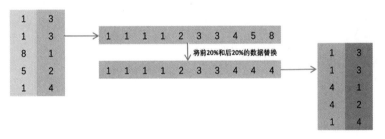

图 3-5　缩尾法说明图

在进行缩尾处理时，首先需要调用 scipy.stats.mstats 模块。

In[24]: from scipy.stats.mstats import winsorize

在使用 winsorize()函数进行数据的缩尾处理时，先分别对 DataFrame 不同的列进行 Winsorize 缩尾处理，然后将缩尾处理后的列拼接起来。演示如下：

① 随机生成一个 1—10 的整数，按 5 行、2 列形成 DataFrame。

```
In[25]: data8 = pd.DataFrame(np.random.randint(1, 10, (5, 2)),
            index = list('abcde'), columns = list('wa'))

    print(data8)
```

```
Out[25]:   w  a
        a  9  3
        b  1  5
        c  3  8
        d  9  4
        e  7  9
```

② 分别对不同列处理极端值。

```
In[26]: print(winsorize(data8['w'], limits = [0.2, 0.2]))
        print(winsorize(data8['a'], limits = [0.2, 0.2]))
Out[26]: [9  3  3  9  7]
         [4  5  8  4  8]
```

③ 也可以分别处理极端值后,生成序列。

```
In[27]: s1 = pd.Series(winsorize(data8['w'], limits = [0.2, 0.2]), index = list
                ('abcde'))
        s2 = pd.Series(winsorize(data8['a'], limits = [0.2, 0.2]), index = list
                ('abcde'))
        print(s1, '\n', s2,'\n')
Out[27]: a  9
        b  3
        c  3
        d  9
        e  7
        dtype: int32
        a  4
        b  5
        c  8
        d  4
        e  8
        dtype: int32
```

④ 再对不同序列合并后,替换原数值,完成极端值处理。

```
In[28]: data9 = pd.concat([s1, s2], axis = 1)
        data9.columns = list('wa')
        print(data8)                        #原数据
        print(data9)                        #进行缩尾后的数据
Out[28]:   w  a
        a  9  3
        b  1  5
```

```
        c   3   8
        d   9   4
        e   7   9

            w   a
        a   9   4
        b   3   5
        c   3   8
        d   9   4
        e   7   9
```

此外,当 DataFrame 中列较多时,可以利用循环对 DataFrame 中的每一列进行处理。

```
In[29]: for col in data8.columns[0:]:
            win = winsorize(data8[col], limits = [0.2, 0.2])
            col_new = str(col) +'_win'
            data8[col_new] = win
        print(data8)
Out[29]:    w   a   w_win   a_win
        a   9   3     9       4
        b   1   5     3       5
        c   3   8     3       8
        d   9   4     9       4
        e   7   9     7       9
```

3.3.2 建模法

(1) KNN 算法。在进行异常值判断与处理时,确定数据邻近度量比确定其统计分布更有意义,此时,数据集的异常点是由其 K-KNN(基于邻近度的异常点检测)测定的。异常点测定对 K 值高度敏感。K 值过小时,少量的邻近异常点可能导致较低的异常点得分;K 值过大时,点数少于 K 的簇中所有的对象都可能成为异常点。因此,为使 K 值的选取更具稳健性,可以使用 K 个最近邻的平均距离。

该方法的优势在于简单、易操作,缺点在于参数的选取具有敏感性。本书在第 11 章机器学习中,详细讲解了 KNN 算法的原理与实战。

(2) K-Means 算法。当一个对象是基于聚类的离群点时,如果该对象不强属于任何簇,那么该对象属于离群点。K-Means 算法(基于聚类方法的异常点检测),其对异常点非常敏感,通过聚类检测异常点时,常会因为异常点而影响聚类,从而导致结构缺失有效性。因此,可以使用如下方法解决该问题:对象聚类、删除异常点、对象再次聚类。

基于线性与接近线性复杂度的聚类技术检测异常点可能是高度有效的,但聚类算法产生的簇的质量对该算法产生的异常点的质量影响非常大。本书在第 11 章机器学习中,详细讲解 K-Means 算法的原理与实战。

3.4　数据去重

数据去重是指找出数据集中重复的数据,并将其删除,只保存唯一数据元素或观测的过程。这是一项经常性的数据预处理操作。数据去重可以节省存储空间、提升写入性能和提高模型精度等。

数据去重可以通过 duplicated() 和 drop_duplicates() 两个函数实现。

3.4.1　duplicated() 函数

使用 duplicated() 函数可以判断数据中是否存在重复值,函数将返回一个布尔序列来显示是否有重复行。没有重复行时,显示为 False;有重复行时,显示为 True。

---

duplicated() 语法及常用参数:

　　df.duplicated(subset=None, keep='first')

常用参数说明:

subset: 设置列标签或标签序列。设置后仅考虑对选取的列来标识重复项。默认为 None,使用所有列。

keep: 设置如何标识重复项的方式,有三个不同的值,默认为'first'。如果为'first',表示第一个出现的重复项不会被标记为重复其他重复项被标记为重复;如果为'last',则最后出现的重复项不会被标记为重复,其他重复项被标记为重复;如果为 False,则所有重复项都会标记为 True。

以 In[30] 中的 data10 为例,介绍如何使用 duplicated() 函数判断数据中是否存在重复值。

```
In[30]: data10 = pd.DataFrame({'wang':[1, 3, 3],'li':[1, 3, 3],'zhang':[2, 3, 4]})
        print(data10)
Out[30]:    wang  li  zhang
        0     1   1     2
        1     3   3     3
        2     3   3     4


In[31]: print(data10.duplicated())              #默认判断行是否存在重复
Out[31]: 0    False
         1    False
         2    False
         dtype: bool


In[32]: print(data10.duplicated(subset = ['wang','li']))   #判断两列每行是否存在重复
```

```
Out[32]: 0    False
         1    False
         2    True
         dtype: bool
```

```
In[33]: print(data10.T)                    #将数据转置
        print(data10.T.duplicated().T)     #对转置后的数据判断是否存在重复
Out[33]:       0   1   2
        wang   1   3   3
        li     1   3   3
        zhang  2   3   4

        wang        False
        li          True
        zhang       False
        dtype: bool
```

3.4.2 drop_duplicates( )函数

使用 drop_duplicates()函数可以在找出重复值的同时将其删除,只保存唯一的数据单元。

drop_duplicates( )语法及常用参数:
  df.drop_ duplicates(keep='first', subset=[], inplace=True)
常用参数说明:
keep:保留项,默认为'first',参数'first'、'last'、False 含义分别为保留第一个、最后一个、不保留重复的项。
subset:指定的列,默认所有的列。即需删除列中重复的项,列用引号说明,逗号隔开。
inplace:指定是否在原数据上进行修改,默认为 False,表示另存一个副本;True 表示直接在原来的 DataFrame 上删除重复项。

以 In[30]中的 data10 为例,介绍如何使用 drop_duplicates()函数进行数据去重。

```
In[34]: print(data10)
        print(data10.drop_duplicates())
Out[34]:   wang  li  zhang
        0   1    1    2
        1   3    3    3
        2   3    3    4
           wang  li  zhang
        0   1    1    2
        1   3    3    3
        2   3    3    4
```

```
In[35]: print(data10.drop_duplicates(subset = ['wang','li']))  #选取指定列去重
        print(data10.drop_duplicates(subset = ['wang','li'], keep = 'last'))
        print(data10.T.drop_duplicates().T)                    #按照行去重
Out[35]:     wang  li  zhang
        0     1    1    2
        1     3    3    3
             wang  li  zhang
        0     1    1    2
        2     3    3    4
             wang  zhang
        0     1     2
        1     3     3
        2     3     4
```

3.5 数据替换

在清洗数据时,时常需要大量地替换或插入数据。逐个修改时,一方面效率过低,另一方面也增加了出错的概率。Pandas 提供了 replace()函数和 insert()函数,能高效地完成批量的数据替换和插入。

3.5.1 replace()函数

replace()函数常用于数据的批量替换,如把字符串中的旧字符串(old)替换为新字符串(new)。

---

replace()语法及常用参数:

replace(to_replace = None, value = None, regex = False, inplace = False)

常用参数说明:

to_replace 与 value: to_replace 与 value 配套使用,用新数据替换旧数据。

- 替换单独值时,to_replace = old, value = new;
- 替换相同长度 list 时,to_replace = [old1, old2], value = [new1, new2];
- list 替换为单值时,to_replace = [old1, old2], value = new;
- 指定替换 dict 时,to_replace={col1:old1, col2:old2}, value={col1:new1, col2:new2};
- dict 替换为单值时,to_replace={col1:old1, col2:old2}, value=new;
- 旧数据、新数据组成 dict 时,
  to_replace={old:new1, old2:new2}, value=new。

---

regex：bool 或与 to_replace 相同的类型，默认 False。表示是否将 to_replace 和/或 value 解释为正则表达式。如果是 True，那么 to_replace 必须是一个字符串。也可以是正则表达式或正则表达式的列表、dict 或数组，在这种情况下 to_replace 必须为 None。

inplace：指定是否在原数据上进行修改，默认为 False，表示另存一个副本；True 表示直接在原来的 DataFrame 上进行修改。

下面以 In[36]～In[39]为例，介绍如何使用 replace()函数实现数值替换。

```
In[36]: data10['wang'].replace([3], 0, inplace = True) #修改原数据,替换单一数值
        print(data10)
Out[36]:   wang  li  zhang
        0    1   1    2
        1    0   3    3
        2    0   3    4


In[37]: data10['zhang'].replace([2, 3, 4], 0, inplace = True)  #用相同值替换多个值
        print(data10)
Out[37]:   wang  li  zhang
        0    1   1    0
        1    0   3    0
        2    0   3    0


In[38]: data10['li'].replace([1, 3, 3], [0, 1, 1], inplace = True)   #用多个数替换
        print(data10)
Out[38]:   wang  li  zhang
        0    1   0    0
        1    0   1    0
        2    0   1    0


In[39]: data10.replace([0], 1, inplace = True)   #用一个新值替换整个 DataFrame 的值
        print(data10)
Out[39]:   wang  li  zhang
        0    1   1    1
        1    1   1    1
        2    1   1    1
```

3.5.2 insert()函数

insert()函数用于将指定对象插入列表的指定位置，insert()函数的语法如下：

insert( )语法及常用参数：
　　list.insert(index，obj)

常用参数说明：

index：对象 obj 需要插入的索引位置。

obj：要插入列表中的对象。

- 当 index>0 且 index<len(list)时，在 index 的位置插入 obj；
- 当 index<0 且 abs(index)<len(list)时，从中间插入 obj，如-1 表示从倒数第 1 位插入 obj；
- 当 index<0 且 abs(index)>= len(list)时，从头部插入 obj；
- 当 index>=len(list)时，从尾部插入 obj。

　　下面以 In[40]~In[44]为例，介绍如何使用 insert()函数完成数据插入。

```
In[40]: list = [1, 1, 1, 1, 1]              # index = 0 时,从头部插入 obj
        list.insert(0, 0)
        print(list)
Out[40]: [0, 1, 1, 1, 1, 1]
```

```
In[41]: list = [1, 1, 1, 1, 1]  # index>0 且 index<len(list)时,在 index 的位置插
        入 obj
        list.insert(5, 0)
        print(list)
Out[41]: [1, 1, 1, 1, 1, 0]
```

```
In[42]: list = [1, 1, 1, 1, 1]  # 当 index<0 且 abs(index)<len(list)时,从中间插
        入 obj
        list.insert(-2, 0)
        print(list)
Out[42]: [1, 1, 1, 0, 1, 1]
```

```
In[43]: list = [1, 1, 1, 1, 1]  # 当 index<0 且 abs(index)>= len(list)时,从头部插
        入 obj
        list.insert(-20, 0)
        print(list)
Out[43]: [0, 1, 1, 1, 1, 1]
```

```
In[44]: list = [1, 1, 1, 1, 1]  # 当 index >= len(list)时,从尾部插入 obj
        list.insert(20, 0)
        print(list)
Out[44]: [1, 1, 1, 1, 1, 0]
```

3.6 数据标准化

在数据分析之前,有时需要将各类数据进行标准化(normalization),便于利用标准值进行数据分析。数据标准化在统计中表现为统计数据的指数化,数据标准化处理主要包括数据同趋化处理和无量纲化处理两个方面。数据同趋化处理主要解决不同性质数据问题,使所有指标对测评方案的作用趋同;数据无量纲化处理主要解决数据的可比性。

通常采用 Z-Score 方法,对数据进行标准化分解处理。Z-Score 方法基于原始数据的均值和标准差实现标准化,公式为:

$$z = \frac{x - \mu}{\sigma}$$

其中,x 为原数据,μ 为均值,σ 为标准差。Z-Score 适合大多数类型数据,也是很多工具的默认标准化方法。然而,这是一种中心化方法,会改变原有数据的分布结构,不适用于稀疏数据处理。

下面以 In[45]为例,介绍如何使用 Z-Score 方法对数据进行标准化处理。

```
In[45]: data11 = pd.DataFrame({'key1':[1, 1, 1, 3, 2, 4, 2, 100, 5],'key2':[1, 1,
                    3, 2, 5, 50, 1, 0.2, 3]}, index = ['name1', 'name2',
                    'name3', 'name4', 'name5', 'name6', 'name7',
                    'name8', 'name9'])
        data12 = data11.copy()
        for col in data12.columns[0:]:
            col_mean = data12[col].mean()
            col_std = data12[col].std()
            zscore = (data12[col]-col_mean)/col_std
            col_new = str(col) +'_zscore'
            data12[col_new] = zscore
        print(data12)
Out[45]:    key1   key2   key1_zscore   key2_zscore
    name1     1    1.0     - 0.375235    - 0.395766
    name2     1    1.0     - 0.375235    - 0.395766
    name3     1    3.0     - 0.375235    - 0.271224
    name4     3    2.0     - 0.313833    - 0.333495
    name5     2    5.0     - 0.344534    - 0.146682
    name6     4   50.0     - 0.283132      2.655505
    name7     2    1.0     - 0.344534    - 0.395766
    name8   100    0.2       2.664172    - 0.445582
    name9     5    3.0     - 0.252431    - 0.271224
```

此外,在 Sklearn 机器学习库中,preprocessing 模块提供了多种数据预处理的方法,包含标准化处理和正则化处理等。其中 scale() 函数正是一种使用 Z-Score 原理进行数据标准化处理的方法。本书在后面章节机器学习相关内容中,将详细介绍 sklearn.preprocessing (数据预处理)。

首先调用 sklearn.preprocessing 模块:

```
In[46]: from sklearn import preprocessing as pp
```

以 In[45]中的 data11 为例,展示调用 preprocessing 模块的 scale() 函数进行 Z-Score 标准化后的结果:

```
In[47]: data13 = data11.copy()                          # Z-Score 标准化
        for col in data13.columns[0:]:
            zscore = pp.scale(data13[col], axis = 0, with_mean = True,
            with_std = True, copy = True)
            col_new = str(col) +'_zscore'
            data13[col_new] = zscore
        print(data13)
```

Out[47]:	key1	key2	key1_zscore	key2_zscore
name1	1	1.0	− 0.397997	− 0.419773
name2	1	1.0	− 0.397997	− 0.419773
name3	1	3.0	− 0.397997	− 0.287677
name4	3	2.0	− 0.332870	− 0.353725
name5	2	5.0	− 0.365434	− 0.155580
name6	4	50.0	− 0.300307	2.816588
name7	2	1.0	− 0.365434	− 0.419773
name8	100	0.2	2.825781	− 0.472611
name9	5	3.0	− 0.267744	− 0.287677

此外,Min-Max 标准化也是常见的数据标准化方法。Min-Max 标准化是指对原始数据进行线性变换,将值映射到[0, 1]之间,公式为:

$$y = \frac{x - \min}{\max - \min}$$

其中,x 为原数据,max 为最大值,min 为最小值。标准化方法保留了原始数据之间的相互关系,但是如果标准化后,新输入的数据超过了原始数据的取值范围,即不在原始区间中,则会产生越界错误。因此这种方法适用于原始数据的取值范围已经确定的情况。

仍然以 In[45]中的 data11 为例,展示调用 preprocessing 模块的 minmax_scale() 函数进行 Min-Max 标准化后的结果。

```
In[48]: data14 = data11.copy()                          # Min-Max 标准化数据缩放
        for col in data14.columns[0:]:
```

```
            minmax = pp.minmax_scale(data14[col], feature_range = (0, 1),
                            axis = 0, copy = True)
            col_new = str(col) +'_minmax'
            data14[col_new] = minmax
    print(data14)
```

Out[48]:	key1	key2	key1_minmax	key2_minmax
name1	1	1.0	0.000000	0.016064
name2	1	1.0	0.000000	0.016064
name3	1	3.0	0.000000	0.056225
name4	3	2.0	0.020202	0.036145
name5	2	5.0	0.010101	0.096386
name6	4	50.0	0.030303	1.000000
name7	2	1.0	0.010101	0.016064
name8	100	0.2	1.000000	0.000000
name9	5	3.0	0.040404	0.056225

3.7 实操练习题

对已经读取的资产负债表数据,进行以下操作:

1. 对列标签重命名为 CSMAR 数据库中给定的中文名称;
2. 查看数据缺失的情况,并删除资产合计为缺失的行;
3. 对资产合计的极端值按照上下 1‰ 进行缩尾处理;
4. 对其他应收款的缺失值用 0 替换;
5. 对资产合计进行 Z-Score 和 Min-Max 标准化。

财经大数据分析
——以 Python 为工具

应用篇

第 4 章
股权性质信息整理——应用数据转置

"转置"是一个数学名词,常用于矩阵的计算过程中。设 $\mathbf{A}$ 为 $m \times n$ 阶矩阵(即 m 行 n 列),第 i 行 j 列的元素为 A_{ij},把 $\mathbf{A}$ 的行列互相交换从而得到一个新的矩阵 $\mathbf{A}^{\mathrm{T}}$,这一过程称为矩阵的转置。

$$\mathbf{A} = \begin{Bmatrix} a_{11} & a_{12} & \cdots & a_{1n} \\ a_{21} & a_{22} & \cdots & a_{2n} \\ \vdots & \vdots & & \vdots \\ a_{m1} & a_{m2} & \cdots & a_{mn} \end{Bmatrix} \qquad \mathbf{A}^{\mathrm{T}} = \begin{Bmatrix} a_{11} & a_{21} & \cdots & a_{m1} \\ a_{12} & a_{22} & \cdots & a_{m2} \\ \vdots & \vdots & & \vdots \\ a_{1n} & a_{2n} & \cdots & a_{mn} \end{Bmatrix}$$

在数据分析中,数据转置常用于将原数据的行列互换,以更符合研究逻辑,更方便地进行行计算和分析。例如,在市场调研录入商品销售信息时,会将商品种类作为表格的列,将区域作为行。但如果想要比较各商品在每个区域的销售情况,就需要进行数据转置,将商品种类作为行,区域作为列,方便我们进行数据对比和分析。此外,当数据结构比较复杂,索引层数较多时,需要将数据的行列索引进行转换或者将行列索引转化成数据。例如,从 Wind 数据库导出的上市公司财务数据文件通常是以横向排列的,即以上市公司代码为行,各年财务指标为列,但这不符合面板数据构成的要求,需要我们将列标签包含的年度信息放入行索引或者将其变为数据。

在实际应用中,根据具体情况选择适合的数据转置方法非常重要。合理的数据转置可以使数据结构更加清晰,分析更加高效,是后续数据筛选、合并、统计、分析等操作的基础。在本章,我们将介绍 T 转置、行列互换、数据透视和数组转置等 Python 的数据转置以及表格重整的方法,并以 Wind 数据库下载的上市公司股权性质数据为例,展示数据转置方法。

4.1　T 转置

最简单直接的转置是将数据沿对角线翻转,在这个过程中数据的形状发生了变化,数据逻辑也发生了变化,但是数据的对应关系保持不变。为了更方便地进行数据处理和分析,充分利用行列的关系表达,常使用 transpose() 函数对原数据进行转置操作,转置效果如图 4-1 所示。

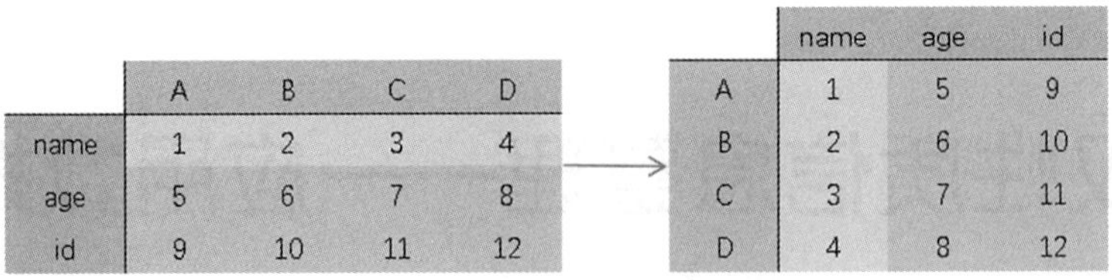

图 4-1　transpose( )函数转置效果

---

transpose( )语法及常用参数：
　　DataFrame.transpose(copy＝False)
常用参数说明：
copy： 默认为 False，表示在转置后不复制数据。

注意，DateFrame.T 是 DateFrame.transpose( )的别名和简写方法，为方便起见，之后直接使用 DateFrame.T 进行转置操作。

4.1.1　单层索引数据转置

下面举例说明如何使用 transpose( )函数来实现转置操作。首先通过列表创建一个 3 行 4 列的数据 data1；然后输出 data.transpose( )或 data.T，从输出结果可以看出，数据的行列发生了互换，实现了数据的转置。

```
In[1]: l = [[1, 2, 3, 4], [5, 6, 7, 8], [9, 10, 11, 12]]
       data1 = pd.DataFrame(l, index = ['name', 'age', 'id'],
       columns = list('ABCD'))
       print(data1)
Out[1]:    A   B   C   D
    name   1   2   3   4
    age    5   6   7   8
    id     9  10  11  12


In[2]: print(data1.transpose())
Out[2]: name  age   id
    A    1    5    9
    B    2    6   10
    C    3    7   11
    D    4    8   12
```

4.1.2　多层索引数据转置

多层索引数据是指具有多层行列索引的数据，其中最外层索引默认为 level＝0，向内依次递增；最内层索引默认为 level＝－1，向外依次递减，如图 4-2 所示。

对多层索引数据而言，transpose( )函数仍然可以实现数据的整体转置，即直接将数据沿对角线翻转，下面以 In[3]为例进行演示。首先创建一组多层索引数据 multi_data，数据值

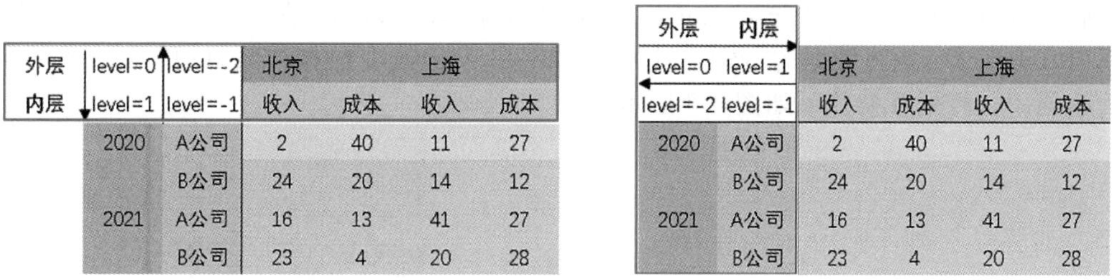

图 4-2 多层索引数据转置

为利用 Numpy 模块生成的 4 行 4 列随机数组，多层索引创建方式和输出结果如下。

```
In[3]: multi_data1 = pd.DataFrame(np.random.randint(1, 50, (4, 4)),
       columns = pd.MultiIndex.from_product([['北京','上海'],
           ['收入','成本']]),index = pd.MultiIndex.from_product
           ([['2020', '2021'],['A公司','B公司']]))
       print(multi_data1)
Out[3]:           北京          上海
                收入    成本    收入    成本
2020  A公司      2     40    11    27
      B公司     24     20    14    12
2021  A公司     16     13    41    27
      B公司     23     4     20    28
```

然后使用 transpose() 函数进行转置操作，从输出结果可知，数据实现了整体的翻转转置。

```
In[4]: print(multi_data1.transpose())   #print(multi_data1.T)
Out[4]:           2020            2021
                A公司   B公司    A公司   B公司
北京  收入       2     24    16    23
     成本      40     20    13     4
上海  收入      11     14    41    20
     成本      27     12    27    28
```

但是，在进行数据预处理时，transpose() 函数不够灵活和方便。想要对数据进行更复杂的行列变换处理以方便后续处理和操作，还需要用到其他函数。

4.2 行列互换

transpose() 函数只能进行最简单的整体翻转操作，如果数据结构比较复杂，索引层数较多,则需要使用 stack()函数与 unstack()函数进行操作。stack()是将数据的列索引转换为行索引,unstack()是将数据的行索引转换为列索引,从而改变数据样式,以更符合研究习惯和后续调用。行列互换效果如图 4-3 所示。

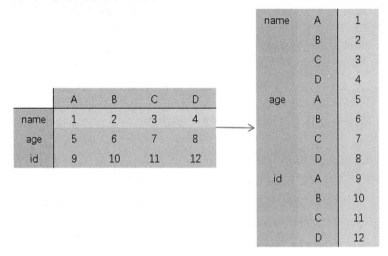

图 4-3 行列互换效果图

　　stack()函数与 unstack()函数的基本语法类似,stack()函数将列中指定 level 的列,堆叠到行索引中;unstack()函数将行中指定 level 的行,堆叠到列索引中。本节分别对单层索引数据和多层索引数据举例说明,介绍 stack()函数与 unstack()函数的使用方法。

---

stack()语法及常用参数:
　　　DataFrame.stack(level=−1, dropna=True)
常用参数说明:
level: 指定索引层,默认为−1,即最内层;最外层 level 为 0。
dropna: 指定是否删去空值,默认为 True,若不删除空值则需手动改为 False。

unstack()语法及常用参数:
　　　DataFrame.unstack(level=−1, dropna=True)
常用参数说明:
level: 指定索引层,默认为−1,即最内层;最外层 level 为 0。
dropna: 指定是否删去空值,默认为 True,若不删除空值则需手动改为 False。

4.2.1 单层索引数据行列互换

　　下面用单层索引数据来演示 stack()函数与 unstack()函数的使用方法,以 4.1 节中的单层索引数据 data1 为例。

```
In[5]: print(data1)
Out[5]:   A  B   C   D
   name   1  2   3   4
   age    5  6   7   8
   id     9  10  11  12
```

对 data1 使用 stack()函数,其索引默认操作为最内层,即默认 level 是－1。可以发现原来的列索引"ABCD"变成了第二层行索引,数据变成了一列。

```
In[6]: data1_stack = data1.stack()          # columns-index
       print(data1_stack)
Out[6]: name   A    1
               B    2
               C    3
               D    4
        age    A    5
               B    6
               C    7
               D    8
        id     A    9
               B    10
               C    11
               D    12
```

对 data1_stack 使用 unstack()函数,同样默认 level 是－1,可以发现"ABCD"又变为了列索引,数据结构也再次成为 3 行 4 列,与原 data1 相同。

```
In[7]: data1_unstack = data1_stack.unstack()    # index-columns
       print(data1_unstack)
Out[7]:        A    B    C    D
       name    1    2    3    4
       age     5    6    7    8
       id      9   10   11   12
```

4.2.2　多层索引数据行列互换

在进行多层数组转置的时候,使用 stack()与 unstack()函数更加方便快捷,以 4.1 节中的多层索引数据 multi_data1 为例。

```
In[8]: print(multi_data1)
Out[8]:            北京          上海
                收入   成本   收入   成本
2020   A公司     2    40    11    27
       B公司    24    20    14    12
2021   A公司    16    13    41    27
       B公司    23     4    20    28
```

数据搜集者往往不是数据分析者,数据分析者习惯把属性变量放在行索引中,把数据变量留在列索引中，如图 4-4 所示。那么如何把 multi_data1 这样的数据转换成符合数据分析者研究习惯的数据呢？

		北京		上海	
		收入	成本	收入	成本
2020	A公司	2	40	11	27
	B公司	24	20	14	12
2021	A公司	16	13	41	27
	B公司	23	4	20	28

↔

			收入	成本
2020	A公司	北京	2	40
2020	A公司	上海	11	27
2020	B公司	北京	24	20
2020	B公司	上海	14	12
2021	A公司	北京	16	13
2021	A公司	上海	41	27
2021	B公司	北京	23	4
2021	B公司	上海	20	28

图 4-4　多层索引数据行列互换效果图

对于多层数据表，stack()函数不加参数时，默认 level 等于－1，即从最内层开始转置。下例中，上述多层数据 multi_data1 经历两次 stack()转置，先将最内层的列索引“收入　成本”转换成行索引，再将外层列索引“北京　上海”转换成行索引，最终形成树形的数据结构。

```
In[9]: multi_data1_stack1 = multi_data1.stack()
       print(multi_data1_stack1)
Out[9]:                 上海   北京
2020   A 公司   成本     27     40
                收入     11      2
       B 公司   成本     12     20
                收入     14     24
2021   A 公司   成本     27     13
                收入     41     16
       B 公司   成本     28      4
                收入     20     23

In[10]: multi_data1_stack2 = multi_data1_stack1.stack()
        print(multi_data1_stack2)
Out[10]: 2020   A 公司   成本   上海    27
                                北京    40
                         收入   上海    11
                                北京     2
                B 公司   成本   上海    12
                                北京    20
                         收入   上海    14
                                北京    24
```

```
2021   A公司   成本    上海    27
                        北京    13
               收入    上海    41
                        北京    16
       B公司   成本    上海    28
                        北京     4
               收入    上海    20
                        北京    23
```

上述两次 stack()过程也可通过加入参数的方式一次完成,即直接输入代码:print(multi_data1.stack([−1,−2])),意为先转置最内层(离数据最近的一层),共转置两层。所得结果与 Out[10]相同。类似地,若输入 multi_data1.stack([0,1]),则意为由最外层(离数据最远的一层)开始转置,共转置两层。

```
In[11]: multi_data1_stack3 = multi_data1.stack([0, 1])
        print(multi_data1_stack3)
Out[11]: 2020   A公司   上海    成本    27
                                收入    11
                        北京    成本    40
                                收入     2
                B公司   上海    成本    12
                                收入    14
                        北京    成本    20
                                收入    24
         2021   A公司   上海    成本    27
                                收入    41
                        北京    成本    13
                                收入    16
                B公司   上海    成本    28
                                收入    20
                        北京    成本     4
                                收入    23
```

在转置完成之后,为了方便后续分析调用,通常使用 reset_index()函数将数据填充完整,效果如下所示。其中,reset_index()函数将在下一章详细介绍。

```
In[12]: print(multi_data1_stack3.reset_index())
Out[12]:   level_0   level_1      level_2      level_3    0
         0    2020     A公司        上海          成本     27
```

1	2020	A 公司	上海	收入	11
2	2020	A 公司	北京	成本	40
3	2020	A 公司	北京	收入	2
4	2020	B 公司	上海	成本	12
5	2020	B 公司	上海	收入	14
6	2020	B 公司	北京	成本	20
7	2020	B 公司	北京	收入	24
8	2021	A 公司	上海	成本	27
9	2021	A 公司	上海	收入	41
10	2021	A 公司	北京	成本	13
11	2021	A 公司	北京	收入	16
12	2021	B 公司	上海	成本	28
13	2021	B 公司	上海	收入	20
14	2021	B 公司	北京	成本	4
15	2021	B 公司	北京	收入	23

　　unstack()是将列索引转换为行索引,其用法与 stack()类似,默认操作为最内层,level 参数可以指定操作层,参数含义也与 stack()一致。下面以多层索引数据 multi_data1 为例,介绍转置操作,参数 level＝0 意味着只将最外层列索引"2020 2021"转换为行索引。

```
In[13]: multi_data1_unstack = multi_data1.unstack(0)
        print(multi_data1_unstack)
Out[13]:           北京                    上海
                 收入        成本        收入        成本
          2020 2021 2020 2021 2020 2021 2020 2021
A 公司      2    16   40   13   11   41   27   27
B 公司      24   23   20   4    14   20   12   28
```

4.3　数据透视

4.3.1　melt( )函数

　　与 stack()函数和 unstack()函数进行行列索引的互换不同,melt()函数是将列索引转化成数据,从而将 DataFrame 从宽格式转换为长格式。melt()函数的使用效果如图 4-5 所示,类似于 Excel 中的数据逆透视。

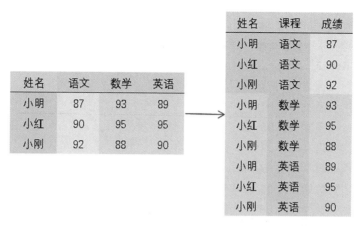

图 4-5 melt() 函数转置效果

melt() 函数用于将 DataFrame 进行格式转换，转换后的格式为其中一列或多列是标识符变量，而其余列被认为是测量变量，且不会旋转到行轴，只剩下两个非标识符列，分别为变量 variable 和值 value。

---

melt() 语法及常用参数：

　　DataFrame.melt(id_vars＝None，value_vars＝None，var_name＝None，value_name
　　　　　　＝'value'，col_level＝None)

常用参数说明：

id_vars：用作标识符变量的列，即不需要被转换的列名。

value_vars：需要被转换的列名，若未指明则转换 id_vars 外的所有列。

var_name：设置"变量"列的名称，如果为 None，则为"variable"。

value_name：设置"值"列的名称，如果为 None，则为"value"。

col_level：如果列是 MultiIndex，则使用此级别。

（1）单层索引数据逆透视。首先通过字典创建单层数据 data2，然后使用 melt() 函数，将"姓名"设置为标识符变量，"语文　数学　英语"全部为测试变量，两个非标识符列分别命名为"课程"和"成绩"。从输出结果来看，原"语文　数学　英语"三列已全部转换为"课程成绩"两列数据，DataFrame 格式由宽格式变为长格式。

```
In[14]: data2 = pd.DataFrame({'姓名':['小明','小红','小刚'],'语文':[87, 90, 92],'数学':
          [93, 95, 88],'英语':[89, 95, 90]})
        print(data2)
Out[14]:   姓名   语文   数学   英语
       0   小明    87    93    89
       1   小红    90    95    95
       2   小刚    92    88    90
```

```
In[15]: data2_melt = data2.melt(id_vars = ['姓名'],value_vars = ['语文','数学','英语'],
                var_name = '课程',value_name = '成绩')
        print(data2_melt)
Out[15]: 姓名     课程     成绩
    0    小明    语文     87
    1    小红    语文     90
    2    小刚    语文     92
    3    小明    数学     93
    4    小红    数学     95
    5    小刚    数学     88
    6    小明    英语     89
    7    小红    英语     95
    8    小刚    英语     90
```

（2）多层列索引数据逆透视。如果数据列索引是多层的,则需要使用到 col_level 参数。下面首先将数据 data2 复制为 multi_data2,使用 MultiIndex 将其索引设置为两层,分别是"姓名　语文　数学　英语"和"Name　Chinese　Math　English"。

```
In[16]: multi_data2 = data2.copy()
        multi_data2.columns = pd.MultiIndex.from_arrays([['姓名','语文', '数学','英
            语'],['Name', 'Chinese', 'Math', 'English']])
        print(multi_data2)
Out[16]:姓名     语文      数学      英语
        Name   Chinese  Math    English
    0   小明    87      93      89
    1   小红    90      95      95
    2   小刚    92      88      90
```

然后对数据 multi_data2 使用 melt() 函数,将"Name"设置为标识符变量,剩余列全部为测试变量,两个非标识符列分别命名为"Course"和"Score",设置参数 col_level 等于-1,意为最内层索引。从输出结果可以看出,原"Chinese Math English"三列已全部转换为"Course Score"两列数据,第一层索引"姓名　语文　数学　英语"丢失。

```
In[17]: multi_data2_melt = multi_data2.melt(id_vars = ['Name'], var_name = 'Course',
                value_name ='Score', col_level = - 1)
        print(multi_data2_melt)
Out[17]:   Name    Course    Score
    0      小明    Chinese    87
    1      小红    Chinese    90
    2      小刚    Chinese    92
```

```
3    小明    Math       93
4    小红    Math       95
5    小刚    Math       88
6    小明    English    89
7    小红    English    95
8    小刚    English    90
```

4.3.2　pivot( )函数

与 melt()函数相反，pivot()函数是将数据转化成行列索引，使用指定索引的唯一值形成 DataFrame 的轴，并重塑数据，从而将 DataFrame 从长格式转换为宽格式。pivot()函数的使用效果如图 4-6 所示，类似于 Excel 中的数据透视。

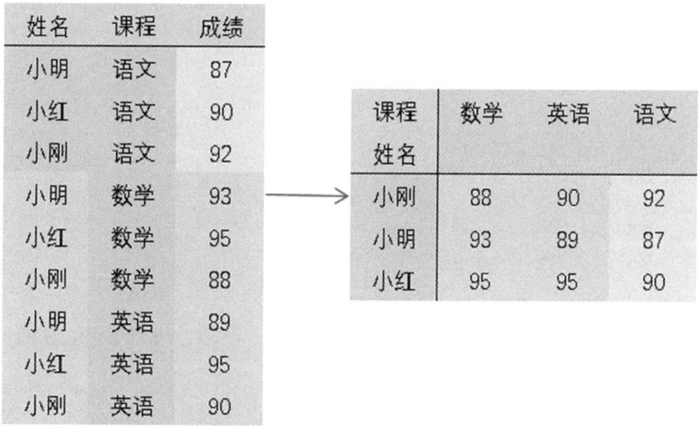

姓名	课程	成绩
小明	语文	87
小红	语文	90
小刚	语文	92
小明	数学	93
小红	数学	95
小刚	数学	88
小明	英语	89
小红	英语	95
小刚	英语	90

课程 姓名	数学	英语	语文
小刚	88	90	92
小明	93	89	87
小红	95	95	90

图 4-6　pivot()函数转置效果

pivot( )语法及常用参数：

DataFrame.pivot(*， index=None， columns=None， values=None)

常用参数说明：

index：新 DataFrame 的行索引，可选，如果为 None，则使用现有索引。

columns：新 DataFrame 的列索引，必选。

values：填充新 DataFrame 的值。可选，如果为 None，将使用所有剩余的列，且新 DataFrame 为层次索引。

下面通过代码展示 pivot()函数。首先在 data2_melt 后添加“等级”列，并将其重新命名为 data3，输出结果为一个长表；然后使用 pivot()函数，将“姓名”列设置为列索引，将“课程”列设置为行索引，将“成绩”列设置为值。

```
In[18]: data2_melt['等级'] = ['B', 'A', 'A', 'A', 'A', 'B', 'B', 'A', 'A']
        data3 = data2_melt.copy()
        print(data3)
```

```
Out[18]:    姓名      课程      成绩    等级
      0     小明      语文      87     B
      1     小红      语文      90     A
      2     小刚      语文      92     A
      3     小明      数学      93     A
      4     小红      数学      95     A
      5     小刚      数学      88     B
      6     小明      英语      89     B
      7     小红      英语      95     A
      8     小刚      英语      90     A
```

```
In[19]: data3_pivot1 = data3.pivot(index = '姓名',columns = '课程',values = '成绩')
        print(data3_pivot1)
Out[19]:课程    数学     英语     语文
        姓名
        小刚    88      90      92
        小明    93      89      87
        小红    95      95      90
```

参数 values 也可以设置多列的值,下面将"成绩　等级"两列设置为值,从输出结果可以看出,新生成的 DataFrame 的列索引为层次索引。

```
In[20]: data3_pivot2 = data3.pivot(index = '姓名', columns = '课程', values = ['成绩',
        '等级'])
        print(data3_pivot2)
Out[20]:         成绩                    等级
        课程    数学    英语    语文    数学    英语    语文
        姓名
        小刚    88     90     92     B      A      A
        小明    93     89     87     A      B      B
        小红    95     95     90     A      A      A
```

另外,需要注意的是,如果指定的 index 和 columns 所对应的值存在重复,则会引发 ValueError。下面通过代码举例说明,引发 ValueError 的原因是当 index＝one,columns＝A 时,有两个 values 值与之对应,无法进行数据重塑。

```
In[21]: data4 = pd.DataFrame({'index': ['one', 'one', 'two', 'two'], 'columns': ['A',
        'A', 'B', 'C'], 'values': [1, 2, 3, 4]})
        print(data4)
```

```
Out[21]: index    columns    values
       0   one        A         1
       1   one        A         2
       2   two        B         3
       3   two        C         4

In[22]: data4_pivot = data4.pivot(index='index', columns='columns', values=
                                   'values')
       print(data4_pivot)
Out[22]: ValueError: Index contains duplicate entries, cannot reshape
```

4.4 数组转置

本章前三节主要针对 Pandas 模块的 DataFrame 进行了转置、行列互换的介绍,本节主要针对 Numpy 模块的多维数组进行转置操作介绍。图 4-7 和图 4-8 分别是二维数组和三维数组的转置效果图。

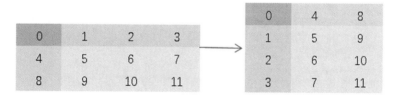

图 4-7　二维数组转置效果

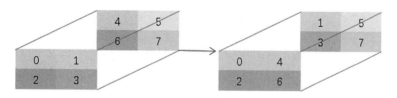

图 4-8　三维数组转置效果

Numpy 模块中有三种方式能够对数组进行转置操作,分别是 T 属性、transpose()函数、swapaxes()函数。

4.4.1 T 属性

T 属性的使用十分简单,调用格式为 array.T,适用于对低维数组进行转置操作。因此,对二维数组的转置通常使用 T 属性。下面先创建一个 3 行 4 列的二维数组,然后对其进行 T 转置,输出结果为 4 行 3 列的二维数组。

```
In[23]: array = np.arange(12).reshape((3, 4))
        print(array)
Out[23]: [[ 0  1  2   3]
         [ 4  5  6   7]
         [ 8  9 10  11]]


In[24]: print(array.T)
Out[24]: [[0  4   8]
         [1  5   9]
         [2  6  10]
         [3  7  11]]
```

对于高维数组而言,T 属性也可以应用,不过只能使用默认的转置方式,即交换位置序列的第一个值和最后一个值。下面先创建一个三维数组,然后对其进行 T 转置,输出结果为交换位置序列的第一个值和最后一个值后的三维数组。

```
In[25]: ndarray = np.arange(8).reshape((2, 2, 2))
        print(ndarray)
Out[25]: [[[0  1]
          [2  3]]
         [[4  5]
          [6  7]]]


In[26]: print(ndarray.T)
Out[26]: [[[0  4]
          [2  6]]
         [[1  5]
          [3  7]]]
```

转置前后两个三维数组各元素对应位置见表 4-1,从中可以清晰地看出高维数组 T 属性只交换位置序列的第一个值和最后一个值。

表 4-1　　　　　　　　　　　　　　　　三维数组元素位置

元素	ndarray 位置	ndarray.T 位置
0	[0, 0, 0]	[0, 0, 0]
1	[0, 0, 1]	[1, 0, 0]
2	[0, 1, 0]	[0, 1, 0]
3	[0, 1, 1]	[1, 1, 0]
4	[1, 0, 0]	[0, 0, 1]

元素	ndarray 位置	ndarray.T 位置
5	[1, 0, 1]	[1, 0, 1]
6	[1, 1, 0]	[0, 1, 1]
7	[1, 1, 1]	[1, 1, 1]

4.4.2　transpose( )函数

对二维数组进行转置,除了使用 T 属性,还可以使用 transpose()函数,两者效果完全一致,下面通过代码展示 transpose()函数运行结果。

```
In[27]: print(array.transpose())
Out[27]: [[0  4   8]
          [ 1  5   9]
          [ 2  6  10]
          [ 3  7  11]]
```

对于高维数组来说,相比于 T 属性只能交换元素位置序列的第一个值和最后一个值,transpose()函数能够通过传入由编号组成的元组的方式,非常方便地处理高维数组的转置。以上节的三维数组 ndarray 为例,其形状元组(2, 2, 2)所对应的位置编号分别是 0、1、2,见表 4-2。

表 4-2　　　　　　　　　　　　　形状元组及其对应的位置编号

形状元组的元素	2	2	2
在元组中对应的位置编号	0	1	2

因此,ndarray.transpose(0,1,2)的输出结果与 ndarray 的输出结果一致。

```
In[28]: print(ndarray.transpose(0,1,2))
Out[28]: [[[0  1]
           [2  3]]
          [[4  5]
           [6  7]]]
```

代码 transpose(2,1,0)意为将元组元素在元组中对应的位置编号由 0、1、2 转变成 2、1、0,即第一个值与第三个值交换,输出结果与 T 属性相同。

```
In[29]: print(ndarray.transpose(2, 1, 0))
Out[29]: [[[0  4]
           [2  6]]
          [[1  5]
           [3  7]]]
```

4.4.3　swapaxes( )函数

与 transpose( ) 函数不同的是,swapaxes( ) 函数接受一对轴编号,如果想要达到

transpose(2，1，0)的效果，只需要输入 swapaxes(0，2)即可，如图 4-9 所示。

```
In[30]: print(ndarray.swapaxes(0, 2))
Out[30]: [[[0  4]
          [2  6]]

         [[1  5]
          [3  7]]]
```

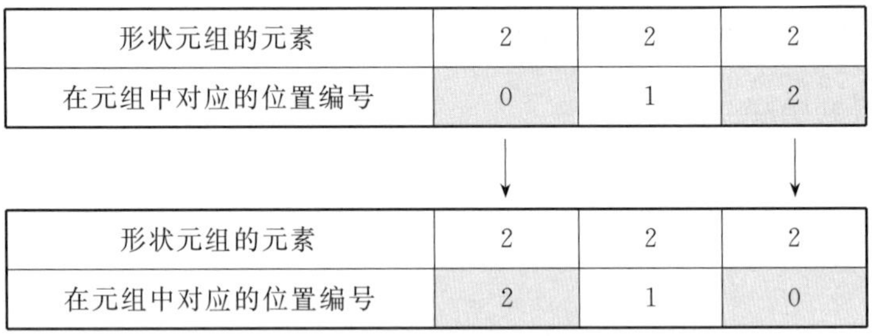

形状元组的元素	2	2	2
在元组中对应的位置编号	0	1	2

形状元组的元素	2	2	2
在元组中对应的位置编号	2	1	0

图 4-9　swapaxes( )函数转置效果

4.5　应用实践

图 4-10 是从 Wind 数据库导出的 2004—2019 年 A 股上市股权性质数据。为了方便后续调用数据并进行研究分析，需要把它转化为"证券代码　会计期间　股权性质"三列，如图 4-11 所示。

证券代码	证券简称	实际控制人属性 [交易日期] 2019-12-31	实际控制人属性 [交易日期] 2018-12-31	实际控制人属性 [交易日期] 2017-12-31	实际控制人属性 [交易日期] 2016-12-31	实际控制人属性 [交易日期] 2015-12-31	实际控制人属性 [交易日期] 2014-12-31	实际控制人属性 [交易日期] 2013-12-31	实际控制人属性 [交易日期] 2012-12-31	实际控制人属性 [交易日期] 2011-12-31
000001.SZ	平安银行									
000002.SZ	万科A									
000004.SZ	国农科技	个人	个人	个人	个人	个人	个人	个人	个人	个人
000005.SZ	世纪星源	个人	个人	个人	个人	个人	个人	个人	个人	个人
000006.SZ	深振业A	地方国资委	地方国资委	地方国资委	地方国资委	地方国资委	地方国资委	地方国资委	地方国资委	地方国资委
000007.SZ	全新好	个人	个人	个人	个人	个人	个人	个人	个人	个人
000008.SZ	神州高铁	国资委	国资委			个人	个人	个人	个人	个人
000009.SZ	中国宝安		个人	个人	个人	个人	个人	个人	个人	个人
000010.SZ	*ST美丽	个人	个人	个人	个人	个人	个人	个人	个人	个人
000011.SZ	深物业A	地方国资委	地方国资委	地方国资委	地方国资委	地方国资委	地方国资委	地方国资委	地方国资委	地方国资委
000012.SZ	南玻A									
000014.SZ	沙河股份	地方国资委	地方国资委	地方国资委	地方国资委	地方国资委	地方国资委	地方国资委	地方国资委	地方国资委
000016.SZ	深康佳A	国资委	国资委	国资委	国资委	国资委	国资委	国资委	国资委	国资委
000017.SZ	深中华A									
000019.SZ	深粮控股	地方国资委	地方国资委	地方国资委	地方国资委	地方国资委	地方国资委	地方国资委	地方国资委	地方国资委
000020.SZ	深华发A	个人	个人	个人	个人	个人	个人	个人	个人	个人
000021.SZ	深科技	国资委	国资委	国资委	国资委	国资委	国资委	国资委	个人	个人
000023.SZ	深天地A	个人	个人	个人	个人	个人	个人	个人	个人	个人
000025.SZ	特力A	地方国资委	地方国资委	地方国资委	地方国资委	地方国资委	地方国资委	地方国资委	地方国资委	地方国资委
000026.SZ	飞亚达	地方国资委	地方国资委	地方国资委	地方国资委	地方国资委	地方国资委	地方国资委	地方国资委	地方国资委
000027.SZ	深圳能源	地方国资委	地方国资委	地方国资委	地方国资委	地方国资委	地方国资委	地方国资委	地方国资委	地方国资委
000028.SZ	国药一致	国资委	国资委	国资委	国资委	国资委	国资委	国资委	国资委	国资委
000029.SZ	深深房A	地方国资委	地方国资委	地方国资委	地方国资委	地方国资委	地方国资委	地方国资委	地方国资委	地方国资委
000030.SZ	富奥股份	地方国资委	地方国资委	地方国资委	地方国资委	地方国资委	地方国资委	地方国资委	个人	个人
000031.SZ	大悦城	国资委	国资委	国资委	国资委	国资委	国资委	国资委	国资委	国资委
000032.SZ	深桑达A	国资委	国资委	国资委	国资委	国资委	国资委	国资委	国资委	国资委
000034.SZ	神州数码	个人	个人	个人	个人	个人	个人	个人	个人	个人
000035.SZ	中国天楹	个人	个人	个人	个人	个人	个人	个人	个人	个人

图 4-10　A 股上市公司股权性质信息

证券代码	会计期间	股权性质
1	2019-12-31	缺失
1	2018-12-31	缺失
1	2017-12-31	缺失
1	2016-12-31	缺失
1	2015-12-31	缺失
1	2014-12-31	缺失
1	2013-12-31	缺失
1	2012-12-31	缺失
1	2011-12-31	缺失
1	2010-12-31	缺失
1	2009-12-31	境外
1	2008-12-31	境外
1	2007-12-31	境外
1	2006-12-31	境外
1	2005-12-31	境外
1	2004-12-31	境外
2	2019-12-31	缺失
2	2018-12-31	缺失
2	2017-12-31	缺失
2	2016-12-31	缺失
2	2015-12-31	缺失

图 4-11 股权性质信息预处理

整体思路为：先导入数据，再进行数据清洗，然后使用 stack() 函数进行转置。下面通过代码具体呈现。

第一步，导入数据。使用 read_csv() 函数导入股权性质 CSV 文件，并将第一列作为行索引。删除"证券简称"列，将所有缺失值用"缺失"填充，打印前五行。我们发现，数据行索引的".SZ"或".SH"是无用的，需要删除；数据列索引过于复杂，只需要保留日期即可。

```
In[31]: ownership_type = pd.read_csv(r"D:\data\股权性质.csv", index_col = 0)
        ownership_type = ownership_type.drop(columns = ['证券简称'])
        ownership_type = ownership_type.fillna(value ='缺失')
        print(ownership_type.head())
Out[31]:
```

	实际控制人属性\r\n [交易日期]2019-12-31	…	实际控制人属性\r\n [交易日期]2004-12-31
证券代码			
000001.SZ	缺失	…	境外
000002.SZ	缺失	…	中央国有企业
000004.SZ	个人	…	大学
000005.SZ	个人	…	境外
000006.SZ	地方国资委	…	地方国资委

第二步，数据清洗。将数据的列索引转化成一个列表，此处可使用两种方法：一是"list

（ownership_type.columns）",二是 "ownership_type.columns.tolist（）",它们的效果完全一致。

```
In[32]: cname = list(ownership_type.columns)
        cname1 = ownership_type.columns.tolist()
        print(cname)
        print(cname1)
Out[32]: ['实际控制人属性\r\n[交易日期] 2019-12-31', ···, '实际控制人属性\r\n[交易
         日期] 2004-12-31']
```

然后打印 cname 列表的第一个元素,并数出 "2" 所在的位置是第 17 个,接下来截取 cname 列表中的每一个元素,只保留 "2" 及以后的数据,将所获得的新的列表赋给 ownership_type 数据做列索引。

```
In[33]: print(list(cname[0]))                              #用来数位置
        column_name = [elem[16:] for elem in cname]#list 操作
        print(column_name)
        ownership_type.columns = column_name
Out[33]:['实', '际', '控', '制', '人', '属', '性', '\r', '\n', '[', '交','易', '日', '期', ']', '', '2', '0',
        '1', '9', '-', '1', '2', '-', '3', '1'][ '2019-12-31', '2018-12-31', ···, '2003-12-31']
```

随后处理行索引,只保留行索引的前六个字符,并更新 ownership_type 数据的行索引,打印 ownership_type 数据。至此,就完成了所有数据清洗步骤。

```
In[34]: ownership_type.index = [i[0:6] for i in ownership_type.index]
        print(ownership_type.head())
Out[34]:
```

	2019/12/31	...	2004/12/31
证券代码↑			
000001	缺失	...	境外
000002	缺失	...	中央国有企业
000004	个人	...	大学
000005	个人	...	境外
000006	地方国资委	...	地方国资委

第三步,使用 stack（）函数将列索引放到行索引中,使用 reset_index（）函数将数据填充完整,并更改列名,将证券代码由字符型改为数字型,最后保存文件。

```
In[35]: ownership_type = ownership_type.stack()
        print(ownership_type)
Out[35]:
```

000001	2019/12/31	缺失
	2018/12/31	缺失
	2017/12/31	缺失
	2016/12/31	缺失
	2015/12/31	缺失
⋮	⋮	⋮
900957	2007/12/31	个人
	2006/12/31	个人
	2005/12/31	个人
	2004/12/31	个人

In[36]: ownership_type = ownership_type.reset_index()
　　　　print(ownership_type)

Out[36]:

	level_0	level_1	0
0	000001	2019/12/31	缺失
1	000001	2018/12/31	缺失
2	000001	2017/12/31	缺失
⋮	⋮	⋮	⋮
61004	900957	2007/12/31	个人
61005	900957	2006/12/31	个人
61006	900957	2005/12/31	个人
61007	900957	2004/12/31	个人

In[37]: ownership_type.columns = ['证券代码','会计期间','股权性质']
　　　　print(ownership_type)

Out[37]:

	证券代码	会计期间	股权性质
0	000001	2019/12/31	缺失
1	000001	2018/12/31	缺失
2	000001	2017/12/31	缺失
3	000001	2016/12/31	缺失
4	000001	2015/12/31	缺失
⋮	⋮	⋮	⋮
61004	900957	2007/12/31	个人
61005	900957	2006/12/31	个人
61006	900957	2005/12/31	个人
61007	900957	2004/12/31	个人

```
In[38]: ownership_type['证券代码'] = ownership_type['证券代码'].astype('int')
        print(ownership_type)
Out[38]:
```

	证券代码	会计期间	股权性质
0	1	2019/12/31	缺失
1	1	2018/12/31	缺失
2	1	2017/12/31	缺失
3	1	2016/12/31	缺失
4	1	2015/12/31	缺失
⋮	⋮	⋮	⋮
64816	900957	2007/12/31	个人
64817	900957	2006/12/31	个人
64818	900957	2005/12/31	个人
64819	900957	2004/12/31	个人
64820	900957	2003/12/31	缺失

```
In[39]: ownership_type.to_excel(r'D:\data\股权性质处理后.xls')
```

4.6　实操练习题

　　从 Wind 数据库下载 2006—2022 全部上市公司研发支出合计数据，将其导入并转化为"证券代码""会计期间""研发支出"三列。

第 5 章

筛选财务报表数据——应用数据筛选

数据的价值在于其蕴含的信息。大数据环境下数据量快速积累,要想分析出海量数据所蕴含的价值,筛选数据十分重要。在实际的财务数据分析中,原始数据通常来源于数据库。数据库通常包含了所有样本的各类数据。但在后续的数据分析中,往往不需要全部的样本数据;也通常不需要数据库中的所有字段,例如只需要资产总额、净利润等。因此,学习本章节数据筛选的目的就在于筛选出符合实际需求的数据,提高数据的可用性,便于后期数据分析的进行。

本章主要介绍 Pandas 中的数据筛选。首先,我们介绍 Pandas 中数据筛选的三种基本索引类型,随后讲解各类索引的设定与获取,接下来对 Pandas 的两种基本数据结构 Series 和 DataFrame 的数据筛选进行展示,最后以财务报表的数据筛选作为案例,讲解数据筛选在财会数据处理中的综合应用。

5.1 索引的基本类型

从底层视角观察 Pandas 对象,它们可以被看作增强版的 Numpy 结构化数组,行和列都不再只是简单的整数索引,还可以带上各种类型的标签,这是 Pandas 与 Numpy 最重要的区别之一。因此,在 Pandas 数据筛选过程中,主要有三种方法:一是类似 Numpy 数组通过位置进行索引和切片;二是通过 Pandas 特有的标签进行索引和切片;三是通过条件判断得到布尔索引进行索引和切片。

索引和切片在数据筛选中均需用到,但这两者又不完全相同。从筛选元素数量的角度,可以简单地理解为,索引是选取一个元素,而切片可以选取多个元素。

5.1.1 位置索引

位置索引,顾名思义是通过元素所处的相对位置进行筛选和定位。如果在一个 3 行 4 列的表格中,要想筛选和定位到阴影格子中的数据,可以选择输入这个格子所在的相对位置进行定位,如图 5-1 所示。在 Python 语言中,把第一行和第一列都定义为 0(行或列),第二行和第二列都定义为 1(行或列),并以此类推。因此,图中阴影格子所处的相对位置可以用元组的形式表示为(1，2)。

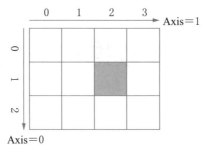

图 5-1　位置索引

5.1.2　标签索引

除了与 Numpy 数组一致的隐式定义的整数索引(位置索引)，Pandas 中的数据结构还可以设置显式定义的标签。一维的 Series 对象可以设置行标签(index)，二维的 DataFrame 对象可以设置行标签(index)与列标签(columns)。标签可以采用不同的格式，如数值、字符串、时间信息等。对 DataFrame 中数据的定位可以通过输入其所对应的行列标签实现。例如，可以将行标签定义为[1,2,3]，将列标签定义为['w','a','n','g']，那么此时通过标签对表格中阴影格子的数据定位为(2,'n')，值得注意的是，这里的 2 为用户自己定义的行标签，区别于位置索引中的表示，如图 5-2 所示。

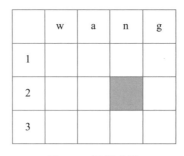

图 5-2　标签索引

5.1.3　布尔索引

除了简单的行列筛选，如果要基于某些准则来筛选、修改数据时，使用布尔索引进行数据筛选是较为高效的方式。布尔值(Boolean Value)用 True 或者 False 来表示，代表"真"或者"假"。在编程中，使用比较运算(如 3＞4)和逻辑运算(如 True and False)得到的输出为布尔值。

由布尔值构成的数组、Series 或 DataFrame 可以作为数据筛选中的索引，筛选出满足某些条件(布尔值为 True)的数据。下面以简单的数组为例，说明如何运用与数组相同维度的布尔数组实现数据筛选。首先设置一个 3 行 4 列的随机数数组作为目标数组，同时设置长度为 3(与目标数组相同维度)的布尔值构成的数组([True,False,True])作为对目标数组的索引数组。通过对目标数组的索引，筛选出与布尔数组中值为 True 的对应的目标数组中的数据，即第 1 行和第 3 行。

```
In[1]:arr = np.random.randn(3,4)          #输入一个3行4列的随机数数组
      print(arr)
Out[1]:[[ 0.58121843    - 0.87257498     0.35087949    - 0.18977441]
        [ - 1.60910362     0.56750317     0.71758424     0.38095902]
        [ - 1.28769818     2.31728623    - 1.83946961     1.11659336]]


In[2]:booling = np.array([True,False,True])     #输入一个布尔值构成的数组
      print(arr[booling])
Out[2]:[[ 0.58121843    - 0.87257498     0.35087949    - 0.18977441]
        [ - 1.28769818     2.31728623    - 1.83946961     1.11659336]]
```

在上例中,使用直接输入的方式生成布尔数组。在实际的编程中,布尔数组往往可以通过对数组进行比较运算和逻辑运算直接获得。例如,以上例中的随机数组(arr)为例,首先利用比较运算查看随机数组中各个值小于 0 的情况,再利用逻辑**与**运算符(&)查看数组中各个值是否既小于 0 又小于 −1,可以发现比较与逻辑运算输出的都是一组由布尔值组成的与 arr 同维度的二维数组(3 行 4 列)。

```
In[3]:print(arr<0)          #查看数组中各个值小于 0 的情况
Out[3]:[[False True False True]
        [ True False False False]
        [ True False True False]]


In[4]:print((arr<0) & (arr< - 1))     #查看数组中值既小于 0 又小于 − 1 的情况
Out[4]:[[False False False False]
        [ True False False False]
        [ True False True False]]
```

在 Python 中,False 被赋值为 0,True 被赋值为 1,可以通过 bool() 函数将数值转换为布尔值,0 将被转换为 False,其他所有值被转换为 True。此外,也可以通过 int() 或 float() 等函数将数值转换为布尔值。下例中使用 astype() 函数直接输出以整数代表的布尔数组。

```
In[5]:print((arr<0).astype(int))     #以整数表示数组中各个值小于 0 的情况
Out[5]:[[0 1 0 1]
        [1 0 0 0]
        [1 0 1 0]]
```

利用比较与逻辑运算返回的布尔数组,可以快速地获得或修改原始数组中的数据。首先,利用布尔数组对原始数组进行索引,可以得到原始数组中值小于 0 的数据。如下例所示,这里返回的是一个一维数组。

```
In[6]:print(arr[arr<0])                          #利用返回的布尔数组索引原始数组
Out[6]:[ − 0.87257498 − 0.18977441 − 1.60910362 − 1.28769818 − 1.83946961]
```

此外,还可以利用布尔数组修改原始数据。如下例所示,可以把原始数组中所有小于 0 的数据都替换成 0,这种操作常常应用于数据清洗。结果如下:

```
In[7]:arr[arr<0] = 0
      print(arr)
Out[7]:[[0.58121843 0.           0.35087949 0.         ]
        [0.           0.56750317 0.71758424 0.38095902]
        [0.           2.31728623 0.           1.11659336]]
```

综上所述,位置索引、标签索引与布尔索引是索引数据筛选中常用的三种类型。虽然在这里简单地通过 Numpy 数组讲解布尔索引,但无论是数组,还是 Pandas 中的 Series 与 Data-Frame 对象,都可以通过上述三种方法进行索引数据筛选。

5.2 索引设定与获取

设定便于引用和调整的索引有助于进行数据筛选与数据分析。第 2 章介绍了 Pandas 在生成数据时设定索引、批处理索引以及通过 rename()函数修改原有的索引三类设定索引的方式。在实际财会数据处理的过程中,往往需要将其中一列或几列数据设为索引以方便进行数据分析。set_index()与 reset_index()两个函数可以非常容易地完成这类设定,本节将对这两个函数进行详细介绍。

5.2.1 set_index( )

set_index()函数可以将 DataFrame 中的某一列或某几列设置为列索引。

---

set_index( )语法及常用参数:

    df.set_index(keys,drop,append,inpalce,verify-integrity)

常用参数说明:

keys:列标签或数组列表,需要设置为索引的列。

drop:默认为 True,删除用作新索引的列。

append:是否将列附加到现有索引,默认为 False。

inplace:输入布尔值,表示当前操作是否对原数据生效,默认为 False。

verify_integrity:检查新索引的副本,否则,请将检查推迟到必要时进行,默认为 False。

下面举例演示。首先设定一个 3 行 3 列的 DataFrame 数据 df,列标签为 Country、In-come 和 Age。

```
In[8]:df = pd.DataFrame({'Country':['China','Japan',' India'],
                          'Income':[10000,40000,5000],'Age':[50,43,37]})
```

```
     print(df)
Out[8]:    Country  Income  Age
    0      China    10000   50
    1      Japan    40000   43
    2      India    5000    37
```

使用 set_index()函数将 Country 这一列设置为新 DataFrame(df_new)的索引。

```
In[9]:df_new = df.set_index('Country',drop = True)
      print(df_new)
Out[9]:        Income  Age
    Country
    China      10000   50
    Japan      40000   43
    India      5000    37
```

5.2.2 reset_index( )

在设定索引后,有时需要取消索引或者更换索引,这时可以使用 reset_index()函数对原索引进行重置(reset),以下是该函数的基本语法。

---

reset_index( )语法及常用参数:

  df.reset_index(level=None,drop=False,inplace=False,col_level=0,col_fill='')

常用参数说明:

level:数值类型可以为 int、str、tuple 或 list,默认无,仅从索引中删除给定级别。

drop:指定 drop=False 时,索引列会被还原为普通列;否则,经设置后的新索引值会被丢弃,默认为 False。

inplace:输入布尔值,表示当前操作是否对原数据生效,默认为 False。

col_level:数值类型为 int 或 str,默认为 0,如果列有多个级别,则确定将标签插入到哪个级别,默认情况下,它将插入到第一级。

col_fill:对象,默认为'',如果列有多个级别,则确定其他级别的命名方式。若无,则重复索引名。

下面举例演示,接上例,使用 reset_index()函数将 df_new 的索引还原为 Country 列,并输出结果。

```
In[10]:df_new01 = df_new.reset_index(drop = False)
       print(df_new01)
Out[10]:    Country  Income  Age
    0       China    10000   50
    1       Japan    40000   43
    2       India    5000    37
```

5.2.3　多级索引

除了简单的一维数据和二维数据,在分析财会数据时常需要构建并储存多维数据,即数据索引会超过 2 个键,例如,在处理面板数据时,行索引可能需要用到公司代码和会计年度,而列索引可能由各类财务指标名称构成。对此,Pandas 提供了 Panel 和 Panel4D 对象解决三维数据与四维数据的构建与索引问题。在实践中,一般通过层级索引(hierarchical inde-xing,也被称为多级索引,即 multi-indexing)配合多个有不同等级(level)的一级索引一起使用,这样可以将高维数组转换成类似一维 Series 和二维 DataFrame 对象的形式。表 5-1 展示了多级索引表示的三维张量。

表 5-1　　　　　　　　　　　　　　　　多级索引表示的三维张量

一级行索引 (level 0 Index)	二级行索引 (level 1 Index)	列索引(Column)			
		y1	y2	y3	y4
z1	x1				
	x2				
	x3				
z2	x1				
	x2				
	x3				

在对面板数据进行处理与分析时,设定多级索引可以更方便地筛选与统计数据情况。下面以周度股价交易的面板数据为例,演示多级索引的设定和筛选。

首先,读取国泰安数据库中的公司日度股票交易 TRD_Dalyr2.csv 文件的前 10 行与所需要的列,创建一个名为 stock 的 DataFrame 对象,Stkcd 表示证券代码,Trddt 表示股票交易日期。

```
In[11]:stock = pd.read_csv ("../data/TRD_Dalyr2. csv", nrows = 10,
                    usecols = ['Stkcd','Trddt','Clsprc','Opnprc'])
       print(stock.head())
Out[11]:     Stkcd      Trddt      Opnprc     Clsprc
       0       1      2019-11-4     16.98      16.92
       1       1      2019-11-1     16.35      16.86
       2       1      2019-10-31    16.42      16.26
       3       1      2019-10-30    16.80      16.43
       4       1      2019-10-29    16.69      16.91
```

将 Stkcd 和 Trddt 分别设定为一、二级索引,输出结果展示如下。基于设定好的多级索引,可以更加快捷地筛选数据,5.4.6 节中将具体介绍应用多级索引进行数据筛选的方法。

```
In[12]:stock.set_index(['Stkcd','Trddt'], inplace = True)
       print(stock. head())
Out[12]:                  Opnprc    Clsprc
    Stkcd    Trddt
      1      2019-11-4    16.98     16.92
             2019-11-1    16.35     16.86
             2019-10-31   16.42     16.26
             2019-10-30   16.80     16.43
             2019-10-29   16.69     16.91
```

5.2.4 布尔索引:比较与逻辑运算

通过比较与逻辑运算获得的布尔索引可以帮助我们筛选出符合某些规则的数据,这是数据筛选中非常重要的方法。本节介绍常用的运算符和 DataFrame 的常用运算函数,并展示如何使用布尔索引进行数据筛选。

(1) 运算符。除了算术运算之外,Python 中还有比较运算和逻辑运算两类常用的运算,通常使用对应的运算符进行运算。表 5-2 展示了 Python 中常用的比较与逻辑运算符及其含义。

表 5-2   Python 中常用的比较与逻辑运算符及含义

符号类型	符号	含义	符号	含义
比较运算符	>	大于	<	小于
	>=	大于等于	<=	小于等于
	==	等于	!=	不等于
逻辑运算符	&	且	|	或
	~	非		

值得注意的是,Python 中的关键字 and、or、not 也可以进行逻辑运算,通常与逻辑运算符获得的结果一致,但在某些情况下会有所区别。当使用 and 或 or 时,相当于让 Python 判断整个对象的真假,而 & 和|是指判断对象中每个元素的布尔值。如下例所示,当对 A 和 B 两个由 0 和 1 组成的 Series 进行"或"的逻辑运算时,使用运算符"|"会对其中每个元素进行"或"的逻辑运算,其中有一个元素为 1(True)即输出 1(True),而使用 or 进行逻辑运算时,系统会报错,提示整个 Series 对象的布尔值无法确定,因此无法进行逻辑运算。

```
In[13]:A = pd.Series([1,0,0,1])
       B = pd.Series([0,1,0,1])
       print(A|B)
Out[13]:0    1
        1    1
        2    0
        3    1
        dtype: int64
```

```
In[14]:print(A or B)
Out[14]:Traceback (most recent call last):
        File "D:\Anaconda3\lib\site-packages\IPython\core\interactiveshell.
          py", line 3441, in run_code exec(code_obj, self.user_global_ns, self.
          user_ns)
        File "<ipython-input-57-a92fba9aa9cf>", line 1, in <module>
          print(A or B)
        File "D:\Anaconda3\lib\site-packages\pandas\core\generic.py", line
          1479, in __nonzero__ f"The truth value of a {type(self).__name__} is am-
          biguous. "
      ValueError: The truth value of a Series is ambiguous. Use a.empty, a.bool(), a.
    item(), a.any() or a.all().
```

下面，来介绍如何使用运算符进行数据筛选。以 DataFrame 对象 stock 为例，我们使用比较运算符"＜"筛选 stock 中当日收盘价(Clsprc)低于 16.50 元的数据，得到一组布尔值构成的 Series 对象。

```
In[15]:print(stock['Clsprc']<16.50)
Out[15]:0    False
        1    False
        2    True
        3    True
        4    False
        5    False
        6    False
        7    False
        8    True
        9    True
        Name: Clsprc, dtype: bool        #得到一列布尔值构成的 Series
```

将上述比较运算的结果作为筛选的依据，筛选出 stock 中当日收盘价低于 16.50 元的所有数据。

```
In[16]:print(stock[stock['Clsprc']<16.50])
Out[16]:  Stkcd    Trddt       Opnprc  Clsprc
        2    1    2019-10-31   16.42   16.26
        3    1    2019-10-30   16.80   16.43
        8    1    2019-10-23   16.32   16.45
        9    1    2019-10-22   16.91   16.42
```

在实际的数据分析中，往往需要通过结合比较运算符与逻辑运算符，来进行多条件筛选。如下例所示,运用逻辑运算符"&"连接多个筛选条件,可以筛选出当日收盘价低于16.50元且开盘价低于16.60元的数据。

```
In[17]:print(stock[(stock['Clsprc']<16.50)&(stock['Opnprc']<16.60)])
Out[17]:    Stkcd    Trddt       Opnprc Clsprc
        2        1    2019-10-31   16.42   16.26
        8        1    2019-10-23   16.32   16.45
```

值得注意的是在上例中用括号括起了其中的两个比较运算。当存在多个运算时,应该注意运算的先后顺序,用括号标出需要优先进行的运算,以避免错误,如下例所示。

```
In[18]:#对比下面两个示例的计算顺序
       print(stock[(stock['Clsprc']<16.50)&(stock['Opnprc']<16.60) |(stock
       ['Trddt']=='2019-10-29')])
       #存在两个逻辑运算,但没有加括号标出先后顺序
Out[18]:    Stkcd    Trddt       Opnprc Clsprc
        2        1    2019-10-31   16.42   16.26
        4        1    2019-10-29   16.69   16.91
        8        1    2019-10-23   16.32   16.45
In[19]:print(stock[(stock['Clsprc']<16.50)& ((stock['Opnprc']<16.60) |(stock
['Trddt']=='2019-10-29'))])
       #先进行或(|)运算,再进行且(&)运算
Out[19]:    Stkcd    Trddt       Opnprc Clsprc
        2        1    2019-10-31   16.42   16.26
        8        1    2019-10-23   16.32   16.45
```

(2) Pandas 的运算函数。相比通用的运算符,Pandas 提供了更加简洁的运算函数,常用的运算函数有 query()、isin()、between()等,下面分别介绍它们的功能和用法。

A. query()函数

query()函数使用代数式的字符串作为输入条件进行数据筛选,输入的字符串使用代数式的方法表示对某列特定的选择。query()函数不但形式简洁,而且性能高、节省内存,特别适合处理复合条件的运算。

---

query()语法及常用参数:

   df.query(expr,inplace = False, ** kwargs)

常见参数说明:

   expr: 字符串形式的查询条件。

   inplace: 是否修改原数据,False 表示不修改,True 表示修改。

   kwargs: dict 关键字参数。

下面介绍 query()函数的使用方法,仍然使用以上数据进行说明。首先,使用 query()函数筛选当日收盘价低于 16.50 元且开盘价低于 16.60 元的数据,可以看到与 In[17]中使用运

算符得出的筛选结果一致。

```
In[20]:print(stock.query('Clsprc < 16.50 and Opnprc < 16.60'))
Out[20]:    Stkcd     Trddt      Opnprc   Clsprc
       2      1     2019-10-31    16.42    16.26
       8      1     2019-10-23    16.32    16.45
```

除了筛选特定值数据外，query()函数还可以进行比较筛选。例如筛选开盘价小于收盘价的数据：

```
In[21]:print(stock.query('Opnprc<Clsprc<16.50'))
Out[21]:    Stkcd     Trddt      Opnprc   Clsprc
       8      1     2019-10-23    16.32    16.45
```

若查询条件中包含字符串，则应当使用双引号，此外条件表达还可以传入列表。例如，首先在 stock 基础上添加标签为 t，值为['a','b','c','d','e','a','b','c','d','e']的一列，再通过条件筛选 t 列为"c"且收盘价低于 16.50 元、开盘价低于 16.60 元的数据。

```
In[22]:stock['t'] = ['a','b','c','d','e','a','b','c','d','e']
       print(stock)
Out[22]:    Stkcd     Trddt      Opnprc   Clsprc   t
       0      1     2019-11-4     16.98    16.92   a
       1      1     2019-11-1     16.35    16.86   b
       2      1     2019-10-31    16.42    16.26   c
       3      1     2019-10-30    16.80    16.43   d
       4      1     2019-10-29    16.69    16.91   e
       5      1     2019-10-28    16.98    16.66   a
       6      1     2019-10-25    16.78    16.88   b
       7      1     2019-10-24    16.50    16.87   c
       8      1     2019-10-23    16.32    16.45   d
       9      1     2019-10-22    16.91    16.42   e

In[23]:print(stock.query('t = = "c" and Clsprc < 16.50 and Opnprc < 16.60'))
Out[23]:    Stkcd     Trddt      Opnprc   Clsprc   t
       2      1     2019-10-31    16.42    16.26   c
```

在实际数据处理过程中，我们往往无法直接确定数据的筛选标准，而是要通过对数据的简单计算确定筛选准则。在 query()函数的表达式中，可以通过直接使用统计函数或者使用 @符号引用局部变量的方法实现这种数据筛选。例如，筛选收盘价小于所有收盘价均值的数据时，可以直接用 Clsprc.mean()表示收盘价均值，或者先赋值一个局部变量 Clsprcmean，再使用@符号引用。可以看到，两种方法筛选出的数据是一致的。

```
In[24]:print(stock.query(f'Clsprc < Clsprc.mean()'))
Out[24]:     Stkcd      Trddt     Opnprc   Clsprc   t
        2      1     2019-10-31    16.42    16.26    c
        3      1     2019-10-30    16.80    16.43    d
        5      1     2019-10-28    16.98    16.66    a
        8      1     2019-10-23    16.32    16.45    d
        9      1     2019-10-22    16.91    16.42    e

In[25]:Clsprcmean = stock['Clsprc'].mean()
       print(stock.query(f'Clsprc < @Clsprcmean'))
Out[25]:     Stkcd      Trddt     Opnprc  Clsprc  t
        2      1     2019-10-31    16.42   16.26   c
        3      1     2019-10-30    16.80   16.43   d
        5      1     2019-10-28    16.98   16.66   a
        8      1     2019-10-23    16.32   16.45   d
        9      1     2019-10-22    16.91   16.42   e
```

综合而言,query()函数的语法比使用逻辑表达式更容易理解,并且计算速度更快、消耗内存更小,可以更方便地进行数据筛选。

B. isin()函数

使用isin()函数,不仅可以对整个DataFrame进行筛选,而且可以针对DataFrame中的特定列(Series)进行筛选,还可以用DataFrame中的某一列对另一个DataFrame中的数据进行筛选。

---

isin()语法及常用参数:
   df.isin(values)
常用参数说明:
values:输入查询文本,注意一定要以列表(list)或集合(set)的方式书写,否则会报告错误。
列表格式:df.isin(['a','e'])、df.isin(set("e"))。

使用isin()函数判断整个数据集中是否包含某个值或某些值,这些值既可以是字符串也可以是数值,放在列表中一并作为函数的输入参数,例如:

```
In[26]:print(stock.isin(["a","b",16.42]))
Out[26]:    Stkcd   Trddt   Opnprc   Clsprc    t
       0    False   False   False    False    True
       1    False   False   False    False    True
       2    False   False   True     False    False
       3    False   False   False    False    False
       4    False   False   False    False    False
```

5	False	False	False	False	True
6	False	False	False	False	True
7	False	False	False	False	False
8	False	False	False	False	False
9	False	False	False	True	False

给出对应 stock 的原数据表格

	Stkcd	Trddt	Opnprc	Clsprc	t
0	1	2019-11-4	16.98	16.92	a
1	1	2019-11-1	16.35	16.86	b
2	1	2019-10-31	16.42	16.26	c
3	1	2019-10-30	16.80	16.43	d
4	1	2019-10-29	16.69	16.91	e
5	1	2019-10-28	16.98	16.66	a
6	1	2019-10-25	16.78	16.88	b
7	1	2019-10-24	16.50	16.87	c
8	1	2019-10-23	16.32	16.45	d
9	1	2019-10-22	16.91	16.42	e

判断数据集的某一列中是否包含某个值或某些值,可以采用 df[].isin() 的形式。例如,下面的代码筛选出了 stock 中 t 列包含 a 或 b 的数据。

```
In[27]:print(stock[stock['t'].isin(["a", "b"])])
Out[27]:    Stkcd       Trddt    Opnprc   Clsprc  t
        0      1     2019-11-4    16.98    16.92   a
        1      1     2019-11-1    16.35    16.86   b
        5      1    2019-10-28    16.98    16.66   a
        6      1    2019-10-25    16.78    16.88   b
```

使用 isin() 函数,还可以用某个 DataFrame 中的某一列作为条件来对另一个 DataFrame 中的数据进行筛选。例如,首先创建一个由日期构成的新 DataFrame 对象 datedf,再通过 date 列筛选 stock 中的数据。

```
In[28]:datedf = pd.DataFrame({'date':[' 2019-10-30 ',' 2019-10-31 ',' 2019-11-1 ',' 2019-
       11-4 ']})
       print(datedf)
Out[28]:    date
        0   2019-10-30
        1   2019-10-31
        2    2019-11-1
        3    2019-11-4
```

```
In[29]:print(stock[stock["Trddt"].isin(datedf["date"])])
Out[29]:      Stkcd      Trddt      Opnprc  Clsprc  t
       0         1      2019-11-4     16.98   16.92  a
       1         1      2019-11-1     16.35   16.86  b
       2         1      2019-10-31    16.42   16.26  c
       3         1      2019-10-30    16.80   16.43  d
```

C. between()函数

有时需要筛选出特定范围内的数据,例如筛选收盘价格在16.30元到16.50元之间的数据,如果通过逻辑判断进行,则需要使用复合逻辑判断语句,代码较为繁复。

```
In[30]:print(stock[(stock['Clsprc'] >= 16.30) & (stock['Clsprc'] <= 16.50)])
Out[30]:      Stkcd      Trddt      Opnprc  Clsprc  t
       3         1      2019-10-30    16.80   16.43  d
       8         1      2019-10-23    16.32   16.45  d
       9         1      2019-10-22    16.91   16.42  e
```

between()函数能简化上述筛选过程,表达式也更具有可读性,因此比较适合在需要编写许多筛选条件时使用。下面使用between()函数实现上述例子,值得注意的是,与后面两个小节讲解的切片不同,between()函数中的筛选条件是一个前闭后闭的区间。

```
In[31]:print(stock[stock['Clsprc'].between(16.30,16.50)])
Out[31]:      Stkcd      Trddt      Opnprc  Clsprc  t
       3         1      2019-10-30    16.80   16.43  d
       8         1      2019-10-23    16.32   16.45  d
       9         1      2019-10-22    16.91   16.42  e
```

(3) Pandas 的字符串方法。 在实际处理财会数据的过程中,除了要对数值进行比较与逻辑运算,往往还需要对字符串进行操作和比较,提取出包含(或者不包含)某些字符的数据,例如,提取出行业代码包括"C"的公司等。使用 Python 的一个优势就是字符串处理起来比较容易,在此基础上,Pandas 提供了一系列处理字符串的方法,它们都是在数据筛选和清洗时不可或缺的功能。这一部分简要介绍 Pandas 的字符串方法,说明如何使用这些方法简便而快速地处理 Pandas 中的字符串数据。

Pandas 为包含字符串的 Series 和 DataFrame 提供了 str 属性,既包括 Python 内置的字符串方法,如 len()、lower()、upper()等,又包括其他 Pandas 独有的字符串方法,如 get()、get_dummies()、slice()等。这一小节中介绍常用的几种字符串方法,见表 5-3。要了解所有 Python 内置的字符串方法,可以输入 dir(str)进行查看;要获得所有 Pandas 的字符串方法,可以创建一个 Series 或 DataFrame 对象(df),输入 dir(df.str)进行查看。

表 5-3　　　　　　　　　　　　　　　Pandas 中常用的字符串方法

方　法	含　义	示　例
len()	获取元素的长度	df['a'].str.len()
contains()	判断元素字符串中是否包含某字符,返回布尔值	df['a'].str.contains(' milk')
endswith()	判断元素字符串中是否以某字符结尾,返回布尔值	df['a'].str. endswith (' milk')
startswith()	判断元素字符串中是否以某字符开头,返回布尔值	df['a'].str. startswith (' milk')
slice()	对元素进行切片取值	df['a'].str.slice(0,2) 等价于 df['a'].str[0:2]
get()	获取元素索引位置上的值	df['a'].str.slice(−1) 等价于 df['a'].str[−1]
split()	将元素中的字符串拆分,返回列表	df['a'].str.split(',')
get_dummies()	将元素分割为一个一系列虚拟变量(0 或 1)构成的 DataFrame	df['a'].str. get_dummies()

这一节中使用一些公司名称作为示例介绍这些常用方法。首先,创建一个名为 company 的 Series 对象,标签设置为对应的公司代码。

```
In[32]:company = pd.Series(['平安银行','万科 A','浦发银行','上海电力','浙能电力'],
index = ['000001','000002','600000','600021','600023'])
       print(company)
Out[32]:000001      平安银行
        000002      万科 A
        600000      浦发银行
        600021      上海电力
        600023      浙能电力
        dtype: object
```

调用 len()可以返回每个元素对应的长度,可以进一步地对元素的长度进行筛选。

```
In[33]:print(company.str.len())
Out[33]:000001      4
        000002      3
        600000      4
        600021      4
        600023      4
        dtype: int64
```

```
In[34]:print(company[company.str.len() = = 3])    #筛选出字符串长度为 3 的数据
Out[34]:000002      万科 A
        dtype: object
```

如果想要筛选出包含某些字符串的数据,可以用 contains()进行筛选。类似的方法包括

endswith()和 startswith(),分别筛选出以某些字符串结尾或开头的数据,如下例所示。

```
In[35]:print(company[company.str.contains('银行')])    #筛选出包含"银行"的数据
Out[35]:000001    平安银行
        600000    浦发银行
        dtype: object


In[36]:print(company[company.str.endswith('电力')])    #筛选出以"电力"结尾的数据
Out[36]:600021    上海电力
        600023    浙能电力
        dtype: object
```

使用 slice()可以提取出每个字符串中特定位置的字符串,例如,str.slice(0,2)可以筛选出每个字符串的前两位,等价于 str[0:2]。下面以包含上市日期、行业的公司信息数据作为示例进行演示,使用 str.slice(0,2)提取出公司名称中的前两位生成新的一列 name_short。

```
In[37]:company_full = pd.DataFrame({'name': company,
                'listeddate': ['1991-04-03','1991-01-29','1999-11-10','2003-10-
                29','2013-12-19'],
                'industry': ['J','K','J','D','D']})
        print(company_full)
Out[37]:         name      listeddate      industry
        000001   平安银行    1991-04-03      J
        000002   万科 A      1991-01-29      K
        600000   浦发银行    1999-11-10      J
        600021   上海电力    2003-10-29      D
        600023   浙能电力    2013-12-19      D


In[38]:company_full.loc[:,'name_short'] = company_full.name.str.slice(0,2)
        print(company_full)
Out[38]:         name      listeddate      industry    name_short
        000001   平安银行    1991-04-03      J           平安
        000002   万科 A      1991-01-29      K           万科
        600000   浦发银行    1999-11-10      J           浦发
        600021   上海电力    2003-10-29      D           上海
        600023   浙能电力    2013-12-19      D           浙能
```

此外,另一个常用的字符串方法是 split()。使用它可以将字符串拆分为一个列表对象,随后使用索引取值获得想要的部分字符串。如下例所示,使用 split('-')将上市日期拆分为由年、月、日构成的列表,再使用 str[0](等价于 str.get(0))可以获得列表中的第一个元素:上市年份。

```
In[39]:print(company_full.listeddate.str.split('-'))
Out[39]: 000001    [1991, 04, 03]
         000002    [1991, 01, 29]
         600000    [1999, 11, 10]
         600021    [2003, 10, 29]
         600023    [2013, 12, 19]
         Name: listeddate, dtype: object


In[40]:print(company_full.listeddate.str.split('-').str[0])
Out[40]: 000001    1991
         000002    1991
         600000    1999
         600021    2003
         600023    2013
         Name: listeddate, dtype: object
```

在处理财会数据时,有时需要生成一系列虚拟变量,get_dummies()方法可以快速完成这个操作。如下例所示,使用 str.get_dummies()将五家公司的行业变量(industry 列)快速分割为一系列由虚拟变量构成的 DataFrame 对象,当公司的行业属于 D 时,D 列取 1,否则为 0。

```
In[41]:print(company_full.industry.str.get_dummies())
Out[41]:      D  J  K
        000001  0  1  0
        000002  0  0  1
        600000  0  1  0
        600021  1  0  0
        600023  1  0  0
```

5.3　Series 对象的索引与切片

Series 对象是 Pandas 中由带索引数据构成的一维数据结构,与 Numpy 的 ndarray 结构类似,区别在于 Series 对象带有显式定义的索引。Series 具有 values 和 index 两个属性,values 代表值,index 代表显式定义的索引。Pandas 会默认用 0 到 $n-1$ 的有序整数作为 Series 的 index,但用户也可以根据需求自行指定各种类型的 index。

Series 对象可以通过列表、数组、字典创建,也可以通过 DataFrame 中某一行或者某一列创建。如本章第一节讲解的那样，对 Series 对象的获取与选择可以通过位置索引、标签索引和布尔索引进行。

5.3.1 Series 对象的位置索引

首先创建一个 Series 对象，默认位置索引[0]是 series 的首位元素，[1]是 series 第 2 位元素，以此类推。需要注意的是，当进行位置切片时，选取的区间为左闭右开，例如选取[2：4]，得到的位置为第 3、4 位，不包括第 5 位，如下例所示。

```
In[42]:s = pd.Series([1,2,3,4,5],index = ['a','b','c','d','e'])
        print(s)
Out[42]:    a    1
            b    2
            c    3
            d    4
            e    5
            dtype：int64


In[43]:print(s[[2,3,4]])          ＃使用位置索引筛选第 3 位到第 5 位
Out[43]:    c    3
            d    4
            e    5
            dtype：int64


In[44]:print(s[2:4])              ＃使用位置索引作为切片筛选第 3 位和第 4 位
Out[44]:    c    3
            d    4
            dtype：int64
```

5.3.2 Series 对象的标签索引

标签索引与位置索引的方法非常相似，不同的一点在于，当使用标签索引进行切片时，区间为闭区间，即区间的末端也会被选中，例如选取['a':'c']时，得到 a、b、c 标签所对应的数据。

```
In[45]:s = pd.Series([1,2,3,4,5],index = ['a','b','c','d','e'])
        print(s['e'])
Out[45]:5


In[46]:print(s['a':'c'])
Out[46]:    a    1
            b    2
            c    3
            dtype：int64
```

值得注意的是,由于标签可以设置为任何类型的数据,当设置的标签为整型且与位置索引不同时,对数据的选择可能会出现错误。如下例所示,设置一个长度为 5 的 Series 对象并使用 index 将其标签索引设置为[1,3,5,7,9]。当进行索引操作时,[3]代表的是标签索引,代表标签 3 对应的数据;而当进行切片操作时,[3:5]里的 3 代表的是位置索引,代表第 4 个位置上的数据。

```
In[47]:s = pd.Series([1,2,3,4,5],index = [1,3,5,7,9])
       print(s)
Out[47]:1    1
        3    2
        5    3
        7    4
        9    5
        dtype: int64


In[48]:print(s[3])                  #使用索引操作时用标签索引筛选
Out[48]:2


In[49]:print(s[3:5])                #使用切片操作时用位置索引筛选
Out[49]:7    4
        9    5
        dtype: int64
```

为了解决这类情况下引发的混淆,Pandas 提供了一系列索引器来帮助指定使用位置索引还是标签索引,其中 loc 主要表示使用显式标签取值,iloc 表示使用位置索引取值。5.4 节将详细讲解各类索引器的使用。

5.3.3　Series 对象的布尔索引

正如前文所提到的,通过比较与逻辑运算,可以生成一个与 Series 对象同维度的布尔索引,进一步可以使用该布尔索引对 Series 进行筛选。

下面举例进行说明,通过比较运算符">=",对 Series 对象 s 中的元素是否大于等于 2 进行比较运算,输出一个由布尔值组成的新 Series 对象 s_big,使用这个对象对原 Series 进行筛选,可以得到 s 中所有大于等于 2 的数据。

```
In[50]:s = pd.Series([1,2,3,4,5], index = ['a','b','c','d','e'])
       s_big = (s >= 2)
       print(s_big)
Out[50]:a    False
        b    True
        c    True
        d    True
```

```
        e    True
        dtype: bool

In[51]:print(s[s_big])
Out[51]:b    2
        c    3
        d    4
        e    5
        dtype: int64
```

上述步骤可以合并完成,即直接将判断条件放入[]中,实现原数据对象的筛选。

```
In[52]:print(s[s>=2])
Out[52]:b    2
        c    3
        d    4
        e    5
        dtype: int64
```

文本型数据也可以使用布尔索引进行筛选。例如,如果将 Series 对象中的数字换成文本型的 a1、b1、c1、d1、e1,则对文本型数据也可以进行布尔判断,得到的结果如下。

```
In[53]:s = pd.Series(['a1','b1','c1','d1','e1'],index = ['a','b','c','d','e'])
        print(s)
Out[53]:a    a1
        b    b1
        c    c1
        d    d1
        e    e1
        dtype: object
```

```
In[54]:print(s[s = ='a1'])                    #对文本型数据进行布尔判断
Out[54]:a    a1
        dtype: object
```

5.4 DataFrame 对象的索引与切片 ●────────

在数据处理时,二维的 DataFrame 对象更加常见。DataFrame 可以被看作是有序排列的若干 Series 对象,也可以被看作是带有行索引和列索引的二维数组。DataFrame 由 data、index 及 columns 构成,data 为 DataFrame 中存储的数据,index 指定行索引,columns 指定列索引。本节将详细介绍 DataFrame 对象的索引与切片方法。

为了方便展示,下面举例介绍 DataFrame 对象的基本构成以及对其进行索引与切片的逻辑。首先,通过 date_range 函数,生成一个指定期限为 7 期的时间序列数据。接下来,通过 pandas.DataFrame 函数来创建一个 DataFrame 并命名为 dat。

```
In[55]:#定义一个起始日期为 1/1/2021,步长为 7 的时间序列,并将其命名为 calendar。
        n = 7
        calendar = pd.date_range('1/1/2021',periods = n)
        rand = np.random.randn(n, 4)                    #定义一个 Numpy 随机数组
        dat = pd.DataFrame(rand,index = calendar,columns = list('wang'))
        print(dat)
Out[55]:                w           a           n           g
        2021-01-01  - 0.365046  - 0.322290    2.252256    0.216681
        2021-01-02    0.318806    0.398909  - 0.094217  - 0.030814
        2021-01-03    0.118945  - 0.729047  - 0.214456    1.138835
        2021-01-04    0.347132    0.688164  - 1.122759  - 0.381036
        2021-01-05    0.389572  - 0.330611  - 0.941752  - 0.948981
        2021-01-06    1.206558  - 1.197991    0.717611  - 0.190232
        2021-01-07  - 1.084143    0.753883  - 1.562791  - 0.670800
```

可以看到,在 In[55]创建的 DataFrame(dat)中,data 由输入的 7 行 4 列的数据随机数组构成。行标签(index)是时间序列 calendar(若没有设定行标签,会默认从 0 开始的有序整数进行行索引编号),列标签(columns)名称分别对应为"w""a""n""g"。

index	w	a	n	g	⇒ columns
2021-01-01	- 0.365046	- 0.322290	2.252256	0.216681	
2021-01-02	0.318806	0.398909	- 0.094217	- 0.030814	
2021-01-03	0.118945	- 0.729047	- 0.214456	1.138835	
2021-01-04	0.347132	0.688164	- 1.122759	- 0.381036	
2021-01-05	0.389572	- 0.330611	- 0.941752	- 0.948981	
2021-01-06	1.206558	- 1.197991	0.717611	- 0.190232	
2021-01-07	- 1.084143	0.753883	- 1.562791	- 0.670800	

Pandas 提供了一系列方法对 DataFrame 进行数据筛选。利用 DataFrame 的行列标签以及隐性位置标签,我们可以选取某个单元格的数据、某一行(列)或某几行(列)数据,以及某几行的特定几列的数据。数据筛选,既可以通过简单的 df[ ]的字典形式(dictionary-style)实现,也可以使用 df.loc[ ]、df.iloc[ ]、df.at[ ]、df.iat[ ]等常用的索引器(indexer)实现。接下来将对这几种方式进行具体讲解。

5.4.1 字典形式选取

前文提到，Series 可以通过位置、标签和布尔值进行索引和切片提取数据，由于 Data Frame 具有行标签和列标签两种显式索引，在进行字典形式的数据选取时需要特别注意输入的标签被 Pandas 理解为行标签还是列标签，以避免筛选错误。有三种输入形式。

(1) 位置索引选取。DataFrame 可以通过位置索引对行进行切片，形式为 df [ ]，方括号中须输入一个位置索引构成的区间。该区间为左闭右开区间，如，df [0:2]表示提取第一行和第二行，不包括第三行（即位置索引 2 代表的行）。

```
In[56]:print(dat[0:2]) #提取前两行
Out[56]:           w           a           n           g
2021-01-01    - 0.365046   - 0.322290    2.252256    0.216681
2021-01-02    0.318806    0.398909   - 0.094217   - 0.030814
```

当需要选取某行之前的所有行时，即需要筛选出的位置索引起始值为 0 时，可以省略起始值；同样，当需要筛选出某行之后的所有行时，可以省略结束值，如下例所示。

```
In[57]:print(dat[:2])        #提取前两行
Out[57]:           w           a           n           g
   2021-01-01    - 0.365046   - 0.322290    2.252256    0.216681
   2021-01-02    0.318806    0.398909   - 0.094217   - 0.030814
```

```
In[58]:print(dat[3:])        #提取第四行及之后的所有行
Out[58]:           w           a           n           g
   2021-01-04    0.347132    0.688164   - 1.122759   - 0.381036
   2021-01-05    0.389572   - 0.330611   - 0.941752   - 0.948981
   2021-01-06    1.206558   - 1.197991    0.717611   - 0.190232
   2021-01-07    - 1.084143    0.753883   - 1.562791   - 0.670800
```

有时需要筛选出除了最后几行之外的其他所有行。在数据量较大或批量处理行数不同的数据时，获得行数再进行筛选会比较麻烦，此时可以使用负数表示"倒数"的概念，如"－1"表示倒数第一行、"－2"表示倒数第二行。如下例所示，使用[3:－1]可以筛选出第四行之后（包括第四行）、倒数第一行之前的三行数据。

```
In[59]:print(dat[3:-1])      #提取第四行及之后、倒数第一行之前的所有行
Out[59]:           w           a           n           g
   2021-01-04    0.347132    0.688164   - 1.122759   - 0.381036
   2021-01-05    0.389572   - 0.330611   - 0.941752   - 0.948981
   2021-01-06    1.206558   - 1.197991    0.717611   - 0.190232
```

值得注意的是，若需要提取第 3 行，则使用 df[2:3]，应注意其参数为一个区间，而不能仅输入一个具体的数值。

```
In[60]:print(dat[2:3])                          #只输入行位置索引会报错
Out[60]:                    w          a          n          g
        2021-01-03   0.118945   - 0.729047   - 0.214456   1.138835
```

（2）标签索引选取。 DataFrame 也可以使用标签索引进行索引或者切片。当输入单独的一个标签或多个标签构成的列表时，Pandas 会默认为列标签，从而选取出列标签对应的一列或多列数据。当输入"'首行标签':'尾行标签'"的索引区间时，Pandas 会默认为是行标签，从而选取出符合索引区间的一行或多行数据。需要注意的是，如果想通过输入列标签构成的区间进行切片，会报出错误，因为 Pandas 默认切片操作为行标签。解决使用列标签的切片问题需要用到下一小节讲解的索引器。

使用 dat 数据来进行示例，在下面的代码中分别输入单独的列标签和列标签的列表选择出了一列（w 列）和多列（w 和 a 列）数据。

```
In[61]:print(dat['w'])                      #输入列标签选择某一列
Out[61]:2021-01-01    - 0.365046
        2021-01-02      0.318806
        2021-01-03      0.118945
        2021-01-04      0.347132
        2021-01-05      0.389572
        2021-01-06      1.206558
        2021-01-07    - 1.084143
        Freq: D, Name: w, dtype: float64
```

```
In[62]:print(dat[['w','a']])                  #输入由列标签构成的列表选择某几列
Out[62]:                    w            a
        2021-01-01   - 0.365046   - 0.322290
        2021-01-02     0.318806     0.398909
        2021-01-03     0.118945   - 0.729047
        2021-01-04     0.347132     0.688164
        2021-01-05     0.389572   - 0.330611
        2021-01-06     1.206558   - 1.197991
        2021-01-07   - 1.084143     0.753883
```

在实际的数据处理中，除了字典形式的取值方法外，如果 DataFrame 的列名为字符串且与 DataFrame 的方法不重名，则还可以使用属性形式（attribute-style）对列进行选择，返回的结果与使用字典形式一致。

```
In[63]:print(dat.w)
Out[63]: 2021-01-01    - 0.365046
         2021-01-02      0.318806
```

```
2021-01-03      0.118945
2021-01-04      0.347132
2021-01-05      0.389572
2021-01-06      1.206558
2021-01-07     - 1.084143
Freq：D, Name：w, dtype：float64
```

在字典形式选取的方括号中输入标签索引区间可以对数据进行针对行的切片。由于使用标签索引,索引区间是闭合区间,例如:通过 dat['2021-01-01':'2021-01-03']可以获取 1 月 1 号到 3 号之间的行数据(包括 3 号)。由于 1 月 1 号是第一行的数据,也可以直接省略行的起始值,输出结果一致。

对比此处使用标签索引的 In[64]和前面使用位置索引的 In[56]的输出结果,可以发现,尽管行标签 '2021-01-03' 对应的位置索引为 2,但是两处的输出结果不同,原因是使用位置索引时,索引区间是左闭右开区间,而使用标签索引时为闭合区间。

需要注意的是,如果仅输入一个行标签而不是行标签区间,Pandas 会因为默认输入单个的标签是列标签而报错。

```
In[64]:print(dat['2021-01-01':'2021-01-03'])
Out[64]:             w            a            n            g
    2021-01-01    - 0.365046    - 0.322290    2.252256    0.216681
    2021-01-02    0.318806    0.398909    - 0.094217    - 0.030814
    2021-01-03    0.118945    - 0.729047    - 0.214456    1.138835


In[65]:print(dat[:'2021-01-03'])
Out[65]:             w            a            n            g
    2021-01-01    - 0.365046    - 0.322290    2.252256    0.216681
    2021-01-02    0.318806    0.398909    - 0.094217    - 0.030814
    2021-01-03    0.118945    - 0.729047    - 0.214456    1.138835
```

总的来看,DataFrame 的字典形式筛选是通过方括号中输入标签的格式来区分行标签和列标签的:当输入标签区间(如[1:3])时,默认为行,当输入单个标签(如,['w'])或者标签组(如['w','a'])时,默认为列。

如果要同时筛选指定行的某些列,则需要进行两次字典形式的筛选。例如想要选取 1 月 1 日到 1 月 3 日的 w 和 a 列的数据,需要先使用行标签对数据进行切片,再使用列标签对数据进行列的筛选,行和列的先后顺序不影响筛选结果。

```
In[66]:dat['2021-01-01':'2021-01-03'][['w','a']]
Out[66]:             w            a
    2021-01-01    - 0.365046    - 0.322290
    2021-01-02    0.318806    0.398909
    2021-01-03    0.118945    - 0.729047
```

```
In[67]:dat[['w','a']][:'2021-01-03']
Out[67]:              w              a
    2021-01-01  - 0.365046  - 0.322290
    2021-01-02    0.318806    0.398909
    2021-01-03    0.118945  - 0.729047
```

可以看出,使用字典形式的数据进行对行和列同时的筛选较为麻烦且容易出现错误。为了更为准确地进行更加复杂的数据筛选,5.4.2 和 5.4.3 小节中介绍了常用的索引器(indexer)。

(3) 布尔索引选取。通过使用字典形式的筛选,可以直接使用布尔索引快速地选出符合规则的数据。如下例所示,筛选出 w 这一列大于 0 的所有行。

```
In[68]:dat[dat['w']>0]
Out[68]:              w              a              n              g
    2021-01-02    0.318806    0.398909  - 0.094217  - 0.030814
    2021-01-03    0.118945  - 0.729047  - 0.214456    1.138835
    2021-01-04    0.347132    0.688164  - 1.122759  - 0.381036
    2021-01-05    0.389572  - 0.330611  - 0.941752  - 0.948981
    2021-01-06    1.206558  - 1.197991    0.717611  - 0.190232
```

利用布尔索引,还可以筛选出 DataFrame 中所有符合规则的数据,不符合的位置会被表示为缺失,如下例所示。

```
In[69]:dat[dat>0]
Out[69]:              w          a          n          g
    2021-01-01      NaN        NaN    2.252256    0.216681
    2021-01-02    0.318806  0.398909      NaN        NaN
    2021-01-03    0.118945    NaN        NaN      1.138835
    2021-01-04    0.347132  0.688164      NaN        NaN
    2021-01-05    0.389572    NaN        NaN        NaN
```

布尔索引还可以结合逻辑运算符简化删除数据的流程。在对 DataFrame 对象进行删除操作时,通常用 df.drop()函数或关键字 del 等方法,但 drop 和 del 操作都须输入需要删除的列名或索引。使用这种方法进行多列/行的删除操作时,须先把这些行列的索引号放入列表中,再输入到 drop 或 del 代码语句里执行删除操作,操作起来较为麻烦。使用布尔索引可以简化上述操作流程,下面的方法可利用布尔索引来获取所需的行列。操作方法为:df = df[逻辑表达式取非],下面以删除数据中 w 列小于 0 的数据为例进行展示。

```
In[70]:print(dat[~( dat ['w']<0)])
Out[70]:              w              a              n              g
    2021-01-02    0.318806    0.398909  - 0.094217  - 0.030814
    2021-01-03    0.118945  - 0.729047  - 0.214456    1.138835
```

2021-01-04	0.347132	0.688164	− 1.122759	− 0.381036
2021-01-05	0.389572	− 0.330611	− 0.941752	− 0.948981
2021-01-06	1.206558	− 1.197991	0.717611	− 0.190232

　　DataFrame 中的文本型数据也可以使用布尔索引进行筛选。以 5.2 节中用到的公司日度股票交易数据(stock)为例,则对文本型数据也可以进行布尔判断,得到的结果如下:

　　DataFrame 的字符串筛选属性 contains()筛选出'统计截止日期'列中包含'-12-31'的数据,也可以用 endswith()。

```
In[71]:s = pd.Series(['a1','b1','c1','d1','e1'],index = ['a','b','c','d','e'])
       print(s)
Out[71]: a     a1
         b     b1
         c     c1
         d     d1
         e     e1
         dtype: object


In[72]:print(s[s = ='a1'])                    ＃对文本型数据进行布尔判断
Out[72]: a     a1
      dtype: object
```

5.4.2　loc 与 iloc

　　在 Pandas 的数据分析过程中,位置索引和标签索引都可以选择数据。为了避免引起混淆,Pandas 提供了一些索引器属性以便于取值,其中 loc 和 iloc 是两种常用的索引器,之前讲到的所有数据筛选方式都可以借助索引器来实现。

　　(1) loc。 loc 索引器属性表示索引和切片操作都依赖于显式索引,通过行标签或列标签进行取值,其基本语法如下。

---

loc 索引器的基本语法及常用参数:

　　df.loc[begin:end, begin:end]

常用参数说明:

(1) 索引参数中,逗号前面表示行索引,逗号后面表示列索引,而且可以参照切片的方式分别设置索引起止位置。

(2) 如果行索引或列索引不指定(仍然要以单独的":"符号表示),则默认取全部行或列。

df.loc[A, B]　　　　　　　　　　　　　＃A 为行标签,B 为列标签

df.loc[A, :]　　　　　　　　　　　　　＃选取 A 行所有数据

df.loc[:, A]　　　　　　　　　　　　　＃选取 A 列所有数据

df.loc[df['A'] = 400,'A'] = 90　　＃按条件选择,将 A 列中值为 400 的替换为 90

　　使用 loc 索引器,输入单一行标签、行标签列表或行标签区间就可以筛选出特定一行或

几行。但如果需要筛选出特定列,则必须在列标签前加":,",表示筛选该列的所有行,如下例所示。

```
In[73]:print(dat.loc['2021-01-01'])    #等价于 print(dat.loc['2021-01-01',:])
Out[73]:w     - 0.365046
        a     - 0.322290
        n       2.252256
        g       0.216681
        Name:2021-01-01 00:00:00, dtype: float64


In[74]:print(dat.loc[:,'w'])
Out[74]:2021-01-01     - 0.365046
        2021-01-02       0.318806
        2021-01-03       0.118945
        2021-01-04       0.347132
        2021-01-05       0.389572
        2021-01-06       1.206558
        2021-01-07     - 1.084143
        Freq: D, Name: w, dtype: float64
```

与标签索引规则一致,在进行切片时,loc 属性里的区间是前闭后闭的,可以取得索引范围的终止行或终止列。例如,使用['2021-01-03':'2021-01-05','a':'n'],可以筛选出时间标签在 2021-01-03 到 2021-01-05 的 a 到 n 列的所有数据,包括"2021-01-05"行和 n 列的数据,输出结果如下:

```
In[75]:print(dat.loc['2021-01-03':'2021-01-05','a':'n'])
Out[75]:            a               n
        2021-01-03    - 0.729047     - 0.214456
        2021-01-04      0.688164     - 1.122759
        2021-01-05    - 0.330611     - 0.941752
```

使用 loc 索引器也可以通过同时指定行、列标签选择出某个点的数据。

```
In[78]:print(dat.loc['2021-01-01','a'])
Out[78]:-0.3222903328896736
```

注意:如果一个 DataFrame 没有设定行标签,而是默认使用从 0 开始的有序整数作为行标签时,行标签索引与行位置索引一致,可以直接输入整数行号结合 loc 进行选择。如下例所示,使用 5.2 节讲到的重置行索引的方法把 dat 的行索引重置,对新生成的 dat_noindex 使用 loc[0,'a']进行筛选,可以发现筛选出的数据与 dat.loc['2021-01-01','a']的输出结果一致。

```
In[79]:dat_noindex = dat.reset_index()
       print(dat_noindex)
Out[79]:    index        w           a            n           g
        0  2021-01-01  -0.365046  -0.322290    2.252256    0.216681
        1  2021-01-02   0.318806   0.398909   -0.094217   -0.030814
        2  2021-01-03   0.118945  -0.729047   -0.214456    1.138835
        3  2021-01-04   0.347132   0.688164   -1.122759   -0.381036
        4  2021-01-05   0.389572  -0.330611   -0.941752   -0.948981
        5  2021-01-06   1.206558  -1.197991    0.717611   -0.190232
        6  2021-01-07  -1.084143   0.753883   -1.562791   -0.670800

In[80]:print(dat_noindex.loc[0,'a'])
Out[80]:-0.32229
```

此外,loc 索引器也可以结合布尔索引进行数据筛选。假设有两组布尔值构成的列表,长度分别为 7 和 4,分别与 dat 数据的行和列的长度一致。在 loc 中输入这两组布尔值可以直接筛选出对应行为 True 且列也为 True 的数据,即第三至第五行、第二至第三列,如下例所示。

```
In[81]:bv = [False,False,True,True,True,False,False]
       bv2 = [False,True,True,False]
       print(dat.loc[bv,bv2])
Out[81]:             a           n
        2021-01-03  -0.729047   -0.214456
        2021-01-04   0.688164   -1.122759
        2021-01-05  -0.330611   -0.941752
```

运用 5.2.4 节中讲到的比较与逻辑运算,可以直接获得布尔索引并进行筛选。如下例所示,运用 loc 并结合 dat['w']>0.5 的比较运算,可以筛选出所有 w 列大于 0.5 的行。

```
In[82]:print(dat.loc[dat['w']>0.5])
Out[82]:             w           a           n           g
        2021-01-06  1.206558   -1.197991   0.717611  -0.190232
```

当然,也可以结合指定列,比如 w 列,筛选另外一个指定列,如 a 列的值。

```
In[83]:print(dat.loc[dat['w']>0.5,'a'])
Out[83]:2021-01-06   -1.197991
        Freq: D, Name: a, dtype: float64
```

（2）iloc。iloc 索引器属性指索引和切片过程中都依赖隐式索引,通过整数形式的位置索引进行取值,其基本语法如下。

---

iloc 索引器的基本语法及常用参数:

　　df.iloc[begin:end, begin:end]

常用参数说明:

　　(1) 索引参数中,逗号前面表示行位置索引,逗号后面表示列位置索引,而且可以参照切片的方式分别设置索引起止位置。

　　(2) 如果不指定行索引或列索引(仍然要以单独的“:”符号表示),则默认取全部行或列。

　　df.iloc[x,y]　　　　　　　　♯x 为行位置索引,y 为列位置索引

　　df.iloc[x, :]　　　　　　　♯选取第 x 行所有数据

　　df.iloc[:,y]　　　　　　　♯选取第 y 列所有数据

　　下面举例说明 iloc 属性的使用方法,通过位置索引获取第一行数据,结果如下。

```
In[84]:print(dat.iloc[0])
Out[84]:w    - 0.365046
        a    - 0.322290
        n      2.252256
        g      0.216681
        Name: 2021-01-01 00:00:00, dtype: float64
```

　　若需要筛选特定范围的行列数据,与位置索引规则一致,其取值区间左闭右开,即不取索引范围的终止行或终止列。如果不指定具体行,但需要输出特定列,则需要在列索引前加“:,”表示输出指定列的所有行,输出结果如下。

```
In[85]:print(dat.iloc[1:3])
Out[85]:              w           a           n           g
        2021-01-02   0.318806    0.398909   - 0.094217   - 0.030814
        2021-01-03   0.118945   - 0.729047   - 0.214456    1.138835


In[86]:print(dat.iloc[:,1:3])
Out[86]:              a           n
        2021-01-01   - 0.322290    2.252256
        2021-01-02     0.398909   - 0.094217
        2021-01-03   - 0.729047   - 0.214456
        2021-01-04     0.688164   - 1.122759
        2021-01-05   - 0.330611   - 0.941752
        2021-01-06   - 1.197991    0.717611
        2021-01-07     0.753883   - 1.562791
```

此外,iloc 也可以同时筛选指定行和列。同样地,与位置索引规则一致,取值区间为左闭右开。如下例所示,筛选第五行到第六行(不包括第七行即位置索引 6 对应的行)的第二列到第三列(不包括第四列即位置索引 3 对应的列)。

```
In[87]:print(dat.iloc[4:6,1:3])
Out[87]:                a            n
        2021-01-05   − 0.330611   − 0.941752
        2021-01-06   − 1.197991     0.717611
```

特别需要注意的是,在行标签为默认标签的情况下,尽管行标签看起来与行位置索引一致,均为连续整数,但使用 loc 选择的仍然为行标签而非位置索引,因此索引区间为双闭合区间(与标签索引切片一致)。而使用 iloc 则会选择行位置标签,索引区间为左闭右开区间,同样地,使用 5.4.1 节中的字典形式取值,输入标签也默认为行位置索引,索引区间为左闭右开区间。

使用上一小节中生成的 dat_noindex 来进行对比说明。首先打印出 dat_noindex,可以看到 dat_noindex 没有设置行标签,因此行标签为默认的一系列从 0 开始的连续整数,与位置索引一致。分别使用 loc、iloc 和字典形式输入[2:4]的区间进行数据选取,可以看到,loc 会筛选出包括第五行(位置索引为 4)的数据,而 iloc 与字典形式的选取只会筛选出第三行与第四行。

```
In[88]:print(dat_noindex)
Out[88]:   index        w            a            n            g
        0  2021-01-01  − 0.365046   − 0.322290     2.252256     0.216681
        1  2021-01-02    0.318806     0.398909   − 0.094217   − 0.030814
        2  2021-01-03    0.118945   − 0.729047   − 0.214456     1.138835
        3  2021-01-04    0.347132     0.688164   − 1.122759   − 0.381036
        4  2021-01-05    0.389572   − 0.330611   − 0.941752   − 0.948981
        5  2021-01-06    1.206558   − 1.197991     0.717611   − 0.190232
        6  2021-01-07  − 1.084143     0.753883   − 1.562791   − 0.670800

In[89]:print(dat_noindex.loc[2:4,:])    ♯双闭合区间
Out[89]:   index        w            a            n            g
        2 2021-01-03   0.118945   − 0.729047   − 0.214456     1.138835
        3 2021-01-04   0.347132     0.688164   − 1.122759   − 0.381036
        4 2021-01-05   0.389572   − 0.330611   − 0.941752   − 0.948981

In[90]:print(dat_noindex.iloc[2:4,:])    ♯左闭右开区间
Out[90]:   index        w            a            n            g
        2 2021-01-03   0.118945   − 0.729047   − 0.214456     1.138835
        3 2021-01-04   0.347132     0.688164   − 1.122759   − 0.381036
```

```
In[91]:print(dat_noindex[2:4])                #左闭右开区间
Out[91]:   index           w             a              n            g
       2 2021-01-03   0.118945     − 0.729047     − 0.214456      1.138835
       3 2021-01-04   0.347132       0.688164     − 1.122759     − 0.381036
```

需要强调的是,In[89]中 loc 索引器仍然使用标签索引进行筛选,只是因为行标签为整数,所以看起来与位置索引很接近。一旦将日期列设置为行标签,使用 loc[2:4]就会报出"cannot do slice indexing"的错误,而 iloc 可以正常进行筛选,如下例所示。

```
In[92]:print(dat.loc[2:4,:])    #dat 设置了日期为行标签,使用 loc 结合位置索引报错
Out[92]:Traceback (most recent call last):
       File "D:\Anaconda3\lib\site-packages\IPython\core\interactiveshell.
       py", line 3441, in run_code
          exec(code_obj, self.user_global_ns, self.user_ns)
       File "<ipython-input-41-5a4a741f1cdf>", line 1, in <module>
          print(dat.loc[2:4,:])
       ......
       TypeError: cannot do slice indexing on < class ' pandas. core. indexes.
datetimes.DatetimeIndex'> with these indexers [2] of <class 'int'>
```

```
In[93]:print(dat.iloc[2:4,:])              #iloc 可以正常进行筛选
Out[93]:         w           a           n            g
2021-01-03   0.118945   − 0.729047   − 0.214456     1.138835
2021-01-04   0.347132     0.688164   − 1.122759    − 0.381036
```

这个例子进一步说明了在数据选取时使用索引器的重要性。当标签索引与位置索引同类型时,使用索引器可以明确指定依赖哪种类型的索引筛选,从而保证数据筛选的准确性。

5.4.3　at 与 iat

位置定位功能中 at 与 iat 是两种不同的索引方法,主要用于点选取。

---

at 和 iat 索引器基本语法及常用参数:
　　df.at[A,B]　or　df.iat[A,B]
常用参数说明:
A:行索引。
B:列索引。

两者之间的差别在于索引方式:at 中的输入为标签索引,iat 中的输入为位置索引。

(1) at。df.at[ ]通过输入行标签索引与列标签索引,定位到某行某列的数值并输出,下面以上节中使用的日股票价格数据(stock)为例,演示如何使用 at 索引器进行取值。

```
In[94]:print(stock)
Out[94]:     Stkcd     Trddt      Opnprc    Clsprc    t
        0      1     2019-11-4    16.98     16.92    a
        1      1     2019-11-1    16.35     16.86    b
        2      1     2019-10-31   16.42     16.26    c
        3      1     2019-10-30   16.80     16.43    d
        4      1     2019-10-29   16.69     16.91    e
        5      1     2019-10-28   16.98     16.66    a
        6      1     2019-10-25   16.78     16.88    b
        7      1     2019-10-24   16.50     16.87    c
        8      1     2019-10-23   16.32     16.45    d
        9      1     2019-10-22   16.91     16.42    e

In[95]:print(stock.at[3,'Clsprc'])
Out[95]:16.43
```

（2）iat。df.iat[ ]通过输入行位置索引与列位置索引,定位到某行某列的数值并输出,下面接上例,演示如何通过 iat 索引器进行取值。

```
In[96]:print(stock.iat[3,3])
Out[96]:16.43
```

5.4.4 filter( )

对 DataFrame 对象使用索引器或者字典形式的选取,可以筛选出已知行列标签的行或者列。然而在数据处理过程中,有时不清楚具体的行列标签,或者有时想要筛选出标签名称符合某些规律的行列标签,这时可使用 filter()函数,以下是该函数的基本语法。

> **filter( )语法及常用参数:**
> df.filter(items＝None, like＝None, regex＝None, axis＝None)
> 常用参数说明:
> **items:**输入为列表(list),表示筛选出指定的标签对应的行或者列,需要结合 axis 指定行或者列。
> **like:**输入为字符串,表示筛选出标签包含某些字符串的行或者列,需要结合 axis 指定行或者列。
> **regex:**输入字符串(正则表达式),表示筛选出标签满足指定正则表达式条件的行或者列,需要结合 axis 指定行或者列。
> **axis:** axis＝0 表示对行操作,axis＝1 表示对列操作,默认对列进行操作。
> 值得注意的是,items、like 和 regex 三个参数的执行过程相互排斥。axis 默认为 1,表示对列进行操作。下面以前例中使用的 DataFrame 对象(stock)为例,演示如何使用 filter()函数中的 item 参数筛选数据。可以看到,使用 item 参数实现的功能与 loc 索引器基本一致。

```
In[97]:print(stock.filter(items = ['Trddt','t']))     #选择两列
Out[97]:    Trddt      t
        0   2019-11-4   a
        1   2019-11-1   b
        2   2019-10-31  c
        3   2019-10-30  d
        4   2019-10-29  e
        5   2019-10-28  a
        6   2019-10-25  b
        7   2019-10-24  c
        8   2019-10-23  d
        9   2019-10-22  e


In[98]:print(stock.filter(items = [0,1],axis = 0))     #使用 axis = 0 表示对行操作
Out[98]:Stkcd   Trddt    Opnprc   Clsprc   t
        0   1   2019-11-4   16.98    16.92    a
        1   1   2019-11-1   16.35    16.86    b
```

除了基本的行列筛选功能,filter()还可以通过 like 参数和 regex 参数实现行列标签的字符筛选。如果想要筛选出包含某些字符串的标签名,可以使用 like 参数。在下例中,筛选出列标签中包含字符串"prc"的列,输出结果如下。

```
In[99]:print(stock.filter(like ='prc'))
Out[99]:    Opnprc   Clsprc
        0   16.98    16.92
        1   16.35    16.86
        2   16.42    16.26
        3   16.80    16.43
        4   16.69    16.91
        5   16.98    16.66
        6   16.78    16.88
        7   16.50    16.87
        8   16.32    16.45
        9   16.91    16.42
```

除了简单字符串的筛选,使用 regex 参数还可以使用正则表达式(正则表达式用来匹配与查找字符串)来筛选标签。如下例所示,"＄"符号表示以前面的字符串结尾,用这种方法筛选出标签以字母 t 结尾的列,输出结果如下。

```
In[100]:print(stock.filter(regex='t$'))
Out[100]:    Trddt        t
        0    2019-11-4    a
        1    2019-11-1    b
        2    2019-10-31   c
        3    2019-10-30   d
        4    2019-10-29   e
        5    2019-10-28   a
        6    2019-10-25   b
        7    2019-10-24   c
        8    2019-10-23   d
        9    2019-10-22   e
```

5.4.5　np.where( )与分位数索引

除了前文介绍的 Pandas 提供的筛选方法,Numpy 也提供了相应的定位函数,如 where( )函数。

np.where( )语法及常用参数:

np.where(condition, x, y)

常用参数说明:

condition: 为设定的筛选条件。

x: 在满足条件的情况下返回 x。

y: 在不满足条件的情况下返回 y。

在数据分析中,常用 where( )函数来处理极端值,例如可以将低于中位数的值用中位数替代。下面演示对 dat 中的 w 列进行修改,dat['w'].quantile(0.5)为 dat 中 w 列的值的中位数,以下代码表示将 w 列数据小于该列中位数的数据修改为中位数,否则保留原值,输出结果如下。

```
In[101]:cond = dat['w']<dat['w'].quantile(0.5)
        dat.loc[:,'w'] = np.where(cond,dat['w'].quantile(0.5),dat['w'])
        print(dat)
Out[101]:              w            a            n            g
        2021-01-01   0.318806    -0.322290    2.252256     0.216681
        2021-01-02   0.318806     0.398909   -0.094217    -0.030814
        2021-01-03   0.318806    -0.729047   -0.214456     1.138835
        2021-01-04   0.347132     0.688164   -1.122759    -0.381036
        2021-01-05   0.389572    -0.330611   -0.941752    -0.948981
        2021-01-06   1.206558    -1.197991    0.717611    -0.190232
        2021-01-07   0.318806     0.753883   -1.562791    -0.670800
```

上述功能也可以利用 loc 索引器和布尔索引实现,如下例所示,根据 w 列的值对 w 列进行条件修改。可以看到,在 w 列中小于中位数的数值也都被替换为了中位数。

```
In[102]:dat.loc[dat['w']<dat['w'].quantile(0.5),'w'] = dat['w'].quantile(0.5)
        print(dat)
Out[102]:           w             a              n              g
        2021-01-01  0.318806    − 0.322290       2.252256       0.216681
        2021-01-02  0.318806      0.398909     − 0.094217     − 0.030814
        2021-01-03  0.318806    − 0.729047     − 0.214456       1.138835
        2021-01-04  0.347132      0.688164     − 1.122759     − 0.381036
        2021-01-05  0.389572    − 0.330611     − 0.941752     − 0.948981
        2021-01-06  1.206558    − 1.197991       0.717611     − 0.190232
        2021-01-07  0.318806      0.753883     − 1.562791     − 0.670800
```

5.4.6　多级索引筛选

运用多级索引可以快速地从面板数据中筛选出所需要的数据。与单索引类似,上文介绍的字典形式取值与 loc、iloc 等索引器都可以应用在多级索引上。

在使用多级索引筛选数据之前,为了避免混淆导致的错误,首先区分在多级索引中元组和列表两个不同的概念:

元组:

(key1, key2)　　　　　　　　　　♯代表筛选多层索引

其中 key1 是索引第一级,key2 是第二级,比如 key1＝1, key2＝1990-12-19。

列表:

[key1, key2]　　　　　　　　　　♯代表筛选同一层的多个 key

其中 key1 和 key2 是并列的同级索引,比如 key1＝1(Indexcd), key2＝2(Indexcd)。

当需要筛选某公司某一交易日的数据时,可以采用元组的形式表示多级索引。使用 5.2 小节中公司股票价格的数据进行演示。为了方便演示,导入前 10 000 行的数据并设定多级索引。设定索引后,可以使用(1, '2019-11-4')的元组筛选出公司股票代码为 1 且交易日期为' 2019-11-4 '的数据。

```
In[103]:stock_multi = pd.read_csv("../data/TRD_Dalyr2.csv",nrows = 10000,
            usecols = ['Stkcd','Trddt','Clsprc','Opnprc'])
        stock_multi.set_index(['Stkcd', 'Trddt'], inplace = True)
        print(stock_multi)
Out[103]:              Opnprc  Clsprc
        Stkcd Trddt
        1     2019-11-4   16.98   16.92
              2019-11-1   16.35   16.86
```

```
            2019-10-31    16.42    16.26
            2019-10-30    16.80    16.43
            2019-10-29    16.69    16.91
                           ...      ...
    27      2019-8-14      5.66     5.67
            2019-8-13      5.63     5.58
            2019-8-12      5.52     5.63
            2019-8-9       5.59     5.45
            2019-8-8       5.57     5.54

    [10000 rows x 2 columns]
```

```
In[104]:print(stock_multi.loc[(1,'2019-11-4'), :])
Out[104]:Opnprc      16.98
         Clsprc      16.92
             t          a
         Name: (1,2019-11-4), dtype: object
```

当需要筛选某几家公司的全部交易数据时,此时是同一级的并列索引,可以采用列表的形式。如下例所示,使用[1，2]的列表筛选出公司股票代码为 1 和 2 的所有行。

```
In[105]:print(stock_multi.loc[[1, 2], :])
Out[105]:              Opnprc   Clsprc

         Stkcd Trddt
         1     2019-11-4    16.98    16.92
               2019-11-1    16.35    16.86
               2019-10-31   16.42    16.26
               2019-10-30   16.80    16.43
               2019-10-29   16.69    16.91
```

当需要筛选某几家公司某几个交易日的某个数据时,此时既涉及多级索引,又涉及同一级的并列索引,因此应将元组和列表结合起来使用。下面进行演示,筛选公司股票代码(Stkcd)为 1 和 2 的两家公司在 2019-11-1 和 2019-11-4 两日的收盘价格(Clsprc)。

```
In[106]:print (stock_multi.loc[([1,2], ['2019-11-1','2019-11-4']),'Clsprc'])
Out[106]:        Stkcd        Trddt
         1     2019-11-4      16.92
               2019-11-1      16.86
         2     2019-11-4      26.86
               2019-11-1      26.83
         Name: Clsprc, dtype: float64
```

值得注意的是,如果不指定一级行索引,只筛选二级行索引,不能通过用元组(：，x)进行筛选,需要依赖 Python 内置的 slice()函数。如下例所示,通过 slice(None)表示不筛选一级行索引,筛选出数据中所有交易日为 2019-11-4 的数据。

```
In[107]:print(stock_multi.loc[(slice(None),'2019-11-4'), :])
Out[107]:                    Opnprc    Clsprc

        Stkcd Trddt
        1     2019-11-4    16.98     16.92
        2     2019-11-4    26.93     26.86
        4     2019-11-4    19.50     19.31
        5     2019-11-4    3.07      3.04
        6     2019-11-4    5.37      5.29
        7     2019-11-4    8.96      8.92
        8     2019-11-4    3.48      3.46
        9     2019-11-4    4.62      4.62
        10    2019-11-4    3.53      3.46
        11    2019-11-4    9.25      9.25
        12    2019-11-4    4.38      4.44
        14    2019-11-4    9.11      9.15
        16    2019-11-4    4.21      4.21
        17    2019-11-4    4.41      4.38
        19    2019-11-4    6.18      6.18
        20    2019-11-4    10.97     10.78
        21    2019-11-4    10.24     10.18
        23    2019-11-4    13.56     13.47
        25    2019-11-4    20.60     20.65
        26    2019-11-4    7.89      8.06
        27    2019-11-4    6.18      6.15
```

5.5 应用实践

在会计实证研究中,常常需要筛选从数据库中导出的财务报表。下面以从国泰安数据库下载的 2018—2020 年的资产负债表和利润表为例,展示本节讲解的各类数据筛选方法。

(1) 读取数据。首先,使用 Pandas 中的 read_excel()函数读取资产负债表和利润表的 Excel 文件。数据中第二行为变量的中文名称,利用 header 指定第二行为列标签。同时,由于导入进来的 DataFrame 的第一行为数据单位,在这里使用 drop()函数删除。

```
In[108]:#读取资产负债表
        bas = pd.read_excel("../data/FS_Combas_18_20.xlsx",header = 1)
        bas.drop([0],axis = 0,inplace = True)   #第一行数据为数据单位,删除
        print(bas)
```

Out[108]:

证券代码	证券简称	统计截止日期	…	资产总计流动	负债合计	负债合计
1	000001	平安银行	2018-01-01	…	3248474000000	NaN	3026420000000
2	000001	平安银行	2018-03-31	…	3338572000000	NaN	3115181000000
3	000001	平安银行	2018-06-30	…	3367399000000	NaN	3139258000000
4	000001	平安银行	2018-09-30	…	3352056000000	NaN	3116825000000
5	000001	平安银行	2018-12-31	…	3418592000000	NaN	3178550000000
⋮	⋮	⋮	⋮		⋮	⋮	⋮
119002	900957	凌云 B 股	2020-06-30	…	5.59433e + 08	9.71036e + 07	9.71036e + 07
119003	900957	凌云 B 股	2020-09-30	…	1.01756e + 09	7.67638e + 07	5.23864e + 08
119004	900957	凌云 B 股	2020-09-30	…	5.68682e + 08	1.01876e + 08	1.01876e + 08
119005	900957	凌云 B 股	2020-12-31	…	1.00856e + 09	8.25344e + 07	5.09834e + 08
119006	900957	凌云 B 股	2020-12-31	…	5.73365e + 08	1.01817e + 08	1.01817e + 08

[119006 rows x 9 columns]

```
In[109]:#读取利润表
        ins = pd.read_excel("../data/FS_Comins_18_20.xlsx",header = 1,usecols =
        ['证券代码','证券简称','统计截止日期','报表类型','营业收入','营业成本','净利润'])
        ins = ins.drop([0],axis = 0)
        print(ins)
```

Out[109]:

证券代码	证券简称	统计截止日期	报表类型	营业收入	营业成本	净利润
1	000001	平安银行	2018-01-01	A	NaN	NaN	23189000000
2	000001	平安银行	2018-03-31	A	NaN	NaN	6595000000
3	000001	平安银行	2018-06-30	A	NaN	NaN	13372000000
4	000001	平安银行	2018-09-30	A	NaN	NaN	20456000000
5	000001	平安银行	2018-12-31	A	NaN	NaN	24818000000
⋮	⋮	⋮	⋮	⋮	⋮	⋮	⋮
118982	900957	凌云 B 股	2020-06-30	B	1.50943e + 06	NaN	4.75525e + 06
118983	900957	凌云 B 股	2020-09-30	B	2.35849e + 06	NaN	9.23157e + 06
118984	900957	凌云 B 股	2020-09-30	A	7.95968e + 07	4.25946e + 07	1.68249e + 07
118985	900957	凌云 B 股	2020-12-31	B	3.11321e + 06	NaN	1.3974e + 07
118986	900957	凌云 B 股	2020-12-31	A	9.94056e + 07	5.07444e + 07	21858686

[118986 rows x 7 columns]

(2) 资产负债表分步筛选。导入的报表数据中包括各季度的数据,需要进一步筛选出

年报数据。在这里主要介绍三种筛选方式。

方法一，使用 set_index() 函数将证券代码和统计截止日期两列设定为多级索引，使用 filter() 函数的 like 方法筛选出行索引中包含"-12-31"的数据。

方法二，不设置多级索引，先使用 reset_index() 函数将索引重置（因为刚刚设置了多级索引），然后使用 isin() 函数筛选'统计截止日期'等于"2018-12-31""2019-12-31"或者"2020-12-31"的数据。

方法三，运用字符串筛选方式，使用 Pandas 的字符串筛选方法 contains() 筛选出"统计截止日期"列中包含"-12-31"的数据，也可以用 endswith() 筛选出以"-12-31"结尾的数据。

可以发现，三种方法筛选出的结果是一致的。

```
In[110]:#方法1:设定多级索引,使用 filter()函数筛选行索引
        bas.set_index(['证券代码', '统计截止日期'], inplace = True)
        print(bas.filter(like = '-12-31', axis = 0))
```

Out[110]:	证券代码	统计截止日期	证券简称	报表类型	…	流动负债合计	负债合计
	000001	2018-12-31	平安银行	A	…	NaN	3178550000000
		2019-12-31	平安银行	A	…	NaN	3626087000000
		2020-12-31	平安银行	A	…	NaN	4104383000000
		2020-12-31	平安银行	B	…	NaN	4104819000000
	000002	2018-12-31	万科 A	A	…	1.12191e + 12	1.29296e + 12
	⋮	⋮	⋮	⋮		⋮	⋮
	900957	2018-12-31	凌云 B 股	B	…	1.15632e + 08	1.15632e + 08
		2019-12-31	凌云 B 股	A	…	1.17986e + 08	5.40846e + 08
		2019-12-31	凌云 B 股	B	…	9.74198e + 07	9.74198e + 07
		2020-12-31	凌云 B 股	A	…	8.25344e + 07	5.09834e + 08
		2020-12-31	凌云 B 股	B	…	1.01817e + 08	1.01817e + 08

[24739 rows x 7 columns]

```
In[111]:#方法2:不设置多级索引,使用 isin()函数筛选"统计截止日期"列
        bas = bas.reset_index()
        bas_year = bas[bas['统计截止日期'].isin(["2018-12-31", "2019-12-31",
        "2020-12-31"])]
        print(bas_year)
```

Out[111]:	证券代码	统计截止日期	证券简称	…	资产总计	流动负债合计	负债合计
4	000001	2018-12-31	平安银行	…	3418592000000	NaN	3178550000000
9	000001	2019-12-31	平安银行	…	3939070000000	NaN	3626087000000
16	000001	2020-12-31	平安银行	…	4468514000000	NaN	4104383000000
17	000001	2020-12-31	平安银行	…	4468779000000	NaN	4104819000000
26	000002	2018-12-31	万科 A	…	1.52858e + 12	1.12191e + 12	1.29296e + 12
⋮	⋮	⋮	⋮	⋮	⋮	⋮	⋮

					资产总计	流动负债合计	负债合计
118985	900957	2018-12-31	凌云 B 股	⋯	5.52025e + 08	1.15632e + 08	1.15632e + 08
118994	900957	2019-12-31	凌云 B 股	⋯	1.01771e + 09	1.17986e + 08	5.40846e + 08
118995	900957	2019-12-31	凌云 B 股	⋯	5.54994e + 08	9.74198e + 07	9.74198e + 07
119004	900957	2020-12-31	凌云 B 股	⋯	1.00856e + 09	8.25344e + 07	5.09834e + 08
119005	900957	2020-12-31	凌云 B 股	⋯	5.73365e + 08	1.01817e + 08	1.01817e + 08

[24739 rows x 9 columns]

In[112]: # 方法 3:使用 DataFrame 的字符串筛选方法 contains( )筛选出包含"-12-31"的数据
```
bas_year = bas[bas['统计截止日期'].str.contains('-12-31')]
print(bas_year)
```

Out[112]:

	证券代码	统计截止日期	证券简称	⋯	资产总计	流动负债合计	负债合计
4	000001	2018-12-31	平安银行	⋯	3418592000000	NaN	3178550000000
9	000001	2019-12-31	平安银行	⋯	3939070000000	NaN	3626087000000
16	000001	2020-12-31	平安银行	⋯	4468514000000	NaN	4104383000000
17	000001	2020-12-31	平安银行	⋯	4468779000000	NaN	4104819000000
26	000002	2018-12-31	万科 A	⋯	1.52858e + 12	1.12191e + 12	1.29296e + 12
⋮	⋮	⋮	⋮	⋮	⋮	⋮	⋮
118985	900957	2018-12-31	凌云 B 股	⋯	5.52025e + 08	1.15632e + 08	1.15632e + 08
118994	900957	2019-12-31	凌云 B 股	⋯	1.01771e + 09	1.17986e + 08	5.40846e + 08
118995	900957	2019-12-31	凌云 B 股	⋯	5.54994e + 08	9.74198e + 07	9.74198e + 07
119004	900957	2020-12-31	凌云 B 股	⋯	1.00856e + 09	8.25344e + 07	5.09834e + 08
119005	900957	2020-12-31	凌云 B 股	⋯	5.73365e + 08	1.01817e + 08	1.01817e + 08

[24739 rows x 9 columns]

接着,筛选出报表类型为合并报表(A)的数据。如下例所示,在筛选之前,先查看报表类型中包括哪些独特值,然后使用布尔索引进行筛选,筛选后删除报表类型列。

In[113]:print(bas_year.报表类型.unique( ))
Out[113]:['A' 'B']

In[114]:
```
bas_year = bas_year[bas_year['报表类型'] = = 'A']
bas_year = bas_year.drop('报表类型',axis = 1)
print(bas_year)
```

Out[114]:

	证券代码	统计截止日期	证券简称	⋯	资产总计	流动负债合计	负债合计
4	000001	2018-12-31	平安银行	⋯	3418592000000	NaN	3178550000000
9	000001	2019-12-31	平安银行	⋯	3939070000000	NaN	3626087000000
16	000001	2020-12-31	平安银行	⋯	4468514000000	NaN	4104383000000

26	000002	2018-12-31	万科 A	…	1.52858e + 12	1.12191e + 12	1.29296e + 12
36	000002	2019-12-31	万科 A	…	1.72993e + 12	1.27261e + 12	1.45935e + 12
⋮	⋮	⋮	⋮		⋮	⋮	⋮
118958	900956	2018-12-31	东贝 B 股	…	4.86119e + 09	2.90639e + 09	3.31097e + 09
118968	900956	2019-12-31	东贝 B 股	…	5.05667e + 09	3.06077e + 09	3.39696e + 09
118984	900957	2018-12-31	凌云 B 股	…	1.007e + 09	9.6614e + 07	5.55474e + 08
118994	900957	2019-12-31	凌云 B 股	…	1.01771e + 09	1.17986e + 08	5.40846e + 08
119004	900957	2020-12-31	凌云 B 股	…	1.00856e + 09	8.25344e + 07	5.09834e + 08

[12477 rows x 8 columns]

此外,通常在数据处理中,还需要筛选上市公司所在的上市板块,例如剔除掉 B 股数据等。在这里,使用 DataFrame 的 loc 属性结合逻辑运算符"|"筛选出深主板的上市公司(股票代码开头为"000"或"001")。

```
In[115]:# 筛选上市板块,仅保留深主板数据
        bas_year = bas_year.loc[(bas_year.证券代码.str[:3] = ='000') | (bas_year.
        证券代码.str[:3] = ='001')]
        print(bas_year)
```

Out[115]:	证券代码	统计截止日期	证券简称	…	流动负债合计	负债合计	代码前三位
4	000001	2018-12-31	平安银行	…	NaN	3178550000000	000
9	000001	2019-12-31	平安银行	…	NaN	3626087000000	000
16	000001	2020-12-31	平安银行	…	NaN	4104383000000	000
26	000002	2018-12-31	万科 A	…	1.12191e + 12	1.29296e + 12	000
36	000002	2019-12-31	万科 A	…	1.27261e + 12	1.45935e + 12	000
⋮	⋮	⋮	⋮		⋮	⋮	⋮
13743	001965	2019-12-31	招商公路	…	1.11808e + 10	3.69751e + 10	001
13753	001965	2020-12-31	招商公路	…	1.10568e + 10	3.42754e + 10	001
13763	001979	2018-12-31	招商蛇口	…	2.30615e + 11	3.14359e + 11	001
13773	001979	2019-12-31	招商蛇口	…	2.95008e + 11	3.90318e + 11	001
13783	001979	2020-12-31	招商蛇口	…	3.73787e + 11	4.838e + 11	001

[1381 rows x 9 columns]

至此,就完成了资产负债表的初步数据筛选。

(3)利润表的复合筛选。随后,使用 query()函数快速地完成利润表的所有上述筛选过程。如下例所示,使用一行复合字符串运算式筛选出了利润表中深主板上市公司的年末合并报表数据。其中,字符串中的".values"是在 query()函数中使用 str 属性需要加的后缀。

```
In[116]:# 使用 query()函数筛选利润表
        ins_year = ins.query('统计截止日期.str.contains("-12-31").values and 报表
        类型 = = "A" and ((证券代码.str.startswith("000").values) or (证券代码.
        str.startswith("001").values ))')
        print(ins_year)
```

Out[116]:	证券代码	证券简称	统计截止日期	报表类型	营业收入	营业成本	净利润
5	000001	平安银行	2018-12-31	A	NaN	NaN	24818000000
10	000001	平安银行	2019-12-31	A	NaN	NaN	28195000000
18	000001	平安银行	2020-12-31	A	NaN	NaN	28928000000
27	000002	万科A	2018-12-31	A	2.97679e+11	1.86104e+11	4.92723e+10
38	000002	万科A	2019-12-31	A	3.67894e+11	2.3455e+11	5.51316e+10
⋮	⋮	⋮	⋮	⋮	⋮	⋮	⋮
13744	001965	招商公路	2019-12-31	A	8.18507e+09	4.6693e+09	4.8652e+09
13754	001965	招商公路	2020-12-31	A	7.06892e+09	4.60103e+09	2.57731e+09
13764	001979	招商蛇口	2018-12-31	A	8.82779e+10	5.34147e+10	1.94608e+10
13773	001979	招商蛇口	2019-12-31	A	9.76722e+10	6.38292e+10	1.88569e+10
13784	001979	招商蛇口	2020-12-31	A	1.29621e+11	9.24351e+10	1.69133e+10

[1381 rows x 7 columns]

（4）利用数据筛选清理数据。以资产负债表为例简单介绍使用数据筛选方法处理缺失值和异常值。

首先，假定"资产总计"和"货币资金"是后续数据处理中的必要数据，删除这两列为缺失值的数据。如下例所示，可以看到使用 notnull()函数结合逻辑运算符"&"得到的结果与dropna()函数一致。

```
In[117]: #方法1
        bas_year = bas_year[(bas_year['资产总计'].notnull()) & (bas_year['货币资
        金'].notnull())]
        print(bas_year)
```

Out[117]:	证券代码	证券简称	统计截止日期	…	资产总计	流动负债合计	负债合计
27	000002	万科A	2018-12-31	…	1.52858e+12	1.12191e+12	1.29296e+12
37	000002	万科A	2019-12-31	…	1.72993e+12	1.27261e+12	1.45935e+12
47	000002	万科A	2020-12-31	…	1.86918e+12	1.31749e+12	1.51933e+12
57	000004	国农科技	2018-12-31	…	3.51177e+08	1.67051e+08	1.67851e+08
67	000004	国农科技	2019-12-31	…	1.49449e+09	8.55646e+07	9.00332e+07
⋮	⋮	⋮	⋮	⋮	⋮	⋮	⋮
13744	001965	招商公路	2019-12-31	…	9.09132e+10	1.11808e+10	3.69751e+10
13754	001965	招商公路	2020-12-31	…	9.40092e+10	1.10568e+10	3.42754e+10
13764	001979	招商蛇口	2018-12-31	…	4.23221e+11	2.30615e+11	3.14359e+11
13774	001979	招商蛇口	2019-12-31	…	6.17688e+11	2.95008e+11	3.90318e+11
13784	001979	招商蛇口	2020-12-31	…	7.37157e+11	3.73787e+11	4.838e+11

[1378 rows x 8 columns]

In[118]:＃方法 2

　　　　bas_year = bas_year.dropna(subset = ['资产总计','货币资金'])

　　　　print(bas_year)

Out[118]:	证券代码	证券简称	统计截止日期	…	资产总计	流动负债合计	负债合计
27	000002	万科 A	2018-12-31	…	1.52858e + 12	1.12191e + 12	1.29296e + 12
37	000002	万科 A	2019-12-31	…	1.72993e + 12	1.27261e + 12	1.45935e + 12
47	000002	万科 A	2020-12-31	…	1.86918e + 12	1.31749e + 12	1.51933e + 12
57	000004	国农科技	2018-12-31	…	3.51177e + 08	1.67051e + 08	1.67851e + 08
67	000004	国农科技	2019-12-31	…	1.49449e + 09	8.55646e + 07	9.00332e + 07
⋮	⋮	⋮	⋮		⋮	⋮	⋮
13744	001965	招商公路	2019-12-31	…	9.09132e + 10	1.11808e + 10	3.69751e + 10
13754	001965	招商公路	2020-12-31	…	9.40092e + 10	1.10568e + 10	3.42754e + 10
13764	001979	招商蛇口	2018-12-31	…	4.23221e + 11	2.30615e + 11	3.14359e + 11
13774	001979	招商蛇口	2019-12-31	…	6.17688e + 11	2.95008e + 11	3.90318e + 11
13784	001979	招商蛇口	2020-12-31	…	7.37157e + 11	3.73787e + 11	4.838e + 11

[1378 rows x 8 columns]

最后,使用 loc 索引器与布尔索引对"资产总计"数据进行缩尾。可以看到,缩尾改变了数据中"资产总计"的最大值和最小值,有效处理了数据的异常值问题。

In[119]:＃查看目前的资产总计最大值与最小值

　　　　print("资产总计的最大值为:{:,.2f};资产总计的最小值为:{:,.2f}".format

　　　　(bas_year.资产总计.max(),bas_year.资产总计.min()))

Out[119]:资产总计的最大值为:1,869,177,094,005.55;

　　　　资产总计的最小值为:13,420,893.22

In[120]:＃数据缩尾,查看缩尾后的最大值与最小值

bas_list = bas_year.columns[3:]

for i in bas_list:

　　bas_year.loc[bas_year[i] < bas_year[i].quantile(0.01), i] = bas_year
　　　　[i].quantile(0.01)

　　bas_year.loc[bas_year[i] > bas_year[i].quantile(0.99), i] = bas_year
　　　　[i].quantile(0.99)

print("资产总计的最大值为:{:,.2f};资产总计的最小值为:{:,.2f}".format(bas_
year.资产总计.max(),bas_year.资产总计.min()))

Out[120]:资产总计的最大值为:390,321,523,204.18;资产总计的最小值为:234,644,103.21

```
In[121]:ins_list = ins_year.columns[4:]
        print(ins_list)
        print("净利润的最大值为:{:,.2f};净利润的最小值为:{:,.2f}".format(ins_
year.净利润.max(),ins_year.净利润.min()))
        for i in ins_list:
            ins_year.loc[ins_year[i] < ins_year[i].quantile(0.01), i] = ins_year
                [i].quantile(0.01)
            ins_year.loc[ins_year[i] > ins_year[i].quantile(0.99), i] = ins_year
                [i].quantile(0.99)
        print("净利润的最大值为:{:,.2f};净利润的最小值为:{:,.2f}".format(ins_
year.净利润.max(),ins_year.净利润.min()))
Out[121]:Index(['营业收入', '营业成本', '净利润'], dtype = 'object')
        净利润的最大值为:59,298,116,444.53;净利润的最小值为:- 46,662,329,193.21
        净利润的最大值为:18,977,661,887.45;净利润的最小值为:- 4,724,850,377.79
```

5.6 实操练习题

上市公司高管的特征通常会对上市公司决策产生影响。对国泰安数据库中"董监高个人特征文件"使用本章介绍的多种筛选方式进行数据筛选,筛选出上市公司高管信息,并比较各种筛选方式的结果是否一致。

第6章

合并财务报表——应用数据合并

　　财务报表通常被视为财务数据分析的基础,主要包括资产负债表、利润表、现金流量表等。财务分析需要计算的多类财务指标都源自对于财务报表数据的计算,例如资产收益率、权益收益率等。然而,这些财务指标的分子和分母来源于不同的财务报表,要计算这些指标,就需要将各个财务报表依据不同的标签进行合并。事实上,除了财务报表的合并,数据合并是各类数据分析和处理流程中频繁且重要的处理环节。通过对两组及以上的不同数据实现拼接与合并,可以帮助我们更方便的进行数据分析。

　　Pandas 提供了多种函数,帮助用户根据需求将 Series 或 DataFrame 进行合并。本章将介绍 concat()、append()、merge() 和 join() 四种常用的数据拼接与合并方法,以及 combine_first() 和 update() 两种数据填充函数。

　　在这些数据合并方法中,concat() 函数和 append() 方法可以实现数据的简单拼接,拼接操作根据待连接对象的索引进行,而 merge() 函数和 join() 方法可以实现数据的合并,合并操作通常在两个数据集的共同列或指定列上进行。表 6-1 简单总结和介绍了这些合并方式,下面将分小节分别详细介绍它们。

表 6-1　　　　　　　　　　　　　　　　Pandas 的数据合并

类　型	名　称	功　　能	示　　例
数据拼接	concat() 函数	将多个 Series 或 DataFrame 逐行(或逐列)拼接在一起,依据相同的列(或行)标签进行拼接	df_new = pd. concat([df1, df2])
	append() 方法	将一个或多个 Series 或 DataFrame 逐行拼接到原对象上,生成新对象	df_new=df1.append(df2)
数据合并	merge() 函数	将两个 DataFrame 或已命名的 Series 依据指定键值合并	df_new=pd.merge(df1,df2, on='key')
	join() 方法	将一个或多个 Series 或 DataFrame 传入当前对象中,实现合并	df_new=df1.join(df2)

6.1 数据拼接：concat()与 append()

6.1.1 concat( )函数

Pandas 提供的 concat()函数能将多个 Series 或 DataFrame 沿着拼接轴进行拼接。concat()默认按行拼接，即拼接轴为纵轴(axis=0)，且不会对拼接轴索引进行处理。除此之外，concat()默认其他轴索引进行外连接，即取并集。

> **concat( )语法及常用参数：**
>
> pandas.concat(objs, axis=0, join='outer', ignore_index=False, keys=None, levels=None, names=None, verify_integrity=False, copy=True)
>
> **常用参数说明：**
> **objs**：Series 或 DataFrame 对象。
> **axis**：指定拼接轴。0 是纵轴，按行拼接；1 是横轴，按列拼接。默认为 0。
> **join**：指定其他轴索引的对齐方式，inner 取交集，outer 取并集。默认为 outer。
> **ignore_index**：布尔型数据，默认为 False。若为 True，则不保留原来拼接轴的索引，重新创建 0 到 $n-1$ 的新索引。
> **keys**：设置不同数据组，形成新层级索引。默认为 None。
> **levels**：设置各层级索引。默认为 None。
> **names**：对各层级索引级别命名。
> **verify_integrity**：布尔型数据，默认为 False。用于检测拼接结果是否有重复的索引，若有则会报错。
> **copy**：布尔型数据，默认为 True，指代始终复制数据。

(1) 纵向拼接。concat()函数可以用于 Series 和 DataFrame 对象的首尾拼接，默认逐行进行纵向合并，且不会改变拼接轴的索引。下面，将通过实例来介绍 concat()函数的使用方法，为了方便展示，导入之前用过的一个真实数据，即上市公司周回报率数据。

首先，导入数据并使用 iloc 分拆数据为三个 DataFrame 对象(df1、df2、df3)。先观察一下这三个数据，表的格式和对应的列名都是一样的，仅仅是观测数量不一样。这也类似于大量的个股交易数据，在进行数据分析前需要纵向合并不同年份或不同日期的数据。

```
In[1]:df = pd.read_csv('../data/TRD_Week.csv')
    print(df)
```

Out[1]:	Stkcd	Trdwnt	Opndt	⋯	Capchgdt	Ahshrtrd_W	Ahvaltrd_W
0	1	1991-14	1991-04-03	⋯	1991-04-03	NaN	NaN
1	1	1991-15	1991-04-08	⋯	1991-04-03	NaN	NaN
2	1	1991-16	1991-04-16	⋯	1991-04-03	NaN	NaN
3	1	1991-17	1991-04-23	⋯	1991-04-03	NaN	NaN

	4	1	1991-18	1991-04-29	⋯	1991-04-03	NaN	NaN
	⋮	⋮	⋮	⋮		⋮	⋮	⋮
999995	2890	2019-10	2019-03-04	⋯	2018-08-02	NaN	NaN	
999996	2890	2019-11	2019-03-11	⋯	2018-08-02	NaN	NaN	
999997	2890	2019-12	2019-03-18	⋯	2018-08-02	NaN	NaN	
999998	2890	2019-13	2019-03-25	⋯	2018-08-02	NaN	NaN	
999999	2890	2019-14	2019-04-01	⋯	2018-08-02	NaN	NaN	

[1000000 rows x 17 columns]

```
In[2]:df1 = df.iloc[:5,:4]
     df2 = df.iloc[2:8,:4]
     df3 = df.iloc[11:15,:4]
     print(df1);print(df2);print(df3)
```

```
Out[2]:   Stkcd   Trdwnt      Opndt   Wopnprc
     0       1   1991-14   1991-04-03     49.00
     1       1   1991-15   1991-04-08     48.04
     2       1   1991-16   1991-04-16     46.38
     3       1   1991-17   1991-04-23     45.00
     4       1   1991-18   1991-04-29     43.90
             Stkcd   Trdwnt      Opndt   Wopnprc
     2       1   1991-16   1991-04-16     46.38
     3       1   1991-17   1991-04-23     45.00
     4       1   1991-18   1991-04-29     43.90
     5       1   1991-19   1991-05-07     42.59
     6       1   1991-20   1991-05-13     41.54
     7       1   1991-21   1991-05-20     40.31
             Stkcd   Trdwnt      Opndt   Wopnprc
     11      1   1991-25   1991-06-17     35.74
     12      1   1991-26   1991-06-24     34.67
     13      1   1991-27   1991-07-01     33.65
     14      1   1991-28   1991-07-08     32.65
```

　　在生成的三个 DataFrame 数据中,对应的列名称及包含的交易信息都是一样的,仅仅需要把不同的观测拼接在一起。在这种情况下,即使是再多的数据,通过 concat()函数也可以高效地实现拼接。调用 concat()函数,把数据名称构成的列表作为参数输入即可实现逐行拼接(纵向合并)。观察合并后结果的行索引,可以看出 concat()函数实现了快速数据拼接,但原有的行索引没有改变,存在重复的"2""3""4",所有数据只是简单地纵向堆砌起来。

```
In[3]:result1 = pd.concat([df1,df2,df3])        #默认纵向拼接数据
    print(result1)
```

Out[3]:	Stkcd	Trdwnt	Opndt	Wopnprc
0	1	1991-14	1991-04-03	49.00
1	1	1991-15	1991-04-08	48.04
2	1	1991-16	1991-04-16	46.38
3	1	1991-17	1991-04-23	45.00
4	1	1991-18	1991-04-29	43.90
2	1	1991-16	1991-04-16	46.38
3	1	1991-17	1991-04-23	45.00
4	1	1991-18	1991-04-29	43.90
5	1	1991-19	1991-05-07	42.59
6	1	1991-20	1991-05-13	41.54
7	1	1991-21	1991-05-20	40.31
11	1	1991-25	1991-06-17	35.74
12	1	1991-26	1991-06-24	34.67
13	1	1991-27	1991-07-01	33.65
14	1	1991-28	1991-07-08	32.65

使用 concat( )函数中的 ignore_index 参数可以修改拼接轴索引，将该参数设置为 True 可以忽略旧索引，创建新索引。对比 In[3]与 In[4]，可以发现 ignore_index 参数默认为 False，当令 ignore_index＝True 时，拼接后行索引从部分重复索引变为连续整数，从 0 到 n－1自动形成新的拼接轴索引。

```
In[4]:result2 = pd.concat([df1,df2,df3],ignore_index = True) #忽略原索引
    print(result2)
```

Out[4]:	Stkcd	Trdwnt	Opndt	Wopnprc
0	1	1991-14	1991-04-03	49.00
1	1	1991-15	1991-04-08	48.04
2	1	1991-16	1991-04-16	46.38
3	1	1991-17	1991-04-23	45.00
4	1	1991-18	1991-04-29	43.90
5	1	1991-16	1991-04-16	46.38
6	1	1991-17	1991-04-23	45.00
7	1	1991-18	1991-04-29	43.90
8	1	1991-19	1991-05-07	42.59
9	1	1991-20	1991-05-13	41.54
10	1	1991-21	1991-05-20	40.31

11	1	1991-25	1991-06-17	35.74
12	1	1991-26	1991-06-24	34.67
13	1	1991-27	1991-07-01	33.65
14	1	1991-28	1991-07-08	32.65

除了忽略原有索引之外,concat()函数还提供了检查拼接轴重复索引的参数 verify_intergrity。如果设置 verify_intergrity 等于 True,且拼接轴索引存在重复,则会捕捉到异常,从而报错;若对齐轴索引不重复,则不会报错。

在 In[5]中,由于表 df1 与表 df2 进行拼接时存在重复行,所以在设置 verify_integrity = True 时会报错,提醒两张表存在重复行索引[2,3,4]。

```
In[5]:result3 = pd.concat([df1,df2,df3],verify_integrity = True) #忽略原索引
      print(result3)
Out[5]:Traceback (most recent call last):
      File "D:\Anaconda3\lib\site-packages\IPython\core\interactiveshell.py",
      line 3441, in run_code
        exec(code_obj, self.user_global_ns, self.user_ns)
      File "<ipython-input-205-2acabebb47b9>", line 1, in <module>
        result3 = pd.concat([df1,df2],verify_integrity = True) #忽略原索引
      ……
      File "D:\Anaconda3\lib\site-packages\pandas\core\reshape\concat.py",
      line 582, in _maybe_check_integrity
        return concat_axis
    ValueError: Indexes have overlapping values: Int64Index([2, 3, 4], dtype =
'int64')
```

通过 concat()函数中 keys、levels 和 names 三个参数,可以设置层级索引与层级索引命名。keys 参数用于设置层级索引,在新 DataFrame 对象中添加一个新的层次的索引,可以标注数据来源于哪个表格。如 In[6]中设置 keys=['x','y','z'],在原拼接轴索引基础上生成更高层级的索引,可以看到,生成的 DataFrame 对象 results4 的索引变成了两级,由(x,0)、(x,1)等元组构成。

```
In[6]:result4 = pd.concat([df1,df2, df3], axis = 0,keys = ['x','y','z'])
      print(result4)
      print(result4.index)
```

Out[6]:		Stkcd	Trdwnt	Opndt	Wopnprc
x	0	1	1991-14	1991-04-03	49.00
	1	1	1991-15	1991-04-08	48.04
	2	1	1991-16	1991-04-16	46.38

	3	1	1991-17	1991-04-23	45.00
	4	1	1991-18	1991-04-29	43.90
y	2	1	1991-16	1991-04-16	46.38
	3	1	1991-17	1991-04-23	45.00
	4	1	1991-18	1991-04-29	43.90
	5	1	1991-19	1991-05-07	42.59
	6	1	1991-20	1991-05-13	41.54
	7	1	1991-21	1991-05-20	40.31
z	11	1	1991-25	1991-06-17	35.74
	12	1	1991-26	1991-06-24	34.67
	13	1	1991-27	1991-07-01	33.65
	14	1	1991-28	1991-07-08	32.65

```
MultiIndex([('x',  0),
            ('x',  1),
            ('x',  2),
            ('x',  3),
            ('x',  4),
            ('y',  2),
            ('y',  3),
            ('y',  4),
            ('y',  5),
            ('y',  6),
            ('y',  7),
            ('z', 11),
            ('z', 12),
            ('z', 13),
            ('z', 14)],
           )
```

（2）横向拼接。 设置 concat（）函数中的 axis 参数可以改变拼接轴的方向。参数 axis 默认为 0，拼接轴为纵轴，按行拼接；当 axis 设置为 1 时，拼接轴为横轴，按列拼接。对比 In[7]与 In[8]，设置 axis＝1，即可使 df1 与 df2 进行横向合并，拼接轴变为横轴，同样 index 的行会被合并，且不改变拼接轴索引的规律。

```
In[7]:result5 = pd.concat([df1,df2],axis = 0)#默认纵向拼接数据
      print(result5)
```

Out[7]:	Stkcd	Trdwnt	Opndt	Wopnprc
0	1	1991-14	1991-04-03	49.00

1	1	1991-15	1991-04-08	48.04
2	1	1991-16	1991-04-16	46.38
3	1	1991-17	1991-04-23	45.00
4	1	1991-18	1991-04-29	43.90
2	1	1991-16	1991-04-16	46.38
3	1	1991-17	1991-04-23	45.00
4	1	1991-18	1991-04-29	43.90
5	1	1991-19	1991-05-07	42.59
6	1	1991-20	1991-05-13	41.54
7	1	1991-21	1991-05-20	40.31

```
In[8]:result6 = pd.concat([df1,df2],axis = 1)  #横向拼接数据
       print(result6)
```

Out[8]:	Stkcd	Trdwnt	Opndt	Wopnprc	Stkcd	Trdwnt	Opndt	Wopnprc
0	1.0	1991-14	1991-04-03	49.00	NaN	NaN	NaN	NaN
1	1.0	1991-15	1991-04-08	48.04	NaN	NaN	NaN	NaN
2	1.0	1991-16	1991-04-16	46.38	1.0	1991-16	1991-04-16	46.38
3	1.0	1991-17	1991-04-23	45.00	1.0	1991-17	1991-04-23	45.00
4	1.0	1991-18	1991-04-29	43.90	1.0	1991-18	1991-04-29	43.90
5	NaN	NaN	NaN	NaN	1.0	1991-19	1991-05-07	42.59
6	NaN	NaN	NaN	NaN	1.0	1991-20	1991-05-13	41.54
7	NaN	NaN	NaN	NaN	1.0	1991-21	1991-05-20	40.31

在横向拼接时,由于上述两个 DataFrame 既有部分相同的行索引(即[2,3,4]),又有不同的行索引(如 0 和 1 等)。在默认不设置 join 参数的情况下,join 默认为 outer,表示对对齐轴索引取并集,仅在其中一个数据中出现的索引也会保留下来,同时各行缺失的数据会用 NaN 表示。此外,也可以通过设置 join 为 inner 对对齐轴索引取交集,即只保留各个数据中都包含的索引。对比 In[8]与 In[9],可以看到,df1 和 df2 中共同的行索引为 2、3 和 4,而在 In[8], df1 和 df2 独有的索引也在数据拼接后保留了。

```
In[9]:result7 = pd.concat([df1,df2],axis = 1,join = 'inner')  #对对齐轴索引取交集
       print(result7)
```

Out[9]:	Stkcd	Trdwnt	Opndt	Wopnprc	Stkcd	Trdwnt	Opndt	Wopnprc
2	1	1991-16	1991-04-16	46.38	1	1991-16	1991-04-16	46.38
3	1	1991-17	1991-04-23	45.00	1	1991-17	1991-04-23	45.00
4	1	1991-18	1991-04-29	43.90	1	1991-18	1991-04-29	43.90

同样地,在 concat()函数进行横向拼接时,也可以通过 keys、levels 和 names 三个参数设置层级索引与层级索引命名,在此不再赘述。

总体而言,concat( )函数的特征为"行拼接,取并集"。行拼接是指默认按行拼接,纵向合并,即 axis 默认为 0。取并集是指默认对齐轴索引对齐方式为取并集,即 join 默认为 outer。通过对 axis、join、keys、levels 和 names 等参数的设置,concat( )函数可以满足数据拼接的多种需求。

6.1.2 append( )方法

Series 和 DataFrame 对象都支持 append( )方法,可以更简便的代码实现数据纵向拼接。append( )方法可视为 concat( )函数的简化版本,例如,df1.append(df2)的效果等价于 pd.concat([df1,df2])。使用 append( )方法进行表的拼接时,仍然默认不改变拼接轴索引,但其局限性在于只能进行纵向拼接。

---

append( )语法及常用函数:

DataFrame. append (other, ignore _ index = False, verify _ integrity = False, sort = False)

常用参数说明:

append( )参数含义与 concat( )函数基本一致,此处不重复解释。

other:需要拼接到 df1(可以是 Series 或 DataFrame 对象)上的 Series 或 DataFrame 对象。

sort:布尔值,拼接结果是否需要基于合并列列值按字典顺序排序,仅在 DataFrame 对象拼接时有此参数。默认为 False。

使用 append( )方法可以快速实现 Series 和 DataFrame 对象的拼接,默认对齐轴索引外连接,缺失值用 NaN 填充。

```
In[10]:df1 = pd.DataFrame({"A": ["A0", "A1", "A2"], "B": ["B0", "B1", "B2"]},
index = [0, 1, 2])
df2 = pd.DataFrame({"A": ["1", "2"], "B": ["3", "4"],"X": ["5", "6"]}, index =
[0, 1])
print(df1.append(df2, ignore_index = True))

Out[10]:    A      B      X
  0        A0     B0     NaN
  1        A1     B1     NaN
  2        A2     B2     NaN
  3        1      3      5
  4        2      4      6
```

除了 DataFrame 对象的合并,使用 append( )方法还可以实现表与序列的拼接。以 In[11]为例,append( )方法能将 df1 的列与 s1 的索引相匹配,在 df1 的末尾添加新的行。

```
In[11]:df1 = pd.DataFrame({"A": ["A0", "A1", "A2"], "B": ["B0", "B1", "B2"]},
       index = [0, 1, 2])
       s1 = pd.Series(["X0", "X1"], index = ["A", "B"])
       print(df1)
```

```
        print(s1)
        print(df1.append(s1, ignore_index = True))
Out[11]:    A       B
    0       A0      B0
    1       A1      B1
    2       A2      B2
            A       X0
            B       X1

        dtype: object

            A       B
    0       A0      B0
    1       A1      B1
    2       A2      B2
    3       X0      X1
```

append()方法也可以同时追加多个数据,如下例所示,使用列表的形式输入两个需要拼接的数据,可以实现追加多个表格。

```
In[12]:df3 = pd.DataFrame({"A": ["4", "6"], "B": ["7", "8"],"X": ["2", "3"]},
        index = [0, 1])
print(df1.append([df2,df3], ignore_index = True))#追加多个表格
    Out[12]:    A       B       X
        0       A0      B0      NaN
        1       A1      B1      NaN
        2       A2      B2      NaN
        3       1       3       5
        4       2       4       6
        5       4       7       2
        6       6       8       3

        dtype: object
```

需要注意的是,Pandas 中 Series 和 DataFrame 对象的 append()方法与 list 对象的 append()方法不同。对 list 对象应用 append()方法会直接更新原 list 的值,补充进新的 list 的值;而 Series 和 DataFrame 对象的 append()方法不会改变原对象的值,而是每次需要创建一个新的对象。通过下面两个例子,体会不同对象的 append()方法的不同。可以看到,在 In[13]中,list 对象在 append()之后发生了改变,而在 In[14]中,Series 对象 s1 在进行 append()之后并没有改变。

```
In[13]:list = ["A", "B", "C"]
list.append("D")
print(list)
Out[13]:['A','B','C','D']


In[14]:s1 = pd.Series(["A", "B","C"])
       s2 = pd.Series(["D"])
       s1.append(s2)
       print(s1)
       print(s1.append(s2))
Out[14]:0    A
        1    B
        2    C
        dtype: object
        0    A
        1    B
        2    C
        0    D
        dtype: object
```

6.2 数据合并：merge()与 join() ————————————●

　　Pandas 中的 concat( )函数与 append( )方法可以实现对多个数据集依据列索引(或行索引)的简单拼接。然而,在实际财务数据的处理过程中,往往需要合并来自多个数据库的数据,而由于数据缺失或样本范围的差异,来自不同的数据库的数据往往很难具有相同的行索引。例如,想要合并 CSMAR 中的行业名称和 wind 中的股权性质,而在 CSMAR 的数据集中"万科 A"的行索引为 1,在 wind 的数据集中"万科 A"的行索引是 9,如果只是通过 concat(axis=1)进行横向拼接,"万科 A"的行业名称将无法对应匹配上该公司的股权性质。Pandas 为我们提供了更为高效和简单的合并方式:merge( )函数与 join( )方法。

6.2.1 merge( )函数

　　merge( )是 Pandas 最常用的合并函数,能将两张表的横轴按共同列或指定列作为合并的键值进行合并,两张表的键值的重复值将对齐。merge( )和 join( )方法最明显的特征在于参数"on",使得在函数运用过程中可以选择共同列或指定列(通过 left_on 和 right_on 参数)作为合并键(key)进行合并。

> **merge( )语法及常用参数：**
>
> pandas. merge（left，right，how ＝ "inner"，on ＝ None，left＿on ＝ None，right＿on ＝ None，left_index＝False，right_index＝False，sort＝False，suffixes＝("_x"，"_y")，copy＝True，indicator＝False，validate＝None)
>
> **常用参数说明：**
>
> **left**：被合并的 DataFrame。
>
> **right**：合并的 DataFrame 或已命名的 Series。
>
> **how**：指代共同列列值的集合操作规则，包括 left、right、outer 或 inner，默认为 inner。
>
> **on**：指代作为合并键的共同列。
>
> **left_on、right_on**：若两张表无相同列名，分别选取横轴列或索引作为合并键。
>
> **left_index、right_index**：布尔型，默认为 False。选取对齐轴索引作为合并键。
>
> **sort**：合并结果是否需要基于合并列列值按字典顺序排序。
>
> **suffixes**：更改重复列字符串后缀。默认为"_x"和"_y"。
>
> **copy**：是否需要始终保持数据结果复制。
>
> **indicator**：若为 True，在数据结果中提添加_merge 列，通过 left_only、right_only 或 both 显示行信息源。
>
> **validate**：用以检测是否属于相应的关系代数，可取值为"one_to_one"、"one_to_many"、"many_to_one"或"many_to_many"。

下面以公司基本信息的合并为示例来讲解 merge()函数的主要用法，包括合并键值的选择、集合操作规则的设定、一对多与多对多合并等。

（1）合并键值的选择。 merge()函数可以将两张表进行横向合并，在不设置 on 参数的情况下，默认选择共同列作为合并键。下面创建上市日期（listdate）和行业（industry）两个 DataFrame 进行展示，两张表的共同字段为公司名称（name），同时，设置证券代码为行索引。

```
In[15]:listdate = pd.DataFrame({'name':['平安银行', '万科 A', '浦发银行', '上海电力',
'浙能电力'],
    'listedate':['1991-04-03','1991-01-29','1999-11-10','2003-10-29','2013-12-19']},
    index = ['000001','000002','600000','600021','600023'])
print(listdate)
Out[15]:         name     listedate
        000001 平安银行   1991-04-03
        000002 万科 A    1991-01-29
        600000 浦发银行   1999-11-10
        600021 上海电力   2003-10-29
        600023 浙能电力   2013-12-19
```

```
In[16]:industry = pd.DataFrame({'name':['平安银行','上海电力','浙能电力','浦发银行',
'大悦城'],
       'industry':['J','D','D','J','K']},
       index = ['000001', '600021','600023','600000','000031'])
print(industry)
Out[16]:       name      industry
     000001   平安银行       J
     600021   上海电力       D
     600023   浙能电力       D
     600000   浦发银行       J
     000031   大悦城        K
```

直接使用 pd.merge( )就可以将这两个 DataFrame 对象合并为一个 DataFrame 对象，如下例所示。可以看到，merge( )函数会自动识别出两张表格的共同列"name"，然后将两列根据共同列进行合并，相当于设置参数 on 为共同列名(name)。尽管 listdate 和 industry 的顺序不同，merge( )函数仍会将两张表中共同列相同的值进行合并。

此外，合并后的表只会保留两张表中都存在的 name 值，listdate 中独有的"万科 A"和industry 中独有的"大悦城"都被删除了，相当于设置参数 how 为 inner。另外，需要特别注意的是，在进行默认的合并后，原有的行索引被丢弃了，重新生成了从 0 开始的连续整数行索引。

总之，merge( )函数的默认设置为"列拼接，取交集"。"列拼接"是指默认按列进行拼接，横向合并；"取交集"是指默认共同列值的对齐方式为取交集"inner"，最后行索引按 0 到 $n-1$ 重新自动标注。这与 concat( )函数"行拼接，取并集"的默认设置有所不同。

```
In[17]:company = pd.merge(listdate,industry)    #相当于 pd.merge(listdate,indus-
       try,on = 'name')
       print(company)
Out[17]:    name      listdate      industry
     0    平安银行    1991-04-03       J
     1    浦发银行    1999-11-10       J
     2    上海电力    2003-10-29       D
     3    浙能电力    2013-12-19       D
```

在 In[17]中，两张表都包含有列"name"，因此可以令共同列 name 作为合并键，保持默认设置或设置 on= 'name',实现基于列 name 的横向合并。在实际数据合并中，往往合并的两张表的合并键值具有不同的列名，这时无法使用 on 参数，需要使用 left_on 和 right_on 参数。作为示例，修改 industry 表的 name 列为 companyname。此时，将两张表进行合并需要设置左表(listdate)的合并列名为 name,右表的合并列名为 companyname。合并后的表格会生成两列合并键值，可以通过 drop( )方法将多余的列删除。

```
In[18]:industry = industry.rename(columns = {'name':'companyname'})
       company = pd.merge(listdate,industry,left_on = 'name',right_on = 'com-
       panyname')
       print(company)
```

Out[18]:

	name	listedate	companyname	industry
0	平安银行	1991-04-03	平安银行	J
1	浦发银行	1999-11-10	浦发银行	J
2	上海电力	2003-10-29	上海电力	D
3	浙能电力	2013-12-19	浙能电力	D

```
print(company.drop('companyname',axis = 1))
```

	name	listedate	industry
0	平安银行	1991-04-03	J
1	浦发银行	1999-11-10	J
2	上海电力	2003-10-29	D
3	浙能电力	2013-12-19	D

　　除了使用列进行合并,还需要根据索引进行合并,这时需要用到 left_index 和 right_index 参数。在本节的例子中,由于公司名称在不同数据库中可能存在差异,需要根据股票代码进行合并。如下例所示,使用两张表的索引进行了合并。值得注意的是,在这种情况下,原来的索引会被保留。

```
In[19]:company = pd.merge(listdate,industry,left_index = True,right_index = True)
       print(company)
```

Out[19]:

	name	listedate	companyname	industry
000001	平安银行	1991-04-03	平安银行	J
600000	浦发银行	1999-11-10	浦发银行	J
600021	上海电力	2003-10-29	上海电力	D
600023	浙能电力	2013-12-19	浙能电力	D

　　有时需要使用一个表的索引与另一个表的列进行合并,这时可以结合使用 index 和 on 进行合并。将 industry 的索引恢复成列。

```
In[20]:industry = industry.reset_index()
       company = pd.merge(listdate,industry,left_index = True,right_on = 'index')
       print(company)
```

Out[20]:

	name	listedate	index	companyname	industry
0	平安银行	1991-04-03	000001	平安银行	J
3	浦发银行	1999-11-10	600000	浦发银行	J
1	上海电力	2003-10-29	600021	上海电力	D
2	浙能电力	2013-12-19	600023	浙能电力	D

当然，键值并不一定为单列，可以使用多列作为键值进行合并。在合并数据时，多键值合并较为常用，例如，可以通过设置公司代码和会计年度为键值，合并数据。在下例中，要求两个数据有共同的两列或者某几列，根据 on 参数输入合并键值的列表，进行多键值合并。如下例所示，尽管第一行数据的公司代码（index）都为 00001，但由于公司名称（name）不同，这一行并未被合并成功。

```
In[21]:listdate = pd.DataFrame({'name':['平安','万科','浦发','上海电力','浙能电力'],
    'code':['000001','000002','600000','600021','600023'],
    'listedate':['1991-04-03','1991-01-29','1999-11-10','2003-10-29','2013-12-19']})
    industry = pd.DataFrame({'name':['平安银行','上海电力','浙能电力','浦发银行',
'大悦城'],
    'code':['000001',  '600021','600023','600000','000031'],
    'industry':['J','D','D','J','K']})
    company = pd.merge(listdate,industry,on = ['name','code'])
    print(company)

Out[21]:    name      code     listedate      industry
    0    上海电力    600021    2003-10-29      D
    1    浙能电力    600023    2013-12-19      D
```

(2) 集合操作规则的设定。 通过设置 merge()中的参数 how，可以修改合并过程中的数据集合操作规则。如 In[14]所示，默认情况下 how 参数设定为 'inner'，即内连接，只包含两个输入的交集。除此之外，数据集合的规则还包括外连接（'outer'），返回两个输入的并集，所有缺失值用 NaN 补充。左连接（'left'）和右连接（'right'）也是常用的连接方法，分别只返回左列和右列包含的数据。

下面仍然使用公司基本信息的例子进行演示。通过设置 how 为 'outer'，发现合并后的 DataFrame 包括了两个输入数据的并集，缺失值的部分填充为 NaN。

```
In[22]:company = pd.merge(listdate,industry,on = 'name',how = 'outer')
    print(company)
Out[22]:    name      listedate      industry
    0    平安银行    1991-04-03      J
    1    万科 A     1991-01-29      NaN
    2    浦发银行    1999-11-10      J
    3    上海电力    2003-10-29      D
    4    浙能电力    2013-12-19      D
    5    大悦城      NaN           K
```

当设置 how 为 left 时，合并后的 DataFrame 仅包括了 listdate 左边表格中包含的行，缺失值的部分也被填充为 NaN。

```
In[23]:company = pd.merge(listdate,industry,on ='name',how ='left')
       print(company)
```

```
Out[23]:    name      code_x     listedate      code_y     industry
      0     平安      000001    1991-04-03      NaN         NaN
      1     万科      000002    1991-01-29      NaN         NaN
      2     浦发      600000    1999-11-10      NaN         NaN
      3     上海电力  600021    2003-10-29      600021      D
      4     浙能电力  600023    2013-12-19      600023      D
```

(3) 一对多与多对多合并。上述的合并都为一对一合并,即各个合并数据的每列都不存在重复值。实际数据处理过程中,往往需要进行多对一与多对多的合并。下面分别使用公司示例数据进行演示。

一对多(或多对一)合并是指合并的两个数据中有一个数据的合并键值存在重复值,通过多对一合并生成的合并结果将保留重复值。下面生成一个简单的公司-年度面板数据,其中有些公司会存有两年的数据,将公司的行业与这个面板数据合并时,合并键值即公司代码列(code)在面板数据(year)中存在重复。可以发现,执行合并后,输出结果保留了这些重复键值,并将另一个表格的行业值(industry)也相应生成了重复值。

```
In[24]:year = pd.DataFrame({'year':['2018','2019','2019','2020','2019','2019',
                            '2018','2019'],
                    'code':['000001','000001','600021','600021','600023',
                            '600000','000031','000031']})
       print(year)
       industry = pd.DataFrame({'name':['平安银行','上海电力','浙能电力','浦发银行',
                            '大悦城'],
                    'code':['000001','600021','600023','600000',
                            '000031'],
                    'industry':['J','D','D','J','K']})
       print(industry)
       #多对一合并
       company = pd.merge(industry,year,on ='code',how ='left')
       print(company)
```

```
Out[24]:    year    code
      0     2018    000001
      1     2019    000001
      2     2019    600021
      3     2020    600021
```

4	2019	600023
5	2019	600000
6	2018	000031
7	2019	000031

	name	code	industry
0	平安银行	000001	J
1	上海电力	600021	D
2	浙能电力	600023	D
3	浦发银行	600000	J
4	大悦城	000031	K

	name	code	industry	year
0	平安银行	000001	J	2018
1	平安银行	000001	J	2019
2	上海电力	600021	D	2019
3	上海电力	600021	D	2020
4	浙能电力	600023	D	2019
5	浦发银行	600000	J	2019
6	大悦城	000031	K	2018
7	大悦城	000031	K	2019

多对多合并是指合并的两个数据的合并键值都存在重复值,通过多对多合并生成的结果将保留两方的重复值。例如,每个行业往往会有多个客户行业,生成一个简单的行业所对应客户行业的 DataFrame 对象(customer)。将上例生成的公司–年度面板数据与客户行业数据合并时,合并键值,即行业列(industry)在公司–年度数据(company)和客户行业数据(customer)中均存在重复。同样地,可以发现在执行多对多合并后输出结果仍然保留了这些重复键值。通过多对多合并,我们可以获得每家公司每年所对应的所有客户行业。

```
In[25]:customer = pd.DataFrame({'industry':['J','J','D','D','D','K'],
                                'customer':['D','N','C','B','F','F']})
       print(customer)
Out[25]: industry  customer
```

	industry	customer
0	J	D
1	J	N
2	D	C
3	D	B
4	D	F
5	K	F

```
In[26]:company_customer = pd.merge(company,customer,on ='industry',how ='left')
       print(company_customer)
Out[26]: name      code        industry  year   customer
     0   平安银行   000001          J       2018      D
     1   平安银行   000001          J       2018      N
     2   平安银行   000001          J       2019      D
     3   平安银行   000001          J       2019      N
     4   上海电力   600021          D       2019      C
     5   上海电力   600021          D       2019      B
     6   上海电力   600021          D       2019      F
     7   上海电力   600021          D       2020      C
     8   上海电力   600021          D       2020      B
     9   上海电力   600021          D       2020      F
    10   浙能电力   600023          D       2019      C
    11   浙能电力   600023          D       2019      B
    12   浙能电力   600023          D       2019      F
    13   浦发银行   600000          J       2019      D
    14   浦发银行   600000          J       2019      N
    15   大悦城    000031          K       2018      F
    16   大悦城    000031          K       2019      F
```

可以看到,无论是一对一、多对一还是多对多合并,merge()函数的写法并没有改变。然而在合并时,如果不明确合并的方式就容易产生合并错误。merge()函数中的 validate 参数就用于检查合并时的连接方法,包括"one_to_one"(一对一)、"one_to_many"(一对多)、"many_to_one"(多对一)、"many_to_many"(多对多)四种类型。若表之间的关系不符合设定,将报错;合并结果符合 validate 中的关系,则不会报错。

以 In[27]、In[28]和 In[29]为例展示这个参数的用法。在 In[27]中,左表(industry)的合并键(code)不存在重复值,右表(year)的合并键存在重复值,因此具有"one_to_many"(一对多)的关系,如果在 validate 中输入其他关系则会报错。类似地,在 In[29]中,左表(company)和右表(customer)都存在重复的合并键值(industry),因此,validate 应为"many_to_many"(多对多)。

```
In[27]:company = pd.merge(industry,year,on ='code',how ='left',validate = "many_
to_one")
Out[27]:Traceback (most recent call last):
        File "D:\Anaconda3\lib\site-packages\IPython\core\interactiveshell.
py", line 3441, in run_code
        exec(code_obj, self.user_global_ns, self.user_ns)
        File "<ipython-input-39-2bb60358c88a>", line 1, in <module>
```

```
         company = pd.merge(industry, year, on = 'code', how = 'left', validate =
"many_to_one")
         File "D:\Anaconda3\lib\site-packages\pandas\core\reshape\merge.py",
line 87, in merge
         validate = validate,
         File "D:\Anaconda3\lib\site-packages\pandas\core\reshape\merge.py",
line 662, in __init__
         self._validate(validate)
         File "D:\Anaconda3\lib\site-packages\pandas\core\reshape\merge.py",
line 1295, in _validate
         "Merge keys are not unique in right dataset; "
         pandas.errors.MergeError: Merge keys are not unique in right dataset; not
a many-to-one merge
```

In[28]:company = pd.merge(industry, year, on = 'code', how = 'left', validate = "one_to_many")

    print(company)

```
Out[28]:   name      code    industry    year
   0     平安银行    000001      J       2018
   1     平安银行    000001      J       2019
   2     上海电力    600021      D       2019
   3     上海电力    600021      D       2020
   4     浙能电力    600023      D       2019
   5     浦发银行    600000      J       2019
   6     大悦城      000031      K       2018
   7     大悦城      000031      K       2019
```

In[29]:company_customer = pd.merge(company, customer, on = 'industry', how = 'left',
                                          validate = "many_to_many")

    print(company_customer)

```
Out[29]:   name      code    industry   year   customer
   0     平安银行    000001      J      2018      D
   1     平安银行    000001      J      2018      N
   2     平安银行    000001      J      2019      D
   3     平安银行    000001      J      2019      N
   4     上海电力    600021      D      2019      C
   5     上海电力    600021      D      2019      B
   6     上海电力    600021      D      2019      F
```

7	上海电力	600021	D	2020	C
8	上海电力	600021	D	2020	B
9	上海电力	600021	D	2020	F
10	浙能电力	600023	D	2019	C
11	浙能电力	600023	D	2019	B
12	浙能电力	600023	D	2019	F
13	浦发银行	600000	J	2019	D
14	浦发银行	600000	J	2019	N
15	大悦城	000031	K	2018	F
16	大悦城	000031	K	2019	F

(4) 其他参数。merge()函数中的 suffix 参数能够用于重复列名的修改。在 In[30]中，设置参数 suffixes=("_leftdf","_rightdf")，可以修改重复列名的后缀。

```
In[30]:listdate = pd.DataFrame({'name':['平安银行', '万科 A', '浦发银行', '上海电力',
'浙能电力'],
                    'listedate':['1991-04-03','1991-01-29','1999-11-10','2003-10-
29','2013-12-19'],
                    'code': ['000001', '000002', '600000', '600021', '600023']})
    industry = pd.DataFrame({'name':['平安银行', '上海电力', '浙能电力','浦发银行', '大
悦城'],
                    'industry':['J','D','D','J','K'],
                    'code':['000001', '600021', '600023', '600000','000031']})
    company = pd.merge(listdate, industry,on = 'code',suffixes = ("_left","_
right"))
    print(company)
Out[30]:    name_left    listedate    code    name_right industry
    0    平安银行    1991-04-03    000001    平安银行    J
    1    浦发银行    1999-11-10    600000    浦发银行    J
    2    上海电力    2003-10-29    600021    上海电力    D
    3    浙能电力    2013-12-19    600023    浙能电力    D
```

使用 merge()函数中的 indicator 参数，可以显示每行的数据来源。在 In[31]中，令 indicator=True，其结果右侧将出现"_merge"列，以显示每行的数据来源，其中值"left_only"表示数据来自左表，"right_only"表示数据来自右表，"both"表示数据来自两张表。

```
In[31]:company = pd.merge(listdate,industry,on = 'code',how = 'outer',indicator =
True)
    print(company)
```

```
Out[31]:    name_x    listedate    code    name_y    industry    _merge
     0      平安银行    1991-04-03   000001   平安银行      J        both
     1      万科 A     1991-01-29   000002    NaN       NaN     left_only
     2      浦发银行    1999-11-10   600000   浦发银行      J        both
     3      上海电力    2003-10-29   600021   上海电力      D        both
     4      浙能电力    2013-12-19   600023   浙能电力      D        both
     5      NaN       NaN         000031   大悦城       K      right_only
```

merge()函数中的 sort 参数用于共同列列值的排序。对比例 In[31]与例 In[32],例 In[32]中,令 sort＝True,合并表的共同列列值的排列顺序发生改变,使 merge()函数不再优先展示表 left 的共同列列值,而是对表 left 和表 right 的共同列列值按照字典顺序重新排序。

```
In[32]:company = pd.merge(listedate, industry, on = 'code', how = 'outer', sort = True)
        print(company)

Out[32]:    name_x    listedate    code    name_y    industry
     0      平安银行    1991-04-03   000001   平安银行      J
     1      万科 A     1991-01-29   000002    NaN       NaN
     2      NaN       NaN         000031   大悦城       K
     3      浦发银行    1999-11-10   600000   浦发银行      J
     4      上海电力    2003-10-29   600021   上海电力      D
     5      浙能电力    2013-12-19   600023   浙能电力      D
```

6.2.2　join()方法

join()是依附于 Series 或 DataFrame 对象的进行合并的方法,可以视为 pandas.merge()函数的一种快捷方法。该方法可以指定索引或者共同列作为合并键将另一个 Series 或 DataFrame 对象合并到原有的对象上,多用于"一对一"和"一对多"关系下的横向合并,本节将对 join()方法的使用进行详细介绍。

> **join()语法及常用参数:**
>   DataFrame.join(other, on＝None, how＝'left', lsuffix＝, rsuffix＝, sort＝False)
> **常用参数说明:**
> **other:** 需要合并到 df1(可以是 Series 或 DataFrame 对象)上的 Series 或 DataFrame 对象。
> **lsuffix:** 字符串,指定原对象(df1)的合并共同列在合并后对象中的列名后缀。
> **rsuffix:** 字符串,指定合并对象(other)的合并共同列在合并后对象中的列名后缀。
> 其他参数说明与 merge()函数基本一致,此处不重复解释。

在进行数据合并时,join()方法会默认直接通过两个数据的行索引进行横向合并。我们仍构建公司上市日期和行业的 DataFrame 对象进行演示,如 In[33]所示,合并后的新 Data-Frame 对象会按照行索引把数据合并到一起,对于两个数据中列名重复的列,通过 lsuffix 和 rsuffix 分别指定给左表(即 listdate)和右表(即 industry)中的重复列增加的后缀内容。值得注意的是,如果不给重复列指定后缀,则会报错无法运行。如果重复列内容完全一致,则可以选择先删除掉一个数据中的重复列再进行合并,如 In[34]所示。

```
In[33]:new_df = listdate.join(industry,lsuffix = '_left',rsuffix = '_right') # 左右
加后缀
        print(new_df)
Out[33]:     name_left    listedate    name_right    industry
000001       平安银行      1991-04-03    平安银行       J
000002       万科 A        1991-01-29    NaN           NaN
600000       浦发银行      1999-11-10    浦发银行       J
600021       上海电力      2003-10-29    上海电力       D
600023       浙能电力      2013-12-19    浙能电力       D
```

```
In[34]: new_df = listdate.join(industry.drop('name',axis = 1)) # 如果不加后缀
        print(new_df)
Out[34]:     name        listedate    industry
000001       平安银行      1991-04-03    J
000002       万科 A        1991-01-29    NaN
600000       浦发银行      1999-11-10    J
600021       上海电力      2003-10-29    D
600023       浙能电力      2013-12-19    D
```

如果想要按照两组数据的某列进行合并,可以将该列设置为行索引再进行合并,或者通过使用 on 参数输入列名的方式指定合并键值再进行合并。需要注意的是,on 参数仅能指定对于原数据的合并键值,对于输入的被并对象,join()方法永远使用被并数据的行索引进行合并。因此,在合并时,需要将被并数据的索引设置为用于合并的键值。下面分别对两种方法进行演示。

```
In[35]:new_df = listdate.set_index('name').join(industry.set_index('name'))
        print(new_df)
Out[35]:          listedate      industry
     name
     平安银行      1991-04-03      J
     万科 A        1991-01-29      NaN
     浦发银行      1999-11-10      J
```

```
           上海电力    2003-10-29        D
           浙能电力    2013-12-19        D

In[36]:new_df = listdate.join(industry.set_index('name'), on ='name')
        print(new_df)
Out[36]:             name      listedate    industry
        000001     平安银行    1991-04-03       J
        000002     万科 A      1991-01-29      NaN
        600000     浦发银行    1999-11-10       J
        600021     上海电力    2003-10-29       D
        600023     浙能电力    2013-12-19       D
```

从上例中可以发现,join( )方法默认的集合操作规则是 left,即保留左表的合并键值所包含的值,这与 merge( )函数和 concat( )函数不同。在 join( )方法中,how 参数能够改变集合操作规则。使用 In[33]构建的公司基本特征数据举例说明。如下例所示,当设置 how ="outer"时,合并后数据保留了两张表的并集,缺失值以 NaN 填补;当 how ="inner"时,合并后的数据仅保留了两张表的交集。

```
In[37]:new_df = listdate.join(industry,lsuffix ='_left',rsuffix ='_right',how =
'outer') #左右加后缀
        print(new_df)
Out[37]:            name_left   listedate   name_right   industry
        000001     平安银行    1991-04-03    平安银行       J
        000002     万科 A      1991-01-29     NaN         NaN
        000031      NaN         NaN         大悦城        K
        600000     浦发银行    1999-11-10    浦发银行       J
        600021     上海电力    2003-10-29    上海电力       D
        600023     浙能电力    2013-12-19    浙能电力       D

In[38]:new_df = listdate.join(industry,lsuffix ='_left',rsuffix ='_right',how =
'inner') #左右加后缀
        print(new_df)
Out[38]:            name_left   listedate   name_right   industry
        000001     平安银行    1991-04-03    平安银行       J
        600000     浦发银行    1999-11-10    浦发银行       J
        600021     上海电力    2003-10-29    上海电力       D
        600023     浙能电力    2013-12-19    浙能电力       D
```

6.3　combine_first()与 update()填充

在数据合并过程中,有时并非需要合并两张表的所有内容,而仅需要将新表的部分值填充进旧表的空值中。Pandas 为 Series 和 DataFrame 对象提供了 combine_first()与 update()方法,使我们方便地实现这一功能,本节将对这两种填充方法进行详细介绍。

6.3.1　combine_first()方法

使用 combine_first()方法可以将一张表的非空值依据行、列索引一致的规律填充进入另一张表的空值中,填充结果的行列索引为两张表行列索引的并集。

以公司的两张行业表格为例,combine_first()函数将针对表 industry1 中的空值,在表 industry2 中寻找行列索引一致的非空值,填充进 industry1 中。当行和列索引完全对齐时,表 industry1 中的非空值将在结果中保留,而表 industry1 中的空值将被 industry2 中的非空值所填充。

```
In[39]:industry1 = pd.DataFrame({'name':['平安银行', '上海电力', '浙能电力','浦发银行', '大悦城'],
                    'industry':['J',None,'D','J',None]},
                    index = ['000001', '600021', '600023', '600000','000031'])
    print(industry1)
Out[39]:         name     industry
    000001    平安银行        J
    600021    上海电力       None
    600023    浙能电力        D
    600000    浦发银行        J
    000031    大悦城        None

In[40]:industry2 = pd.DataFrame({'name':['上海电力', '浦发银行','平安银行','浙能电力', '大悦城'],
                    'industry':['D','J',None,None,'K']},
                    index = ['600021', '600000','000001','600023', '000031'])
    print(industry2)
Out[40]:         name     industry
    600021    上海电力        D
    600000    浦发银行        J
    000001    平安银行       None
    600023    浙能电力       None
    000031    大悦城         K
```

```
In[41]:print(industry1.combine_first(industry2))
Out[41]:          name      industry
       000001    平安银行      J
       000031    大悦城       K
       600000    浦发银行      J
       600021    上海电力      D
       600023    浙能电力      D
```

需要注意的是,如果行索引不是公司代码,且两张表中公司的顺序不一致,进行 combine_first( )填充时会产生一些问题。如下例所示,把两张表的索引重置后,"上海电力"的行业代码被填充成了 industry2 中"浦发银行"的行业代码,产生错配。

```
In[42]:industry1.reset_index(inplace = True)
       industry2.reset_index(inplace = True)
       print(industry1.combine_first(industry2))
Out[42]:    index     name      industry
       0   000001    平安银行      J
       1   600021    上海电力      J
       2   600023    浙能电力      D
       3   600000    浦发银行      J
       4   000031    大悦城       K
```

在上述例子中,两张表的列索引一致。那么在面对列索引不相同的情况时,应如何完成填充呢? 以 In[43]为例,表 industry2 中的列索引除了"industry"之外,还包含了"listdate",填充结果为两张表的列索引的并集。表 industry1 中的非空值将全部被保留,而表 industry1 中的空值将被表 industry2 中的非空值填充;合并表中除 industry1 以外的其他位置将保留 industry2 的值。

```
In[43]:industry1 = pd.DataFrame({'name':['平安银行','上海电力','浙能电力','浦发银
行','大悦城'],
                    'industry':['J',None,'D','J',None]},
                    index = ['000001', '600021','600023','600000','000031'])
       industry2 = pd.DataFrame({'name':['上海电力','浦发银行','平安银行','浙能电力',
'大悦城'],
                    'industry':['D','J',None,None,'K'],
                    'listdate':['2003-10-29','1999-11-10','1991-04-03','2013-12-
                              19','1993-10-08']},
                    index = ['600021','600000','000001','600023','000031'])
       print(industry1.combine_first(industry2))
```

```
Out[43]:         industry    listdate       name
        000001      J        1991-04-03     平安银行
        000031      K        1993-10-08      大悦城
        600000      J        1999-11-10     浦发银行
        600021      D        2003-10-29     上海电力
        600023      D        2013-12-19     浙能电力
```

6.3.2　update( )方法

使用 update()方法,可以将输入的非空值根据行列索引对齐的规则,直接填充进原表格。与 combine_first()方法相比,update()方法不会生成新的对象,而是直接改变被填充的表格,集合操作规则默认为左连接(left)。

仍然以行业数据为例,如 In[44]所示,可以发现 update()函数不同于 combine_first()函数,update()函数不会产生返回值,而是直接修改被填充表(industry1)。此外,update()函数用 industry2 中的非空值直接填充 industry1,这意味着被填充表(industry1)中的非空值也会被填充。例如,表 industry1 中浦发银行的行业非空值"J"被 industry2 的非空值"J66"填充。此外,与 combine_first()方法一致,industry2 中的空值不会改变 industry1 中原有的非空值。

```
In[44]:industry1 = pd.DataFrame({'name':['平安银行', '上海电力', '浙能电力', '浦发银
        行', '大悦城'],
                    'industry':['J',None,'D','J',None]},
                index = ['000001', '600021', '600023', '600000', '000031'])
        industry2 = pd.DataFrame({'name':['上海电力', '浦发银行', '平安银行', '浙能电
        力', '大悦城'],
                    'industry':['D44', 'J66',None,None, 'K70'],
                    'listdate':['2003-10-29', '1999-11-10', '1991-04-03', '2013-12-
        19', '1993-10-08']},
                index = ['600021', '600000', '000001', '600023', '000031'])
        industry1.update(industry2)
        print(industry1)
Out[44]:         name        industry
        000001   平安银行        J
        600021   上海电力        D44
        600023   浙能电力        D
        600000   浦发银行        J66
        000031   大悦城         K70

In[45]:print(industry1.update(industry2))
Out[45]:None
```

通过 In[45]可以发现,如果试图直接 print 出填充后的结果的话,返回的结果是 None。这是与 combine_first()方法的主要不同之处,即,update()方法不会返回新的结果,只是更新原有的表格。

此外,对比 In[43]与 In[44]时可以看到,在使用 update()方法时,industry2 中独有的列"listdate"不会被补充到 industry1 表中。这个现象背后的原因是 update()函数在集合操作规则上不同于 combine_first()函数,update()函数默认采用左连接,填充结果只保留被填充表(industry1)的行索引和列索引。combine_first()函数则是保留两张表行列索引的并集。

6.4 应用实践

在财经大数据的分析过程中,准确地合并不同来源、不同结构的数据是必要的过程。例如,为了对公司的财务表现进行综合分析,往往需要合并公司的成立年份、行业、股权结构等数据,以便进行横向和纵向的财务指标对比分析。下面以从 CSMAR 数据库下载的 2018—2020 年的资产负债表、利润表与公司基本信息表,以及来自 Wind 数据库的股权结构为例,展示各类数据合并方法。

(1) 读取数据。首先,分别读取资产负债表、利润表、公司基本信息表与股权结构表。具体而言,先完成国泰安数据库中资产负债表与利润表的读取与数据筛选,获得公司-年度的资产负债表(bas_year)和利润表(ins_year)两个 DataFrame 对象;再完成万得数据库中股权性质数据的读取与数据转置,获得公司-年度的股权性质表(ownership_type);然后使用 read_excel 读取公司基本信息表,获得公司的行业、省份等基本信息(company)。

```
In[46]:print(bas_year)
```

Out[46]:	证券代码	证券简称	统计截止日期	货币资金	流动资产合计	资产总计	流动负债合计	负债合计
27	000002	万科 A	2018-12-31	7.40691e+10	2.94615e+11	3.90322e+11	2.08382e+11	3.04615e+11
37	000002	万科 A	2019-12-31	7.40691e+10	2.94615e+11	3.90322e+11	2.08382e+11	3.04615e+11
47	000002	万科 A	2020-12-31	7.40691e+10	2.94615e+11	3.90322e+11	2.08382e+11	3.04615e+11
57	000004	国农科技	2018-12-31	4.90033e+07	3.01566e+08	3.51177e+08	1.67051e+08	1.67851e+08
67	000004	国农科技	2019-12-31	1.47844e+08	4.80984e+08	1.49449e+09	8.55646e+07	9.00332e+07
⋮	⋮	⋮	⋮	⋮	⋮	⋮	⋮	⋮
13744	001965	招商公路	2019-12-31	6.61222e+09	1.08802e+10	9.09132e+10	1.11808e+10	3.69751e+10
13754	001965	招商公路	2020-12-31	6.7977e+09	1.09159e+10	9.40092e+10	1.10568e+10	3.42754e+10
13764	001979	招商蛇口	2018-12-31	6.73751e+10	2.94615e+11	3.90322e+11	2.08382e+11	3.04615e+11
13774	001979	招商蛇口	2019-12-31	7.40691e+10	2.94615e+11	3.90322e+11	2.08382e+11	3.04615e+11
13784	001979	招商蛇口	2020-12-31	7.40691e+10	2.94615e+11	3.90322e+11	2.08382e+11	3.04615e+11

```
[1378 rows x 8 columns]
```

In[47]:print(ins_year)

	证券代码	证券简称	统计截止日期	报表类型	营业收入	营业成本	净利润
Out[47]:							
5	000001	平安银行	2018-12-31	A	NaN	NaN	1.89777e + 10
10	000001	平安银行	2019-12-31	A	NaN	NaN	1.89777e + 10
18	000001	平安银行	2020-12-31	A	NaN	NaN	1.89777e + 10
27	000002	万科 A	2018-12-31	A	1.25721e + 11	1.06259e + 11	1.89777e + 10
38	000002	万科 A	2019-12-31	A	1.25721e + 11	1.06259e + 11	1.89777e + 10
⋮	⋮	⋮	⋮	⋮	⋮	⋮	⋮
13744	001965	招商公路	2019-12-31	A	8.18507e + 09	4.6693e + 09	4.8652e + 09
13754	001965	招商公路	2020-12-31	A	7.06892e + 09	4.60103e + 09	2.57731e + 09
13764	001979	招商蛇口	2018-12-31	A	8.82779e + 10	5.34147e + 10	1.89777e + 10
13773	001979	招商蛇口	2019-12-31	A	9.76722e + 10	6.38292e + 10	1.88569e + 10
13784	001979	招商蛇口	2020-12-31	A	1.25721e + 11	9.24351e + 10	1.69133e + 10

[1381 rows x 7 columns]

In[48]:ownership_type = pd.read_excel("../data/股权性质处理后.xls", index_col = 0)
     print(ownership_type)

	股票代码	会计期间	股权性质
Out[48]:			
0	1	2019-12-31	缺失
1	1	2018-12-31	缺失
2	1	2017-12-31	缺失
3	1	2016-12-31	缺失
4	1	2015-12-31	缺失
⋮	⋮	⋮	⋮
61003	900957	2008-12-31	个人
61004	900957	2007-12-31	个人
61005	900957	2006-12-31	个人
61006	900957	2005-12-31	个人
61007	900957	2004-12-31	个人

[61008 rows x 3 columns]

In[49]:company = pd.read_excel("../data/TRD_Co.xlsx",header = 1,usecols = ['证券代码','证券简称','上市日期','公司成立日期','行业名称 C','行业代码 C','所属省份','上市公司经营性质','发行价格'])
     company.drop([0],axis = 0,inplace = True)　＃＃第一行数据为数据单位,删除,inplace = True 表示替换原有的 DataFrame 对象
     print(company)

Out[49]:	证券代码	证券简称	上市日期	行业代码C	行业名称C	公司成立日期	所属省份	上市公司经营性质	发行价格
1	000001	平安银行	1991-04-03	J66	货币金融服务	1987-12-22	广东省	私营企业	40
2	000002	万科A	1991-01-29	K70	房地产业	1988-11-01	广东省	国营或国有控股	1
3	000003	PT金田A	1991-07-03	S90	综合	1988-02-08	广东省	国营或国有控股	10
4	000004	ST国华	1991-01-14	I65	软件和信息技术服务业	1986-05-05	广东省	私营企业	1
5	000005	ST星源	1990-12-10	N77	生态保护和环境治理业	1990-02-01	广东省	中外合资	10
⋮	⋮	⋮	⋮	⋮	⋮	⋮	⋮	⋮	⋮
5476	900952	锦港B股	1998-05-19	G55	水上运输业	1993-02-09	辽宁省	国营或国有控股	0.21
5477	900953	凯马B	1998-06-24	C36	汽车制造业	1998-06-19	上海市	国营或国有控股	0.276
5478	900955	退市海B	1999-01-18	K70	房地产业	1999-01-14	海南省	中外合资	0.28
5479	900956	东贝B股	1999-07-15	C34	通用设备制造业	1999-03-10	湖北省	国营或国有控股	0.198
5480	900957	凌云B股	2000-07-28	K70	房地产业	1998-12-28	上海市	私营企业	0.24

```
[5480 rows x 9 columns]
```

（2）数据合并。我们运用本章的函数依次将资产负债表与利润表、公司基本信息表与股权结构表进行合并。

首先，使用 concat（）函数将资产负债表与利润表进行横向合并。在合并之前，由于 concat（）函数是依据行索引进行合并，先将两张表的行索引设置为公司代码与统计年度，再进行合并。如下例所示，首先使用 set_index（）函数将"证券代码"与"统计截止日期"两列设定为行索引，inplace＝True 表示替代原 DataFrame 对象。随后，使用 concat（）函数将 bas_year 和 ins_year 作为列表输入进行合并，使用 axis＝1 表示进行横向合并。将输出结果赋值为 merge1，可以看到，在 merge1 中包含了资产负债表与利润表两张表的列。

```
In[50]:bas_year.set_index(['证券代码','统计截止日期'],inplace = True)
       bas_year = bas_year.drop(['证券简称'],axis = 1)
       print(bas_year)
```

Out[50]:	证券代码	统计截止日期	货币资金	流动资产合计	资产总计	流动负债合计	负债合计
	000002	2018-12-31	7.40691e+10	2.94615e+11	3.90322e+11	2.08382e+11	3.04615e+11
		2019-12-31	7.40691e+10	2.94615e+11	3.90322e+11	2.08382e+11	3.04615e+11
		2020-12-31	7.40691e+10	2.94615e+11	3.90322e+11	2.08382e+11	3.04615e+11
	000004	2018-12-31	4.90033e+07	3.01566e+08	3.51177e+08	1.67051e+08	1.67851e+08
		2019-12-31	1.47844e+08	4.80984e+08	1.49449e+09	8.55646e+07	9.00332e+07
	⋮	⋮	⋮	⋮	⋮	⋮	⋮
	001965	2019-12-31	6.61222e+09	1.08802e+10	9.09132e+10	1.11808e+10	3.69751e+10
		2020-12-31	6.7977e+09	1.09159e+10	9.40092e+10	1.10568e+10	3.42754e+10
	001979	2018-12-31	6.73751e+10	2.94615e+11	3.90322e+11	2.08382e+11	3.04615e+11
		2019-12-31	7.40691e+10	2.94615e+11	3.90322e+11	2.08382e+11	3.04615e+11
		2020-12-31	7.40691e+10	2.94615e+11	3.90322e+11	2.08382e+11	3.04615e+11

[1378 rows x 5 columns]

In[51]:ins_year.set_index(['证券代码','统计截止日期'],inplace = True)

　　　　ins_year = ins_year.drop(['报表类型'],axis = 1)

　　　　print(ins_year)

Out[51]: 证券代码	统计截止日期	证券简称	营业收入	营业成本	净利润
000001	2018-12-31	平安银行	NaN	NaN	1.89777e + 10
	2019-12-31	平安银行	NaN	NaN	1.89777e + 10
	2020-12-31	平安银行	NaN	NaN	1.89777e + 10
000002	2018-12-31	万科 A	1.25721e + 11	1.06259e + 11	1.89777e + 10
	2019-12-31	万科 A	1.25721e + 11	1.06259e + 11	1.89777e + 10
⋮	⋮	⋮	⋮	⋮	⋮
001965	2019-12-31	招商公路	8.18507e + 09	4.6693e + 09	4.8652e + 09
	2020-12-31	招商公路	7.06892e + 09	4.60103e + 09	2.57731e + 09
001979	2018-12-31	招商蛇口	8.82779e + 10	5.34147e + 10	1.89777e + 10
	2019-12-31	招商蛇口	9.76722e + 10	6.38292e + 10	1.88569e + 10
	2020-12-31	招商蛇口	1.25721e + 11	9.24351e + 10	1.69133e + 10

　　　　[1381 rows x 4 columns]

In[52]:merge1 = pd.concat([bas_year,ins_year],axis = 1)

　　　　print(merge1.loc[:,['证券简称 ','资产总计 ','净利润 ']])

Out[52]: 证券代码	统计截止日期	证券简称	资产总计	净利润
000001	2018-12-31	平安银行	NaN	1.89777e + 10
	2019-12-31	平安银行	NaN	1.89777e + 10
	2020-12-31	平安银行	NaN	1.89777e + 10
000002	2018-12-31	万科 A	3.90322e + 11	1.89777e + 10
	2019-12-31	万科 A	3.90322e + 11	1.89777e + 10
⋮	⋮	⋮	⋮	⋮
001965	2019-12-31	招商公路	9.09132e + 10	4.8652e + 09
	2020-12-31	招商公路	9.40092e + 10	2.57731e + 09
001979	2018-12-31	招商蛇口	3.90322e + 11	1.89777e + 10
	2019-12-31	招商蛇口	3.90322e + 11	1.88569e + 10
	2020-12-31	招商蛇口	3.90322e + 11	1.69133e + 10

　　　　[1381 rows x 3 columns]

　　其次,使用 merge()函数将合并后的财务报表 merge1 与公司基本信息进行横向合并。为了演示 merge()将共同列作为键值进行合并的特征,在合并之前先将 merge1 表的行索引重置,把公司代码和会计年度还原为列。如下例所示,首先使用 reset_index()函数将行索引还原为"证券代码"与"统计截止日期"两列,inplace=True 表示替代原 DataFrame 对象。随后,使用 merge()函数将合并后的财务报表(merge1)和公司基本信息表(company)作为参数输入进行合并。由于财务报表为公司-年度的面板数据,即公司证券代码列存在重复值,而公司基本信息表是公司数据,公司证券代码列不存在重复值,因此这次合并为多对一合并,使用 validate='many_to_one'进行验证。将输出结果赋值为 merge2,可以看到,在 merge2 中包含了资产负债表、利润表与公司基本信息三个表的列:资产总计、净利润、上市公司经营性质。

```
In[53]:merge1.reset_index(inplace = True)
       merge2 = pd.merge(merge1,company,on ='证券代码',validate ='many_to_one')
       print(merge2.loc[:,['证券代码','统计截止日期','证券简称_x','资产总计','净利
润','上市公司经营性质']])
```

```
Out[53]:    证券代码   统计截止日期   证券简称_x   资产总计        净利润        上市公司经营性质
   0      000001   2018-12-31   平安银行    NaN        1.89777e+10   私营企业
   1      000001   2019-12-31   平安银行    NaN        1.89777e+10   私营企业
   2      000001   2020-12-31   平安银行    NaN        1.89777e+10   私营企业
   3      000002   2018-12-31   万科 A    3.90322e+11   1.89777e+10   国营或国有控股
   4      000002   2019-12-31   万科 A    3.90322e+11   1.89777e+10   国营或国有控股
  ...       ...        ...        ...       ...          ...          ...
 1376     001965   2019-12-31   招商公路   9.09132e+10   4.8652e+09    国营或国有控股
 1377     001965   2020-12-31   招商公路   9.40092e+10   2.57731e+09   国营或国有控股
 1378     001979   2018-12-31   招商蛇口   3.90322e+11   1.89777e+10   国营或国有控股
 1379     001979   2019-12-31   招商蛇口   3.90322e+11   1.88569e+10   国营或国有控股
 1380     001979   2020-12-31   招商蛇口   3.90322e+11   1.69133e+10   国营或国有控股

[1381 rows x 6 columns]
```

再次,使用 merge()函数将合并后 merge2 与第 4 章处理出的股权性质进行横向合并。如下例所示,先使用 replace 将股权性质(ownership_type)表格中的股权性质列的"缺失"文本替换为缺失值(np.nan)。随后,由于 merge2 的"证券代码"为文本型,为了完成合并,使用 apply()方法将股权性质表中的"股票代码"从原来的整数型转换为文本型,{:0>6d}表示不足六位的代码在开头补零。最后,将合并后的财务报表(merge2)和股权性质(ownership_type)作为参数输入进行合并,将 how 参数设置为 left 表示只保留左表有键值的行。与 In[53]不同的是,这次合并的键值为"公司代码"和"会计年度"两列,在两张表中,该键值均没有重复值,因此本次合并为一对一合并。

```
In[54]:ownership_type['股权性质'] = ownership_type['股权性质'].replace('缺失',
np.nan)
       ownership_type['股票代码'] = ownership_type['股票代码'].apply(lambda x :
'{:0>6d}'.format(x)) ＃把整数型转为文本型,不到 6 位在左边补零。
       print(ownership_type)
```

```
Out[54]:    股票代码     会计期间      股权性质
     0      000001    2019-12-31    NaN
     1      000001    2018-12-31    NaN
     2      000001    2017-12-31    NaN
     3      000001    2016-12-31    NaN
     4      000001    2015-12-31    NaN
    ...        ...       ...        ...
  61003     900957    2008-12-31    个人
  61004     900957    2007-12-31    个人
  61005     900957    2006-12-31    个人
  61006     900957    2005-12-31    个人
  61007     900957    2004-12-31    个人

[61008 rows x 3 columns]
```

In[55]:merge3 = pd.merge(merge2,ownership_type,left_on = ['证券代码','统计截止日期'],right_on = ['股票代码','会计期间'],how = 'left')

　　　　print(merge3.loc[:,['证券代码','统计截止日期','证券简称_x','资产总计','净利润','股权性质']])

```
Out[55]:   证券代码    统计截止日期    证券简称_x    资产总计         净利润         股权性质
     0     000001   2018-12-31   平安银行     NaN        1.89777e+10    NaN
     1     000001   2019-12-31   平安银行     NaN        1.89777e+10    NaN
     2     000001   2020-12-31   平安银行     NaN        1.89777e+10    NaN
     3     000002   2018-12-31   万科 A      3.90322e+11  1.89777e+10    NaN
     4     000002   2019-12-31   万科 A      3.90322e+11  1.89777e+10    NaN
    ...      ...       ...        ...       ...          ...           ...
  1376    001965   2019-12-31   招商公路    9.09132e+10  4.8652e+09    国资委
  1377    001965   2020-12-31   招商公路    9.40092e+10  2.57731e+09    NaN
  1378    001979   2018-12-31   招商蛇口    3.90322e+11  1.89777e+10    国资委
  1379    001979   2019-12-31   招商蛇口    3.90322e+11  1.88569e+10    国资委
  1380    001979   2020-12-31   招商蛇口    3.90322e+11  1.69133e+10    NaN

[1381 rows x 6 columns]
```

　　最后,由于股权性质表只包含的 2004—2019 年的数据,除了原有的缺失值外,所有 2020 年的数据也均为缺失。如下例所示,使用 combine_first()方法把"股权性质"列的缺失值填补为"上市公司经营性质"的值。可以看到,股权性质中的缺失值被填补了,但是原来有值的部分没有被替换。最后,将合并后数据保存到 Excel 表中。

In[56]:merge3['股权性质'] = merge3['股权性质'].combine_first(merge3['上市公司经营性质'])

　　　　merge3.to_excel('.../data/财务报表合并后.xls')

```
        print(merge3.loc[:,['证券代码','统计截止日期','证券简称_x','资产总计','净利
润','股权性质']])
```

Out[56]:	证券代码	统计截止日期	证券简称_x	资产总计	净利润	股权性质
0	000001	2018-12-31	平安银行	NaN	1.89777e + 10	私营企业
1	000001	2019-12-31	平安银行	NaN	1.89777e + 10	私营企业
2	000001	2020-12-31	平安银行	NaN	1.89777e + 10	私营企业
3	000002	2018-12-31	万科 A	3.90322e + 11	1.89777e + 10	国营或国有控股
4	000002	2019-12-31	万科 A	3.90322e + 11	1.89777e + 10	国营或国有控股
⋮	⋮	⋮	⋮	⋮	⋮	⋮
1376	001965	2019-12-31	招商公路	9.09132e + 10	4.8652e + 09	国资委
1377	001965	2020-12-31	招商公路	9.40092e + 10	2.57731e + 09	国营或国有控股
1378	001979	2018-12-31	招商蛇口	3.90322e + 11	1.89777e + 10	国资委
1379	001979	2019-12-31	招商蛇口	3.90322e + 11	1.88569e + 10	国资委
1380	001979	2020-12-31	招商蛇口	3.90322e + 11	1.69133e + 10	国营或国有控股

```
[1381 rows x 6 columns]
```

6.5　实操练习题

1. 将第 1 章练习题中形成的现金流量表、利润表与资产负债表数据依据股票代码与年度分别使用 merge()和 join()进行合并,形成财务三大表合并数据。

2. 将财务三大表与第 4 章练习题中形成的研发支出、第 5 章练习题中形成的上市公司高管信息依据股票代码和年度分别使用 merge()和 join()进行合并。

第 7 章

制作数据透视表和计算行业竞争度
——应用数据分组

对数据进行描述性统计是一项基本的数据分析工作。通常,在合并数据后,可以使用数据统计方法快速地对某些行或列的数据统计出中位数、平均值、最小值、最大值等统计量。然而,在实际数据处理中,往往不仅需要样本整体的统计,还需要对样本的各类子集数据进行分类统计。如对某家公司、某个行业、某个年度的指定列进行统计;又如,获取某公司某变量滞后一期($t-1$ 期)数据。为了解决这个常见的数据分析问题,Pandas 引入了分组(GroupBy)对象,可以使用批处理方法快速、准确地完成分类统计。GroupBy 对象大大提高了聚合与分析数据的效率,可以帮助研究者快速分析与了解数据的基本情况,例如生成数据透视表、计算行业竞争程度表。本章将详细地探索分组对象的特征及针对分组对象的各类操作。

7.1 GroupBy 对象

7.1.1 GroupBy 对象的基本结构

分组(GroupBy)对象是用 DataFrame(或 Series)应用 groupby()方法后返回的一种特殊的对象,可以理解为按指定分组方式分成的一系列 DataFrame(或 Series)对象。图 7-1 简单展示了 GroupBy 的分组原理,对原 DataFrame 依据 Key1 进行分组,返回了一个类似由四张 DataFrame 构成的对象,每个子 DataFrame 中的数据都有共同的 Key1。在形成了 GroupBy 对象后,直接将各种各样的函数(如计数、平均值、标准差,或自定义函数)应用于这个对象上。通过简单的一行代码,就可以实现对分组后的各组数据进行计算,并将计算结果组合返回一组输出数据。上述流程可以总结为一个"SAC 过程",即分割(split)、应用(apply)、组合(combine)。

尽管分组在概念上非常简单,但它非常有用。在实际的数据分析项目中,需处理纷繁复杂的大量数据。GroupBy 对象能够有效地聚合与分析数据,以便快速分析与了解数据的基本情况。

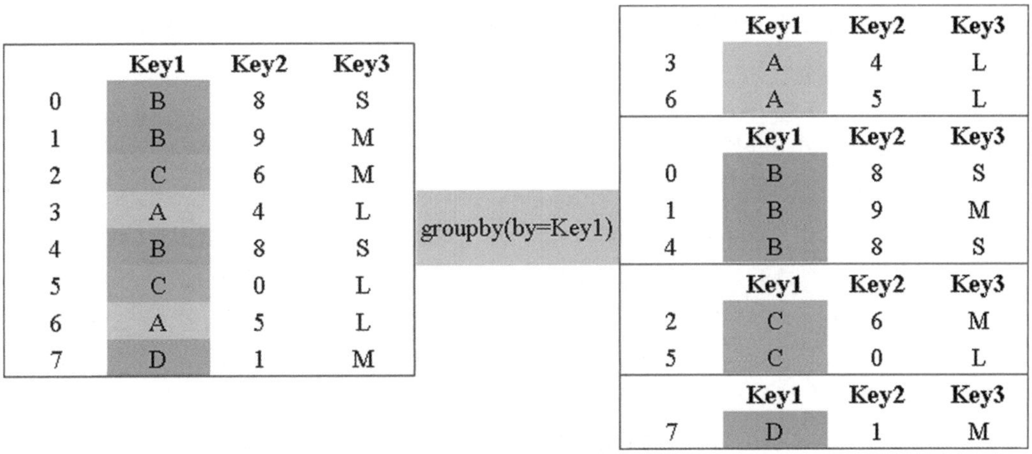

图 7-1　GroupBy 分组原理演示

Series 和 DataFrame 对象都具有 groupby()方法,groupby()的用法较为简单,只需要将需要分组的键传入,就可以获得对应的 GroupBy 对象。对 Series 对象应用 groupby()方法,会返回 SeriesGroupBy 对象;对 DataFrame 对象应用 groupby()方法,会返回 DataFrame-GroupBy 对象。下面列出了 GroupBy 的语法和常见用法。

---

pandas.DataFrame(Series).groupby()语法及常用参数:

　　pandas.DataFrame(Series).groupby(by＝None, axis＝0, level＝None, as_index＝True, sort＝True, group_keys＝True, squeeze＝NoDefault.no_default, observed＝False, dropna＝True):

主要参数说明:

by: 用于确定需要进行分组的键。可以是映射、函数、标签或标签列表。

axis: 按行或列进行分组。0 表示行,1 表示列,默认为 0。

sort: 确定是否依据分组的键进行排序。布尔型,默认为 True。关闭此功能可以获得更好的性能。不会影响每个组内的观测值顺序,groupby()会保留每个组中行的顺序。

常见用法:

　　(1) 命令 df.groupby('key1'),适用于对一列分组,其分组键为列名。

　　(2) 命令 df.groupby(['key1', 'key2']),适用于多列分组,其分组键为多列的列名,引入列表 list[]。

　　(3) 命令 df[].groupby(df['key']).mean(),适用于按 key 列进行分组后求某指定列的均值(或者其他配合函数),其分组键为 Series。

　　(4) 注意:通过对 DataFrame 对象调用 groupby()方法返回的结果是一个 DataFrameGroupBy 对象,而非 DataFrame 或 Series 对象。

接下来,通过实例详细介绍 groupby()方法的使用方法。为了方便展示,先导入一个真实数据——上市公司周回报率数据,并生成一个 DataFrame 对象(df)。这是一个典型的面

板数据,一家公司有多个周的数据,每行的观测值可以用证券代码与交易周度两列来唯一定位。

```
In[1]: df = pd.read_csv('TRD_Week.csv')
       print(df)
Out[1]:         Stkcd   Trdwnt      Opndt    ···   Capchgdt   Ahshrtrd_W   Ahvaltrd_W
        0          1    1991-14   1991-04-03   ···   1991-04-03      NaN          NaN
        1          1    1991-15   1991-04-08   ···   1991-04-03      NaN          NaN
        2          1    1991-16   1991-04-16   ···   1991-04-03      NaN          NaN
        3          1    1991-17   1991-04-23   ···   1991-04-03      NaN          NaN
        4          1    1991-18   1991-04-29   ···   1991-04-03      NaN          NaN
        ⋮          ⋮       ⋮          ⋮        ⋮        ⋮            ⋮            ⋮
        999995   2890   2019-10   2019-03-04   ···   2018-08-02      NaN          NaN
        999996   2890   2019-11   2019-03-11   ···   2018-08-02      NaN          NaN
        999997   2890   2019-12   2019-03-18   ···   2018-08-02      NaN          NaN
        999998   2890   2019-13   2019-03-25   ···   2018-08-02      NaN          NaN
        999999   2890   2019-14   2019-04-01   ···   2018-08-02      NaN          NaN
        [1000000 rows x 17 columns]
```

使用 DataFrame 的 groupby()方法可以实现绝大部分的 SAC 过程。假设按证券代码 (Stkcd)对导入的数据(df)进行分组。可以发现,对 DataFrame 对象使用 groupby()方法后返回的是一个 DataFrameGroupBy 对象及其所在的内存地址,而对 Series 对象使用 groupby()方法后返回的是一个 SeriesGroupBy 对象及其所在的内存地址。

```
In[2]: grouped = df.groupby('Stkcd')
       print(grouped)
Out[2]: <pandas.core.groupby.generic.DataFrameGroupBy object at 0x000002134D30A8D0>

In[3]: grouped2 = df['Wretwd'].groupby(df['Stkcd'])
       print(grouped2)
Out[3]: <pandas.core.groupby.generic.SeriesGroupBy object at 0x000002134D30A208>
```

可以通过将 GroupBy 对象转换为 list 后逐个打印来查看分组的具体结果。如 In [4]所示,打印出 grouped 转换为 list 后的第一个对象,可以看到,每个分组数据都包含两个元素,一个是组别 1,即证券代码,另一个是一个对应的 DataFrame,即只有这个证券代码对应的相关列。GroupBy 对象包含一系列由分组变量名和数据块组成的二元元组,在原 DataFrame 对象(df)中有多少个证券代码,整个数据就会被分割成多少相应的组。

```
In[4]: print(list(grouped)[0])
Out[4]: (1, Stkcd    Trdwnt      Opndt   ···  Capchgdt  Ahshrtrd_W  Ahvaltrd_W
        0     1    1991-14   1991-04-03  ···  1991-04-03      NaN         NaN
        1     1    1991-15   1991-04-08  ···  1991-04-03      NaN         NaN
        2     1    1991-16   1991-04-16  ···  1991-04-03      NaN         NaN
        3     1    1991-17   1991-04-23  ···  1991-04-03      NaN         NaN
        4     1    1991-18   1991-04-29  ···  1991-04-03      NaN         NaN
        ⋮     ⋮      ⋮          ⋮        ⋱      ⋮             ⋮           ⋮
        1493  1    2020-52   2020-12-21  ···  2019-12-31      0.0         0.0
        1494  1    2020-53   2020-12-28  ···  2019-12-31      0.0         0.0
        1495  1    2021-02   2021-01-04  ···  2019-12-31      0.0         0.0
        1496  1    2021-03   2021-01-11  ···  2019-12-31      0.0         0.0
        1497  1    2021-04   2021-01-18  ···  2019-12-31      0.0         0.0

        [1498 rows x 17 columns])
```

可以直接使用 for 循环对 GroupBy 对象进行迭代操作。下面将通过 for 循环展示每组的形状。但在实际应用中,该方法遍历的时间过长,可以考虑选择一个组或一个列来进行遍历。

```
In[5]: for group, value in grouped:
           print(f'组名:{group};该组数据形状{value.shape}')
Out[5]: 组名:1;该组数据形状(1498, 17)
        组名:2;该组数据形状(1490, 17)
        组名:3;该组数据形状(518, 17)
        组名:4;该组数据形状(1471, 17)
        组名:5;该组数据形状(1365, 17)
        ⋮
        组名:2886;该组数据形状(184, 17)
        组名:2887;该组数据形状(179, 17)
        组名:2888;该组数据形状(181, 17)
        组名:2889;该组数据形状(179, 17)
        组名:2890;该组数据形状(85, 17)
```

类似地,可以使用 count() 更加便捷地统计各个列在各组的数量,如 In[6] 所示。

```
In[6]: print(df.groupby(['Stkcd']).count())
Out[6]:         Trdwnt   Opndt   Wopnprc  ···  Capchgdt  Ahshrtrd_W  Ahvaltrd_W
        Stkcd                             ···
        1         1498    1498     1498   ···    1498        74          74
        2         1490    1490     1490   ···    1490        74          74
```

				...			
3	518	518	518	...	518	0	0
4	1471	1471	1471	...	1471	74	74
5	1365	1365	1365	...	1365	74	74
⋮	⋮	⋮	⋮	⋮	⋮	⋮	⋮
2886	184	184	184	...	184	74	74
2887	179	179	179	...	179	74	74
2888	181	181	181	...	181	74	74
2889	179	179	179	...	179	74	74
2890	85	85	85	...	85	0	0

[1386 rows x 16 columns]

7.1.2 分组键值的拓展

在上节中,展示了 groupby()方法中分组键值较常见的输入:列名和 Series。除此之外,还可以依据其他方式进行分组,包括以索引为基础的分组、以字典与 Series 为基础的分组。

(1) 以索引为基础的分组。在 groupby()方法中,level 参数可以选择使用不同级别的行索引进行分组。首先使用 set_index()将证券代码和交易周设定为二级行索引,随后,在 groupby()方法中使用 level＝0 指定按照第一层行索引进行分组,使用 level＝1 指定按照第二层行索引进行分组。

```
In[7]: df_index = df.set_index(['Stkcd','Trdwnt'])
       print(df_index)
```

Out[7]:		Opndt	Wopnprc	Clsdt	...	Capchgdt	Ahshrtrd_W	Ahvaltrd_W
Stkcd	Trdwnt				...			
1	1991-14	1991-04-03	49.00	1991-04-06	...	1991-04-03	NaN	NaN
	1991-15	1991-04-08	48.04	1991-04-13	...	1991-04-03	NaN	NaN
	1991-16	1991-04-16	46.38	1991-04-20	...	1991-04-03	NaN	NaN
	1991-17	1991-04-23	45.00	1991-04-26	...	1991-04-03	NaN	NaN
	1991-18	1991-04-29	43.90	1991-05-04	...	1991-04-03	NaN	NaN
⋮	⋮	⋮	⋮	⋮		⋮	⋮	⋮
2890	2019-10	2019-03-04	20.96	2019-03-08	...	2018-08-02	NaN	NaN
	2019-11	2019-03-11	20.29	2019-03-15	...	2018-08-02	NaN	NaN
	2019-12	2019-03-18	21.09	2019-03-22	...	2018-08-02	NaN	NaN
	2019-13	2019-03-25	21.88	2019-03-29	...	2018-08-02	NaN	NaN
	2019-14	2019-04-01	22.08	2019-04-04	...	2018-08-02	NaN	NaN

[1000000 rows x 15 columns]

```
In[8]: print(df_index.groupby(level = 0).count())
```

Out[8]:	Opndt	Wopnprc	Clsdt	...	Capchgdt	Ahshrtrd_W	Ahvaltrd_W
Stkcd				...			
1	1498	1498	1498	...	1498	74	74
2	1490	1490	1490	...	1490	74	74

3	518	518	518	⋯	518	0	0
4	1471	1471	1471	⋯	1471	74	74
5	1365	1365	1365	⋯	1365	74	74
⋮	⋮	⋮	⋮		⋮	⋮	⋮
2886	184	184	184	⋯	184	74	74
2887	179	179	179	⋯	179	74	74
2888	181	181	181	⋯	181	74	74
2889	179	179	179	⋯	179	74	74
2890	85	85	85	⋯	85	0	0

[1386 rows x 15 columns]

```
In[9]: print(df_index.groupby(level = 1).count())
```

Out[9]:	Opndt	Wopnprc	Clsdt	⋯	Capchgdt	Ahshrtrd_W	Ahvaltrd_W
Trdwnt				⋯			
1991-01	1	1	1	⋯	1	0	0
1991-02	1	1	1	⋯	1	0	0
1991-03	2	2	2	⋯	2	0	0
1991-04	2	2	2	⋯	2	0	0
1991-05	3	3	3	⋯	3	0	0
⋮	⋮	⋮	⋮		⋮	⋮	⋮
2020-52	1316	1316	1316	⋯	1316	1316	1316
2020-53	1315	1315	1315	⋯	1315	1315	1315
2021-02	1316	1316	1316	⋯	1316	1316	1316
2021-03	1313	1313	1313	⋯	1313	1313	1313
2021-04	1312	1312	1312	⋯	1312	1312	1312

[1530 rows x 15 columns]

（2）以字典与 Series 为基础的分组。除了使用原有 DataFrame 或 Series 对象中的元素（如列、行索引）进行分组外，也可以使用其他对象作为输入进行分组。本部分将介绍以字典与 Series 为基础的分组，首先分别构建两个属性（字典、Series）的数据。

```
In[10]: people = pd.DataFrame(np.random.randn(4, 5),
                      columns = ['a', 'b', 'c', 'd', 'e'],
                      index = ['wang', 'yan', 'chen', 'li'])
        print(people)
        column_dic = {'a': 'red', 'b': 'red', 'c': 'red', 'd': 'blue', 'e': 'red'}
        index_dic = {'wang': 'boy', 'yan': 'boy', 'chen': 'boy', 'li': 'girl'}
        # 构建字典数据
        column_series = pd.Series(column_dic)
```

```
        index_series = pd.Series(index_dic) #构建 Series 数据
        print(column_dic,index_dic)
        print(column_series,index_series)
        #people
```

```
Out[10]:          a            b           c            d            e
    wang     -0.902296     0.650435    1.515088    -0.838463    -0.774655
    yan       1.195700    -0.347890    1.597267     1.114156    -0.613152
    chen      0.145446    -0.856627   -0.448230    -0.125343    -0.808275
    li        0.756860     0.000796    0.497498    -0.213537    -0.425509
        #字典数据
        {'a': 'red', 'b': 'red', 'c': 'red', 'd': 'blue', 'e': 'red'},{'wang': 'boy',
        'yan': 'boy', 'chen': 'boy', 'li': 'girl'}
        #Series 数据
        a        red
        b        red
        c        red
        d        blue
        e        red
        dtype: object
        wang     boy
        yan      boy
        chen     boy
        li       girl
        dtype: object
```

原始数据在 groupby 分组后,使用聚合函数对每个组执行 Group 指令,聚合函数执行完之后,每个分组的执行结果将合并到一个 DataFrame 中。所以,通过字典或 Series 进行分组只需将字典或 Series 传给 Groupby 即可。

下面本文将基于字典与 Series、行与列分别执行分组指令,对比其中的差异。

```
In[11]: #基于字典,列分组——按照行、列分别分组
        by_column1 = people.groupby(column_dic, axis = 0)
        #按照行汇总,没有指定行名,所有为空
        by_column2 = people.groupby(column_dic, axis = 1)
        #按照列汇总,对列进行汇总合并
        print(people)
        print(by_column1.sum())
        print(by_column2.sum())
        # people
```

Out[11]:

	a	b	c	d	e
wang	0.380510	− 0.573923	− 1.207560	− 0.445453	1.430354
yan	0.103779	− 3.126654	− 0.040938	1.369795	1.973193
chen	− 1.497637	0.005028	0.049966	1.173996	− 1.549231
li	− 0.840196	− 0.746945	− 0.839422	− 0.630615	0.178368

```
# by_column1.sum()
Empty DataFrame
Columns: [a, b, c, d, e]
Index: []
# by_column2.sum()
```

	blue	red
wang	− 1.349728	0.029382
yan	1.945857	− 1.090619
chen	1.470401	− 2.991874
li	0.297651	− 2.248195

In[12]:
```python
#基于字典,行分组——按照行、列分别分组
by_column1 = people.groupby(index_dic, axis = 0)
#按照行汇总,没有指定行名,所有为空
by_column2 = people.groupby(index_dic, axis = 1)
#按照列汇总,对列进行汇总合并
print(by_column1.sum())
print(by_column2.sum())
```

Out[12]: # by_column1.sum()

	a	b	c	d	e
boy	− 1.013347	− 3.695548	− 1.198532	2.098338	1.854315
girl	1.318513	− 2.005570	− 1.718912	− 0.062772	0.683923

```
# by_column2.sum()
Empty DataFrame
Columns: []
Index: [wang, yan, chen, li]
```

In[13]:
```python
#基于 Series,列分组——按照行、列分别分组
by_column1 = people.groupby(column_series, axis = 0)
#按照行汇总,没有指定行名,所有为空
by_column2 = people.groupby(column_series, axis = 1)
#按照列汇总,对列进行汇总合并
print(by_column1.sum())
print(by_column2.sum())
```

Out[13]: #by_column1.sum()

Empty DataFrame

Columns: [a, b, c, d, e]

Index: [ ]

#by_column2.sum()

	blue	red
wang	− 1.349728	0.029382
yan	1.945857	− 1.090619
chen	1.470401	− 2.991874
li	0.297651	− 2.248195

In[14]: #基于 Series,行分组——按照行、列分别分组

by_column1 = people.groupby(index_series, axis = 0)

#按照行汇总,没有指定行名,所有为空

by_column2 = people.groupby(index_series, axis = 1)

#按照列汇总,对列进行汇总合并

print(by_column1.sum())

print(by_column2.sum())

Out[14]:

#by_column1.sum()

	a	b	c	d	e
boy	− 1.013347	− 3.695548	− 1.198532	2.098338	1.854315
girl	1.318513	− 2.005570	− 1.718912	− 0.062772	0.683923

#by_column2.sum()

Empty DataFrame

Columns: [ ]

Index: [wang, yan, chen, li]

从结果可以发现,通过字典进行分组和通过 Series 进行分组的结果是相同的,也就是说两者执行分组的原理相同,均为将索引(对 Series 来说)或字典的 key 与 Dataframe 的索引进行匹配,字典中 value 或 Series 中 values 值相同的会被分到一个组中,最后基于每组进行聚合。

7.2 GroupBy 对象的操作

7.2.1 GroupBy 对象的基本描述性统计

对 Series 和 DataFrame 对象应用 groupby() 方法后,如果没有使用统计或赋值等操作,新生成 GroupBy 对象不会进行计算。为了得到分组后的统计与计算结果,可以对 GroupBy 对象调用相应的方法,以进行灵活的运算和统计,例如 sum()、mean()、max()、median()、describe() 等统计方法。表 7-1 列出了 GroupBy 对象可以直接调用的基本方法,在本小节中将结合股票周度回报率数据,详细介绍这些方法。

表 7-1 可以用于 GroupBy 对象的方法

函 数	功 能
count()	计数(非空数据)
sum()	合计数
mean()	平均数
mad()	平均绝对误差(mean absolute deviation),是表示各个变量值之间差异程度的数值之一
median()	中位数
min()	最小值
max()	最大值
abs()	绝对值
prod()	乘积
std()	标准差
var()	方差
sem()	轴上的平均值的无偏标准误差
skew()	偏度系数
kurt()	峰度
quantile()	分位数
cumsum()	累加值
cumprod()	累乘值
cummax()	累最大值
cumin()	累最小值

将周度股票回报数据(df)按证券代码(Stkcd)分组,并计算各变量均值。可以看到,对新生成的 GroupBy 对象直接应用 mean() 方法,会返回以组为行、以原列名为列的新 Data

Frame 对象,其中数据为对各列数据的每个组求均值的结果。

```
In[15]: print(df.groupby(['Stkcd']).mean())
Out[15]:     Wopnprc    Wclsprc     Wnshrtrd    ...  Markettype  Ahshrtrd_W  Ahvaltrd_W
     Stkcd                                       ...
        1    16.771015  16.794199  1.757187e + 08  ...      4.0         0.0         0.0
        2    13.658644  13.690570  2.346023e + 08  ...      4.0         0.0         0.0
        3    10.873726  10.908320  1.127328e + 07  ...      4.0         NaN         NaN
        4    14.111937  14.146995  6.604947e + 06  ...      4.0         0.0         0.0
        5     5.488689   5.479619  4.893352e + 07  ...      4.0         0.0         0.0
      ...          ...        ...           ...    ...      ...         ...         ...
     2886    26.148424  26.123641  1.893493e + 07  ...      4.0         0.0         0.0
     2887    31.633687  31.603408  1.003387e + 07  ...      4.0         0.0         0.0
     2888    21.932762  21.949669  1.740082e + 07  ...      4.0         0.0         0.0
     2889    27.062346  27.041620  1.536557e + 07  ...      4.0         0.0         0.0
     2890    27.875765  28.093647  7.616683e + 06  ...      4.0         NaN         NaN

[1386 rows x 12 columns]
```

如果要查看对应每周的周度回报率的中位数,可以对 GroupBy 对象的指定列调用 median() 方法,如下例所示。

```
In[16]: print(df.groupby(['Trdwnt'])['Wretwd'].median())
Out[16]: Trdwnt
     1991-01          NaN
     1991-02     - 0.032169
     1991-03     - 0.023496
     1991-04     - 0.027084
     1991-05     - 0.032102
       ...              ...
     2020-52     - 0.022858
     2020-53       0.001468
     2021-02     - 0.031339
     2021-03     - 0.017376
     2021-04       0.003495
     Name: Wretwd, Length: 1530, dtype: float64
```

直接对分组对象应用 describe() 方法,可以更为方便地显示各项基础描述性统计的值。下面演示对周度股票回报(Wretwd)计算基本统计量(count 计数、mean 均值、std 标准差、min 最小值、25% 分位值、50% 分位值、75% 分位值、max 最大值)。

In[17]: print(df.groupby(['Trdwnt'])['Wretwd'].describe())

Out[17]:	count	mean	std	...	50 %	75 %	max
Trdwnt				...			
1991-01	0.0	NaN	NaN	...	NaN	NaN	NaN
1991-02	1.0	− 0.032169	NaN	...	− 0.032169	− 0.032169	− 0.032169
1991-03	1.0	− 0.023496	NaN	...	− 0.023496	− 0.023496	− 0.023496
1991-04	2.0	− 0.027084	0.002364	...	− 0.027084	− 0.026249	− 0.025413
1991-05	2.0	− 0.032102	0.004383	...	− 0.032102	− 0.030553	− 0.029003
⋮	⋮	⋮	⋮	...	⋮	⋮	⋮
2020-52	1316.0	− 0.009561	0.071641	...	− 0.022858	0.015675	0.612628
2020-53	1315.0	0.006317	0.050319	...	0.001468	0.026328	0.326693
2021-02	1316.0	− 0.020563	0.077280	...	− 0.031339	0.010778	0.397619
2021-03	1313.0	− 0.014276	0.068510	...	− 0.017376	0.014337	0.610099
2021-04	1312.0	0.017211	0.063443	...	0.003495	0.042830	0.328165

[1530 rows x 8 columns]

当然,GroupBy 对象还包括各种方法以便进行分组后操作,如 first()、last()、shift() 等。可以使用 first()方法获取分组后每组的第一个观测值,也可以使用 last()方法获取每组的最后一个观测值。如下例所示,获得了每家公司在样本每组的第一个观测值。

In[18]: print(df.groupby(['Stkcd']).first())#字典

Out[18]:	Trdwnt	Opndt	Wopnprc	...	Capchgdt	Ahshrtrd_W	Ahvaltrd_W
Stkcd				...			
1	1991-14	1991-04-03	49.00	...	1991-04-03	0.0	0.0
2	1991-05	1991-01-29	14.58	...	1991-01-29	0.0	0.0
3	1991-27	1991-07-03	7.10	...	1991-07-03	NaN	NaN
4	1991-03	1991-01-14	15.98	...	1991-01-14	0.0	0.0
5	1991-01	1991-01-04	18.03	...	1990-12-10	0.0	0.0
⋮	⋮	⋮	⋮		⋮	⋮	⋮
2886	2017-26	2017-06-27	15.89	...	2017-06-27	0.0	0.0
2887	2017-31	2017-08-01	55.45	...	2017-08-01	0.0	0.0
2888	2017-29	2017-07-21	10.76	...	2017-07-21	0.0	0.0
2889	2017-31	2017-07-31	15.53	...	2017-07-31	0.0	0.0
2890	2017-31	2017-08-02	15.31	...	2017-08-02	NaN	NaN

[1386 rows x 16 columns]

由于公司的股价数据为面板数据,包括多家公司多个时间段的数据,直接对原数据调用 shift()方法,会导致不同公司之间的前后两行的股价产生"张冠李戴"的问题。使用 GroupBy 对象结合 shift()方法可以解决这一问题,便捷地生成每只股票的滞后期与未来期 数据。如下例所示,对原数据(df)依据证券代码(Stkcd)进行分组,并指定对周度回报率 (Wretwd)向过去"平移"一期,生成新的列(f_ret)。报告出证券代码为 2 的数据结果,可以看到，新生成的股票回报率变成了下一期(未来一期)的股票回报率，最后一行由于没有下一期的值被定义为缺失值。当然，shift()的参数可以修改，例如向过去平移两期(-2)等。

```
In[19]: df['f_ret'] = sorted_df.groupby(['Stkcd'])['Wretwd'].shift(-1)
        print(df[['Stkcd','Opndt','Wretwd','f_price']].query('Stkcd = = 2'))

Out[19]:      Stkcd      Opndt        Wretwd          f_ret
       1498     2      1991-01-29        NaN          0.029635
       1499     2      1991-02-04      0.029635       0.020750
       1500     2      1991-02-11      0.020750       0.005246
       1501     2      1991-02-22      0.005246      - 0.020874
       1502     2      1991-02-25     - 0.020874     - 0.028648
        ⋮       ⋮          ⋮             ⋮              ⋮
       2983     2      2020-12-21     - 0.014035      0.021352
       2984     2      2020-12-28      0.021352       0.022300
       2985     2      2021-01-04      0.022300       0.020791
       2986     2      2021-01-11      0.020791      - 0.023038
       2987     2      2021-01-18     - 0.023038        NaN

       [1490 rows x 4 columns]
```

7.2.2　累计：aggregate( )

上一小节中介绍了 GroupBy 对象的简单累计方法，使用 aggregate()方法可以进行更加复杂的累计操作。对于聚合的描述性统计，aggregate()方法(简写为 agg())是作用于 Series 或 DataFrame 对象的聚合方法，可以对分组后数据进行聚合，该函数默认对分组后其他列进行聚合，聚合的结果将以组名作为分组轴的新索引，由此对数据进行降维。

与基本描述性统计方法不同，通过 agg()函数，可以在指定轴上对一个或多个操作进行聚合，并一次性计算出所有累计值。单列多个聚合函数图解如图 7-2 所示。

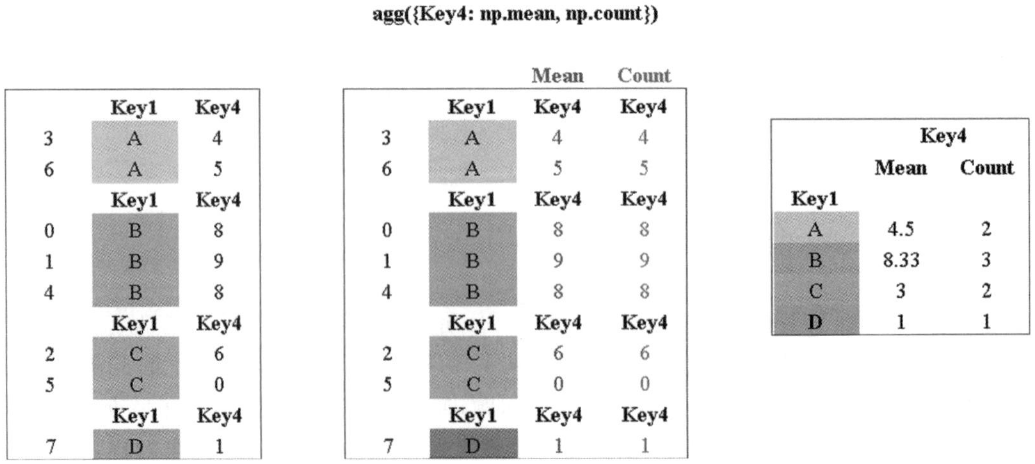

图 7-2　单列多个聚合函数图解

下面使用周度回报的数据进行演示。对周度回报率数据按照证券代码（Stkcd）分组，并对周度回报率（Wretwd）计算出样本、均值、最大值、标准差。

```
In[20]: print(df.groupby(['Stkcd'])['Wretwd'].agg({np.size, np.mean, np.max, np.std}))
Out[20]:        mean         std          amax         size
     Stkcd
        1     0.004493     0.062637     0.528302     1498.0
        2     0.005993     0.070869     1.071429     1490.0
        3     0.005151     0.089616     0.734694      518.0
        4     0.004110     0.079694     0.698795     1471.0
        5     0.003193     0.083700     1.293023     1365.0
        ⋮         ⋮            ⋮            ⋮            ⋮
     2886     0.006597     0.099857     0.610477      184.0
     2887    -0.001485     0.049792     0.167033      179.0
     2888     0.007185     0.091918     0.609907      181.0
     2889     0.001105     0.061545     0.224880      179.0
     2890     0.004172     0.089191     0.399010       85.0

     [1386 rows x 4 columns]
```

除了上述方法，下面两种表达也可以实现同样的统计量。可以看到，agg()也支持通过输入字符串的形式指定统计量。

```
In[21]: print(df.groupby(['Stkcd']).agg({'Wretwd':[np.size, np.mean, np.max, np.std]}))
Out[21]:     Wretwd
                size         mean         amax         std
     Stkcd
        1     1498.0       0.004493     0.528302     0.062637
        2     1490.0       0.005993     1.071429     0.070869
        3      518.0       0.005151     0.734694     0.089616
        4     1471.0       0.004110     0.698795     0.079694
        5     1365.0       0.003193     1.293023     0.083700
        ⋮        ⋮            ⋮            ⋮            ⋮
     2886     184.0        0.006597     0.610477     0.099857
     2887     179.0       -0.001485     0.167033     0.049792
     2888     181.0        0.007185     0.609907     0.091918
     2889     179.0        0.001105     0.224880     0.061545
     2890      85.0        0.004172     0.399010     0.089191

     [1386 rows x 4 columns]
```

```
In[22]: print(df.groupby(['Stkcd']).agg({'Wretwd':['size','mean','max','std']}))
Out[22]:      Wretwd
                size       mean        max        std
        Stkcd
          1    1498     0.004493   0.528302   0.062637
          2    1490     0.005993   1.071429   0.070869
          3     518     0.005151   0.734694   0.089616
          4    1471     0.004110   0.698795   0.079694
          5    1365     0.003193   1.293023   0.083700
          ⋮      ⋮          ⋮          ⋮          ⋮
        2886    184     0.006597   0.610477   0.099857
        2887    179    − 0.001485  0.167033   0.049792
        2888    181     0.007185   0.609907   0.091918
        2889    179     0.001105   0.224880   0.061545
        2890     85     0.004172   0.399010   0.089191
        [1386 rows x 4 columns]
```

agg()函数还可同时对多列执行多个不同的聚合函数,图 7-3 展示了多列多个聚合函数的基本原理。

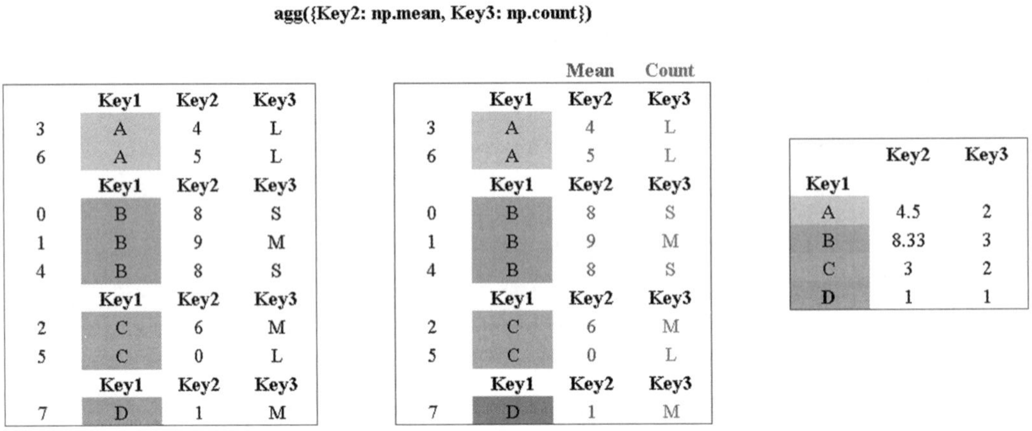

图 7-3　多列多个聚合函数的基本原理

如下例所示,对数据依据证券代码进行分组,随后分别对公司周度回报率(Wretwd)统计均值、对收盘价(Wclsprc)统计中位数、对开盘日期(Opndt)统计计数。

```
In[23]: print(df.groupby(['Stkcd']).agg({'Wretwd':np.mean,'Wclsprc':np.median,
        'Opndt':np.size}))
Out[23]:      Wretwd      Wclsprc      Opndt
        Stkcd
          1    0.004493   14.795      1498
          2    0.005993   11.510      1490
```

3	0.005151	6.745	518
4	0.004110	11.310	1471
5	0.003193	4.760	1365
⋮	⋮	⋮	⋮
2886	0.006597	25.250	184
2887	− 0.001485	17.330	179
2888	0.007185	20.290	181
2889	0.001105	25.840	179
2890	0.004172	28.230	85

[1386 rows x 3 columns]

在 agg()中,也可以调用自定义函数,计算特定统计量。比如,要评估数据的离散程度,自定义函数 distribution(),然后应用给分组后的 GroupBy 对象的周度股票回报率(Wretwd),可以获得每个组的周度股票回报率离散情况。

```
In[24]: def distribution(x):
            return (x.max()-x.min())/x.mean()
        print(df.groupby(['Stkcd']).agg({'Wretwd':[distribution]}))
Out[24]:          Wretwd
                distribution
        Stkcd
        1          219.872720
        2          237.037629
        3          203.893419
        4          273.559107
        5          507.951797
        ⋮             ⋮
        2886       132.243819
        2887     − 223.072380
        2888       106.773953
        2889       371.879860
        2890       140.947178
        [1386 rows x 1 columns]
```

了解 GroupBy 对象及其操作方法,可以帮助我们进行高效的数据分组分析。图 7-4 总结了应用 GroupBy 对象进行数据分组的流程图。在输入数据之后,利用 GroupBy 对象进行数据分割、操作,可以快速输出对于输入数据的分组统计结果。

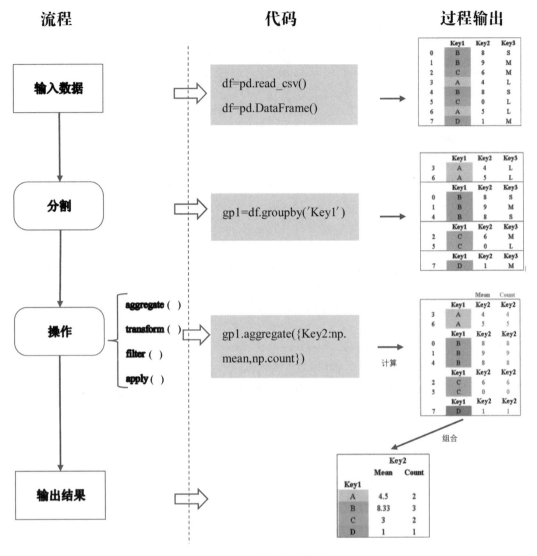

图 7-4 数据分组流程

7.2.3 转换:transform( )

上小节介绍的累计方法会返回一个降维后的新数据,新数据的行数被缩减为总组数,原组名会作为分组轴的新索引。尽管降维会提供更直观的描述性统计结果,但是当将统计后的数据赋值为新的一列时,数据形状的不同会给赋值造成麻烦。与累计方法不同,转换transform( )方法会对特定组执行计算,并返回一个与原数据形状一致的数据,但该方法不能一次使用多个内置函数。

使用周度股票数据说明 transform( )方法,并与 agg( )方法对比。首先,对原数据以证券代码分组,并使用 transform( )方法对交易周度(Trdwnt)进行计数统计,计算每个公司交易周的数量。可以发现,返回结果的行数与原数据一致,都为 1 000 000 行。这个特点方便直接将返回结果赋值为原数据中的一列,如 In[25]所示。

```
In[25]: print(df.groupby(['Stkcd'])['Trdwnt'].transform('count'))
Out[25]:    0         1498
            1         1498
            2         1498
            3         1498
            4         1498
                    ⋮       ⋮
            999995     85
            999996     85
            999997     85
            999998     85
            999999     85
            Name: Trdwnt, Length: 1000000, dtype: int64
```

```
In[26]: df['code_count'] = df.groupby(['Stkcd'])['Trdwnt'].transform('count')
        print(df['code_count'])
Out[26]:    0         1498
            1         1498
            2         1498
            3         1498
            4         1498
                    ⋮       ⋮
            999995     85
            999996     85
            999997     85
            999998     85
            999999     85
            Name: code_count, Length: 1000000, dtype: int64
```

对原数据按证券代码分组,然后使用 agg() 对交易周度(Trdwnt)进行计数统计。可以发现,返回结果的行数为降维后的行数,只有 1 386 行,即证券代码的数量。

```
In[27]: print(df.groupby(['Stkcd'])['Trdwnt'].agg('count'))
Out[27]: Stkcd
         1        1498
         2        1490
         3         518
         4        1471
         5        1365
                ⋮      ⋮
         2886      184
```

```
2887      179
2888      181
2889      179
2890       85
Name: Trdwnt, Length: 1386, dtype: int64
```

此外,可以使用 transform()方法调用自定义函数。例如,如果想将样本的股票回报率数据减去该交易周的股票回报率均值,并赋值为新的一列,可以使用如下方法。

```
In[28]: df['ret_demean'] = df.groupby(['Trdwnt'])['Wretwd'].transform(lambda x: x -
        x.mean())
        print(df['ret_demean'])
Out[28]:  0          NaN
          1          0.000892
          2         - 0.006465
          3          0.007413
          4         - 0.002466
          ⋮          ⋮
          999995    - 0.081472
          999996     0.002129
          999997     0.014648
          999998     0.006322
          999999    - 0.010147
        Name: ret_demean, Length: 1000000, dtype: float64
```

7.2.4　过滤:filter( )

filter()方法会基于是否符合筛选条件返回布尔值,表示每个组是否通过筛选,未通过筛选的组会被丢弃。因此,filter()过滤操作会返回一个原始对象的子集。

下面举例说明,要想筛选出样本期内股票回报率的均值大于 0 的公司,可以对分组后的 GroupBy 对象选择股票回报率的列,对其执行筛选方法。可以看到,返回的结果是原有 Series 对象筛选后的子集。

```
In[29]: df_filter = df.groupby(['Stkcd'])['Wretwd'].filter(lambda x: x.mean() <0)
        print(df_filter)
Out[29]:89872       NaN
        89873      - 0.112760
        89874       0.054181
        89875       0.001904
        89876      - 0.001900
         ⋮          ⋮
```

```
     999550        0.008606
     999551      − 0.009386
     999552      − 0.031008
     999553        0.010667
     999554        0.003518
     Name: Wretwd, Length: 24887, dtype: float64
```

仅针对某列执行筛选,难以看到满足条件的数据的其他特征。如下例所示,可以对分组后的 GroupBy 对象整体执行 filter() 方法。在输入的函数中,指定筛选出输入某列的均值小于 0 的数据。由于输入的结果是一个 DataFrame 对象,输出的结果也是一个新的 DataFrame 对象。

```
In[30]: df_filter = df.groupby(['Stkcd']).filter(lambda x: x['Wretwd'].mean() <0)
        print(df_filter)

Out[30]:       Stkcd   Trdwnt      Opndt    ···    f_price   code_count   ret_demean
     89872      166    2015-05   2015-01-26   ···  − 0.112760      303           NaN
     89873      166    2015-06   2015-02-02   ···    0.054181      303     − 0.098644
     89874      166    2015-07   2015-02-09   ···    0.001904      303       0.007905
     89875      166    2015-08   2015-02-16   ···  − 0.001900      303     − 0.024794
     89876      166    2015-09   2015-02-25   ···  − 0.022843      303     − 0.023401
       ⋮         ⋮        ⋮          ⋮         ⋮        ⋮           ⋮           ⋮
     999550    2887    2020-52   2020-12-21   ···  − 0.009386      179       0.018167
     999551    2887    2020-53   2020-12-28   ···  − 0.031008      179     − 0.015703
     999552    2887    2021-02   2021-01-04   ···    0.010667      179     − 0.010445
     999553    2887    2021-03   2021-01-11   ···    0.003518      179       0.024943
     999554    2887    2021-04   2021-01-18   ···      NaN         179     − 0.013693
     [24887 rows x 20 columns]
```

7.2.5 应用:apply()

apply() 是 Pandas 中自由度最高的方法。在对 GroupBy 对象应用 apply() 方法时,它会对组的层面应用指定函数,并把返回的结果组合在一起,返回一个新的 Pandas 对象(Series 或 DataFrame)或者一个标量(单个值)。该方法的基本参数包括 func 和 axis 两个,func 表示对行或列进行运算的函数,axis 参数用于指定函数运行的轴,0 表示纵向地逐行进行运算,1 表示横向地逐列进行运算。

本小节将介绍如何使用 apply() 方法传递函数至 GroupBy 对象的每个元素并执行分组求和,如图 7-5 所示。可以发现,使用 apply() 进行求和与使用 agg() 进行求和的机制基本一致。需要注意的是,apply() 的灵活性在一定程度上降低了该方法的计算速度,对可以使用 agg()或 transform()等较为专用方法完成的操作,使用 apply()方法的计算速度相对较慢。

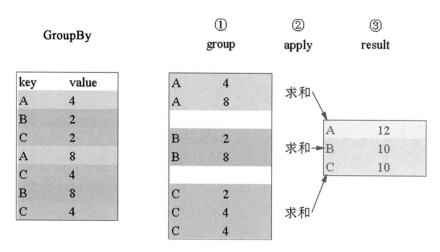

图 7-5　apply()方法图解

（1）调用基本统计函数。apply()是一种非常灵活的方法,其灵活性体现在轴的灵活与调用函数的灵活。如下例所示,假设要按照股票分组,并求该股票包含的观测值数量。通过 apply 直接调用现有函数,具体操作如下,设置 axis＝0(默认即为 0),指定让函数纵向统计,因此,返回结果为证券代码一共有多少个观测值(行)。

```
In[31]: print(df.groupby(['Stkcd']).apply(np.size, axis = 0))
Out[31]:Stkcd
        1      1498
        2      1490
        3       518
        4      1471
        5      1365
       ⋮        ⋮
     2886       184
     2887       179
     2888       181
     2889       179
     2890        85
     Length: 1386, dtype: int64
```

有时,想要统计每个观测值存在有效值的列的数量,可以把 axis 设为 1 进行统计。具体操作如下,设置 axis＝1,指定让函数横向统计,返回结果为每个证券代码有多少个非空值的列。

```
In[32]: print(df.groupby(['Stkcd']).apply(np.size, axis = 1))
Out[32]:Stkcd
        1       20
        2       20
        3       20
        4       20
        5       20
        ⋮       ⋮
        2886    20
        2887    20
        2888    20
        2889    20
        2890    20
        Length: 1386, dtype: int64
```

（2）调用自定义函数和匿名函数。apply()方法的第二个灵活之处在于调用函数的灵活，包括自定义函数与匿名函数。

本部分结合实际数据介绍如何使用 apply()方法调用自定义函数。使用 apply()方法可以调用各类自定义函数，并且可以输入函数所需要的参数。需要注意的是，输入参数的顺序必须与输入函数中设定的参数顺序一致。

下面举例说明如何使用 apply()方法调用自定义函数。首先，定义函数 stdvalue()，对输入数据的指定列进行标准化。该函数有两个输入参数，一个是需要处理的 DataFrame 对象，第二个是需要进行标准化的列名。可以看到，返回值为一个和原来 DataFrame 对象形状一致的新对象。在 In[34]和 In[35]中，对比新旧两个 DataFrame 对象中周回报率的均值和标准差，可以发现标准化之后的数据均值为 1，标准差为 0。

```
        #设定了两个输入参数,传入的数据 df,和指定列
In[33]: def stdvalue(df, x):
            df[x] = ((df[x]-df[x].mean())/df[x].std())
            return df
        df_std = df.groupby(['Stkcd']).apply(stdvalue,'Wretwd')
        print(df_std ['Wretwd'])
Out[33]:  0          NaN
          1        − 0.547908
          2        − 0.542097
          3        − 0.465066
          4        − 0.547014
          ⋮           ⋮
```

165

```
999995        − 0.531002
999996          0.348088
999997          0.683850
999998        − 0.167816
999999          0.498775
Name: Wretwd, Length: 1000000, dtype: float64
```

In[34]: print('标准差为:{:.3f};均值为:{:.3f}'.format(df['Wretwd'].mean(), df['Wretwd'].std()))

Out[34]: 标准差为:0.003;均值为:0.085

In[35]: print('标准差为:{:.3f};均值为:{:.3f}'.format(df_std['Wretwd'].mean(), df_std['Wretwd'].std()))

Out[35]: 标准差为: − 0.000;均值为:0.999

　　除了调用自定义函数,apply()方法也可以调用 lambda 匿名函数。通过 lambda 关键字来定义的函数称为匿名函数,匿名函数不需要使用 def 对函数进行命名,可以简化函数的定义,降低代码的冗余度。

　　lambda 函数语法为"lambda x: value"。其中,lambda 为匿名函数关键字,表明声明匿名函数;x 为函数输入;value 为函数表达式。该语法若转换成普通函数形式,则可以通过如下代码表示,其中 func 为定义的函数名称。

```
def func(x):
    return value
func(x)
```

　　可以看到,lambda 和 def 都可以用来定义函数,两者基本用法类似,参数均为可选,也都可以返回对象。但 lambda 用于定义匿名函数,而 def 定义的函数必须有函数名,这是 lambda 与 def 两种形式之间的最大区别。

　　下面仍然使用标准化函数进行举例演示,运用 apply()方法结合 lambda 对分组后的数据进行标准化计算。对比 In[33]可以发现,调用自定义函数和 lambda 的匿名函数返回的结果一致。

In[36]: df_std2 = df.groupby(['Stkcd']).apply(lambda x: (x['Wretwd'] − x['Wretwd'].mean())/x['Wretwd'].std())
　　　　print(df_std2['Wretwd'])

Out[36]:　　0　　　　　NaN
　　　　　　1　　　　 − 0.547908

```
        2          - 0.542097
        3          - 0.465066
        4          - 0.547014
                      ⋮
   999995          - 0.531002
   999996            0.348088
   999997            0.683850
   999998          - 0.167816
   999999            0.498775
Name: Wretwd, Length: 1000000, dtype: float64
```

使用 apply() 方法还可以根据指定的规则填充缺失值。从上例可以看到,周度回报率数据存在缺失值,下面我们使用 apply() 方法调用 fillna() 函数,使缺失数据填充为该公司周度股价的均值。筛选打印出原数据中周度回报率(Wretwd)为缺失值的行,发现在新数据(df_fillna)中,缺失值已经被公司均值替换了。

```
In[37]: df_fillna = df.groupby(['Stkcd'])['Wretwd'].apply( lambda x: x.fillna(x.mean
        ()))
        print(df_fillna[df.Wretwd.isnull()])
Out[37]:      0           0.004493
           1498           0.005993
           2988           0.005151
           3506           0.004110
           4977           0.003193
             ⋮              ⋮
         999192           0.006597
         999376         - 0.001485
         999555           0.007185
         999736           0.001105
         999915           0.004172
        Name: Wretwd, Length: 1386, dtype: float64

In[38]: print(df.groupby(['Stkcd'])['Wretwd'].mean())
Out[38]:Stkcd
           1           0.004493
           2           0.005993
           3           0.005151
           4           0.004110
           5           0.003193
          ⋮              ⋮
```

```
2886       0.006597
2887      − 0.001485
2888       0.007185
2889       0.001105
2890       0.004172
Name: Wretwd, Length: 1386, dtype: float64
```

匿名函数 lambda 还可以包含条件函数。例如,当公司开盘价的均值大于 40 时,返回公司开盘价均值与收盘价均值的和;如果开盘价的均值小于等于 40 时,返回开盘价均值与收盘价均值的差。

```
In[39]: ownret = df.groupby(['Stkcd'])[['Wopnprc','Wclsprc']].apply(lambda x:x
        ['Wopnprc'].mean() + x['Wclsprc'].mean() if (x['Wopnprc'].mean()>40) else x
        ['Wopnprc'].mean()-x['Wclsprc'].mean())
        print(ownret, df.groupby(['Stkcd'])[['Wopnprc','Wclsprc']].mean())
Out[39]: Stkcd
         1       − 0.023184
         2       − 0.031926
         3       − 0.034595
         4       − 0.035058
         5         0.009070
                    ⋮
         2886      0.024783
         2887      0.030279
         2888     − 0.016906
         2889      0.020726
         2890     − 0.217882
```

Stkcd	Wopnprc	Wclsprc
1	16.771015	16.794199
2	13.658644	13.690570
3	10.873726	10.908320
4	14.111937	14.146995
5	5.488689	5.479619
⋮	⋮	⋮
2886	26.148424	26.123641
2887	31.633687	31.603408
2888	21.932762	21.949669
2889	27.062346	27.041620
2890	27.875765	28.093647

Length: 1386, dtype: float64

[1386 rows x 2 columns]

apply()方法不仅可以应用在 GroupBy 对象上,还可以直接被 DataFrame 或 Series 对象调用,但是使用方法略有不同。下面应用与 In[39] 逻辑一致的匿名函数直接到公司周度回报率数据(df)上,作为对比。

```
In[40]: df['ownret'] = df[['Wopnprc', 'Wclsprc']].apply(lambda x: x['Wopnprc'] +
        x['Wclsprc'] if x['Wopnprc']>40 else x['Wopnprc']-x['Wclsprc'], axis = 1)
        print(df[['ownret', 'Wopnprc', 'Wclsprc']])print(…)

Out[40]:           ownret      Wopnprc      Wclsprc
        0          97.28       49.00        48.28
        1          94.88       48.04        46.84
        2          91.84       46.38        45.46
        3          89.34       45.00        44.34
        4          86.92       43.90        43.02
        ⋮            ⋮           ⋮            ⋮
        999995      0.80       20.96        20.16
        999996     -0.58       20.29        20.87
        999997     -1.14       21.09        22.23
        999998     -0.11       21.88        21.99
        999999     -0.98       22.08        23.06
        [1000000 rows x 3 columns]
```

7.3 数据分箱

分箱作为分组的另一种形式,也称分桶、离散分箱或离散化。变量分箱(binning)属于对连续变量离散化类型中的一种,在实际数据处理中应用广泛。例如,信用评分系统中一般常用等距分段、等深分段、最优分段等分箱策略进行分组。其中等距分段是指分段区间一致。比如,存款金额以每一百万作为一个分段。等深分段是先确定分段数量,然后令每个分段中数据数量大致相等。最优分段使用递归划分将连续变量分为分段,背后是一种基于条件推断查找较佳分组的算法。

在 Pandas 中处理数据时可以使用等距法 cut()、等频法 qcut() 两种方法进行分箱,两者功能相似,均是将一个 Series 或数组切割成若干分组。在财经大数据处理的过程中,有时会使用 cut() 和 qcut() 将数值列转换为分类列,以便进行分组统计与计算。

7.3.1 cut() 函数

pandas.cut() 函数可以将数据从大到小进行等距划分,下面是该函数的语法与常用参数说明。

pandas.cut( )语法及常用参数：

　　pandas.cut(x, bins, right＝True, labels＝None, retbins＝False, precision＝3, include
_lowest＝False)

常用参数说明：

x：一维数组或 series。

bins：可以输入整数、序列或索引间隔。如果 bins 是一个整数，它定义了 x 宽度范围内的
等宽间距的数量，在这种情况下，x 的范围在 x 的最小值和最大值处被延长 1％，以保证 x
的最小值或最大值被包括在分组范围内。如果 bin 是序列，分组的宽度可以是不等距的，
在这种情况下没有上述 1％ 的 x 范围的扩展。

right：布尔值，指定是否是左开右闭区间，默认为 True。

labels：数组或 False，默认为 None。当传入数组时，长度必须与所分割的组数一致，指定
每个分组的名称；当传入 False 时，以从 0 开始的整数作为组名；当传入默认的 None 时，
则以分组下标作为组名。

retbins：布尔值，是否返回各组的分组边界，默认为 False。当传入 True 时，除了分组后结
果，额外返回各组的边界值构成的列表。

precision：整数，用于调整显示或存储的分组边界的小数位数，默认为 3。

include_lowest：布尔值，默认为 False，用于指定是否包含第一个区间的左端点。

　　接下来，介绍数据分箱函数 cut() 的使用。构建一个虚拟数据(dt)，由 code 和 lev 两列
构成，每列 10 行数据。

```
In[41]:dt = pd.DataFrame({'code':[1, 1, 2, 3, 5, 5, 6, 7, 8, 8],
                          'lev':[10, 20, 40, 40, 50, 50, 50, 50, 50, 0.]})

       print(dt)
Out[41]:   code   lev
       0      1    10.0
       1      1    20.0
       2      2    40.0
       3      3    40.0
       4      5    50.0
       5      5    50.0
       6      6    50.0
       7      7    50.0
       8      8    50.0
       9      8     0.0
```

　　假设现在需要把数据按照 lev 这一列分为 5 组，每组分别以 a、b、c、d、e 命名，此时可
以使用 cut() 函数进行操作。具体操作如下，在 cut() 中输入分组依赖的键(lev 列)，通过

labels 参数输入 5 个字母的 list 来指定组名。输出的结果显示 10 行数据被分为 5 组。虽然我们设定了 5 组(a、b、c、d、e),但输出结果中并没有 c 组。这是因为,cut()函数是按照等距来分组的。总距离是 $50-0=50$,分为 5 组,每组距离就是 10:第 1 组是 0 到 10,并默认包含右侧边界;第 2 组是 10 到 20,只有一个数据;第 3 组是 20 到 30,在这个范围内没有对应值,所以这一组为空。

```
In[42]:dt['g'] = pd.cut(dt['lev'], 5, labels = list('abcde'))
       print(dt)
Out[42]:    code   lev    g
       0     1    10.0    a
       1     1    20.0    b
       2     2    40.0    d
       3     3    40.0    d
       4     5    50.0    e
       5     5    50.0    e
       6     6    50.0    e
       7     7    50.0    e
       8     8    50.0    e
       9     8     0.0    a
```

默认情况下,数据分组区间为左开右闭,通过设置 right 参数为 False 可将区间改为左闭右开,如下例所示。此时,第一行中的 10,不再被分为 a 组,而是在 b 组中了。在 g2 分组中也没有 d 组,理由与上述一致,不再赘述。

```
In[43]:dt['g2'] = pd.cut(dt['lev'], 5, labels = list('abcde'), right = False)
       print(dt)
Out[43]:    code   lev    g  g2
       0     1    10.0    a  b
       1     1    20.0    b  c
       2     2    40.0    d  e
       3     3    40.0    d  e
       4     5    50.0    e  e
       5     5    50.0    e  e
       6     6    50.0    e  e
       7     7    50.0    e  e
       8     8    50.0    e  e
       9     8     0.0    a  a
```

在上两次分组中,bins 参数设定为整数(5),接下来展示 bins 为列表时的分组结果。如下例所示,在生成 g3 分组的过程中,将 bins 修改为一个长度为 6 的列表,对应 5 组的分割值,不修改 labels 参数,保持 labels 参数为默认值 None。可以看到,在输出的结果中,每组的名称被一系列左开右闭区间命名,表明该组的分割点的值,且最后一行的 lev 值 0 的分组结果为缺失值(NaN)。产生这种差异的原因是 bins 参数的设定规则:如果 bins 是一个整数,各组的分割点范围在整体的最小值和最大值处被延长 1%,以保证所有数据的最小值或最大值被包括在分组范围内;而如果 bin 是数组,则没有上述 1% 的范围扩展。

为了解决输入列表时的最小值不包含的问题,可以将 cut() 函数的 include_lowest 参数设定为 True,则会将整体数据的最小值包含在分组的结果中。可以看到 g4 的结果里,最后一行(0)被分到了第一组中去。

```
In[44]:dt['g3'] = pd.cut(dt['lev'],[0, 10, 20, 30, 40, 50])
        #使其包含最小值
        dt['g4'] = pd.cut(dt['lev'],[0, 10, 20, 30, 40, 50],include_lowest = True)
        print(dt)
Out[44]:   code  lev  g  g2      g3               g4
        0   1   10.0  a  b   (0.0, 10.0]      (-0.001, 10.0]
        1   1   20.0  b  c   (10.0, 20.0]     (10.0, 20.0]
        2   2   40.0  d  e   (30.0, 40.0]     (30.0, 40.0]
        3   3   40.0  d  e   (30.0, 40.0]     (30.0, 40.0]
        4   5   50.0  e  e   (40.0, 50.0]     (40.0, 50.0]
        5   5   50.0  e  e   (40.0, 50.0]     (40.0, 50.0]
        6   6   50.0  e  e   (40.0, 50.0]     (40.0, 50.0]
        7   7   50.0  e  e   (40.0, 50.0]     (40.0, 50.0]
        8   8   50.0  e  e   (40.0, 50.0]     (40.0, 50.0]
        9   8    0.0  a  a     NaN            (-0.001, 10.0]
```

上面介绍了 cut() 函数的 bins 和 right 参数,下面介绍 labels 参数的用法。可以看到,labels 可以设定为 None、False 和数组,以各种方式对分组后的组名进行命名。

```
In[45]:dt['g5'] = pd.cut(dt['lev'], 5)  #等同于 labels = None
        dt['g6'] = pd.cut(dt['lev'], 5, labels = False)   #从 0 开始的整数组
        #从 0 开始的整数组
        dt['g7'] = pd.cut(dt['lev'], 5, labels = ['优秀', '良好', '中', '较差', '差'])
        print(dt)
Out[45]: code  lev  g  g2      g3               g4               g5         g6  g7
        0  1   10.0  a  b   (0.0, 10.0]      (-0.001, 10.0]   (-0.05, 10.0]   0  优秀
        1  1   20.0  b  c   (10.0, 20.0]     (10.0, 20.0]     (10.0, 20.0]    1  良好
        2  2   40.0  d  e   (30.0, 40.0]     (30.0, 40.0]     (30.0, 40.0]    3  较差
        3  3   40.0  d  e   (30.0, 40.0]     (30.0, 40.0]     (30.0, 40.0]    3  较差
```

4	5	50.0	e	e	(40.0, 50.0]	(40.0, 50.0]	(40.0, 50.0]	4	差
5	5	50.0	e	e	(40.0, 50.0]	(40.0, 50.0]	(40.0, 50.0]	4	差
6	6	50.0	e	e	(40.0, 50.0]	(40.0, 50.0]	(40.0, 50.0]	4	差
7	7	50.0	e	e	(40.0, 50.0]	(40.0, 50.0]	(40.0, 50.0]	4	差
8	8	50.0	e	e	(40.0, 50.0]	(40.0, 50.0]	(40.0, 50.0]	4	差
9	8	0.0	a	a	NaN	(−0.001, 10.0]	(−0.05, 10.0]	0	优秀

7.3.2 qcut()函数

pandas.qcut()函数可以将数据从大到小进行等分位数分组,下面是该函数的语法与常用参数说明。

> **pandas.qcut()语法及常用参数:**
>
> pandas.qcut(x, q, labels=None, retbins=False, precision=3, duplicates='raise')
>
> **常用参数说明:**
>
> **x:**一维数组或 Series。
>
> **q:**整数或者由浮点小数构成的列表。如果 q 是一个整数,用于指定划分的组数。如果 q 是分位数构成的序列,则可以指定每组的分位数边界。
>
> **labels:**数组或 False,默认为 None。当传入数组时,长度必须与所分割的组数一致,指定每个分组的名称;当传入 False 时,以从 0 开始的整数作为组名;当传入默认的 None 时,则以分组下标作为组名。
>
> **retbins:**布尔值,指定是否返回各组的分组边界,默认为 False。当传入 True 时,除了分组后结果,额外返回各组的边界值构成的列表。
>
> **precision:**整数,用于调整显示或存储的分组边界的小数位数,默认为 3。
>
> **duplicates:**可以输入' raise '或' drop ',默认为' raise '。如果区间重复,选择' raise '会报错,如果选择' drop ',删除重复区间。

等分位数分组 qcut()函数与等距分组 cut()函数的主要区别在于:qcut()函数将数据分成每组个数相等的几组,而 cut()函数将数据分为每组数据间隔相等的几组。下面举例介绍 qcut()函数的使用,构造一个 2 列 12 行的 DataFrame 对象(dt)进行展示。

```
In[46]: dt = pd.DataFrame({'code':[0, 1, 2, 3, 4, 5, 6, 7, 8, 9, 10, 11],
                'lev':[10, 10, 10, 10, 45, 49, 50, 55, 51, 5, 0, 0]})

        print(dt)
Out[46]:    code  lev
        0     0    10
        1     1    10
        2     2    10
        3     3    10
        4     4    45
```

5	5	49
6	6	50
7	7	55
8	8	51
9	9	5
10	10	0
11	11	0

接下来对 lev 列使用 qcut()函数进行分位数分组,分为 4 组,并把每组命名为 a、b、c、d。结果发现,虽然想要把数据平均地分成 4 组,但是分组结果并不是平均分的,b 组有 4 个观测值,而 c 组只有 2 个观测值。这是由于原本的 lev 列中存在 4 个重复的 10,qcut()直接将这些数据放在了同一个组中。

```
In[47]:dt['g1'] = pd.qcut(dt['lev'], 4, labels = list('abcd'))
       print(dt)
Out[47]:    code  lev  g1
       0     0   10   b
       1     1   10   b
       2     2   10   b
       3     3   10   b
       4     4   45   c
       5     5   49   c
       6     6   50   d
       7     7   55   d
       8     8   51   d
       9     9    5   a
       10   10    0   a
       11   11    0   a
```

要解决数据重复问题导致的分组不均,可以使用 rank()方法对分组数据生成排名。运用 rank()方法中的 method 参数,可以指定对重复值的排名方法。如下例所示,指定 method 为 first,表示对于重复值,先出现的数据排名更靠前。由此,rank()方法返回一系列不存在重复值的数据排名值。依据这个返回值进行 qcut()分位数分组,数据就会被平均地分到四个组中去了。

```
In[48]:dt['g2'] = pd.qcut(dt['lev'].rank(method ='first'), 4, labels = list('abcd'))
       print(dt)
Out[48]:    code  lev  g1  g2
       0     0   10   b   b
       1     1   10   b   b
```

2	2	10	b	b
3	3	10	b	c
4	4	45	c	c
5	5	49	c	c
6	6	50	d	d
7	7	55	d	d
8	8	51	d	d
9	9	5	a	a
10	10	0	a	a
11	11	0	a	a

qcut()函数中的 q 参数除了可以如上例所示定义为整数,也可以输入一个由分位数构成的数组,指定各组的分位数区间。如下例所示,0.25 表示 25%分位数,0.5 表示中位数,0.75 表示 75%分位数,通过输入一个 5 维的数组,可以把数据分为 4 组。

```
In[49]:dt['g3'] = pd.qcut(dt['lev'].rank(method = 'first'),[0,0.25,0.5,0.75,1],
    labels = list('abcd'))
    # 分位数数据需要比标签多一位,分组是按照区间分组的
    print(dt)
Out[49]:    code  lev  g1  g2  g3
    0     0    10   b   b   b
    1     1    10   b   b   b
    2     2    10   b   b   b
    3     3    10   b   c   c
    4     4    45   c   c   c
    5     5    49   c   c   c
    6     6    50   d   d   d
    7     7    55   d   d   d
    8     8    51   d   d   d
    9     9     5   a   a   a
    10    10     0   a   a   a
    11    11     0   a   a   a
```

此外,分位数分组 qcut()函数的 labels 参数与 cut()函数一致,可以由数组或 False、None 构成,在此不再赘述。

7.4 实践应用

由于财务大数据具有多公司、多年度的面板数据特征,熟悉和掌握 GroupBy 对象的各

项操作,可以方便计算与分析财务数据,快速理解数据的基本统计信息。下面,使用深主板上市公司基本信息与各年度财务数据作为案例,介绍数据分组在财务大数据处理过程中的应用,主要包括财务数据的数据透视表与行业竞争度(HHI)计算两部分应用。

7.4.1　财务数据的数据透视表

首先,读取合并数据,命名为 companyfin。随后,依据"统计截止日期"列提出年份(year)列,依据"行业代码 C"提出行业(industry)列,依据"资产总计"提出资产(asset)列,并查看新生成的列。

```
In[50]:companyfin = pd.read_excel('财务报表合并后.xls', index_col = 0)
        companyfin['year'] = pd.to_datetime(companyfin['统计截止日期']).dt.year
        companyfin['industry'] = companyfin['行业代码 C'].str[:1]
        companyfin['asset'] = companyfin['资产总计'].apply(lambda x:x/1000000000)
        print(companyfin.loc[:,['证券代码', 'year', 'industry', 'asset']])
```

Out[50]:	证券代码	year	industry	asset
0	1	2018	J	NaN
1	1	2019	J	NaN
2	1	2020	J	NaN
3	2	2018	K	390.321523
4	2	2019	K	390.321523
⋮	⋮	⋮	⋮	⋮
1376	1965	2019	G	90.913209
1377	1965	2020	G	94.009175
1378	1979	2018	K	390.321523
1379	1979	2019	K	390.321523
1380	1979	2020	K	390.321523

```
[1381 rows x 4 columns]
```

对合并数据应用 groupby()方法,依据行业和年度进行分组,对各行业每个年度的资产求和。随后,使用 unstack()方法将年度转换为列。通过对数据分组进行统计,可以对各行业的总资产数量有一个较为清晰的认知。可以发现,行业 C(制造业)具有更多的资产总额,且各行业的资产总额在三年间均处于增长趋势。

```
In[51]:print(companyfin.groupby(['industry', 'year'])['asset'].aggregate(np.sum).
       unstack())
```

Out[51]: year	2018	2019	2020
industry			
A	29.465130	29.916877	31.012970
B	205.618333	209.795190	223.020832
C	5103.597969	5372.351412	5981.131973
D	674.646978	713.499773	745.016710

E	112.196516	130.080765	166.140186
F	397.151527	423.517208	469.257280
G	351.932805	406.437841	448.724725
H	8.704455	7.905889	7.613699
I	120.873933	116.123152	102.730913
J	2018.043328	2158.095759	2257.405604
K	2943.888040	3345.755066	3643.170172
L	366.928759	376.734364	359.334222
M	10.305021	10.530621	11.414323
N	99.829946	143.040998	150.383562
P	3.651952	3.596295	3.515114
Q	15.815130	16.217608	17.490192
R	71.336842	70.096030	73.919329
S	47.998649	49.408075	50.880472

　　类似地,依据公司经营性质和年度进行分组,对各类企业每个年度的证券代码进行计数。随后,使用 unstack()方法将年度转换为列。可以发现,在深主板公司中,国营或国有控股企业数量最多,私营企业数量次之。

```
In[52]:print(companyfin.groupby(['上市公司经营性质','year'])['证券代码'].aggregate
       (np.size).unstack())
Out[52]:        year        2018    2019    2020
        上市公司经营性质
        中外合资          19      19      19
        其他            4       4       4
        国营或国有控股      293     292     292
        外商独资          3       3       3
        私营企业         143     141     139
        集体企业          1       1       1
```

　　在上面的两个例子中,使用 groupby()方法简单实现了类似 Excel 中数据透视表的功能。事实上,Pandas 也提供了数据透视表方法:pivot_table()。下面,使用数据透视表方法统计各类型、各年度的上市公司数量。可以发现 In[52]与 In[53]的返回结果一致。

```
In[53]:print(companyfin.pivot_table('证券代码', index ='上市公司经营性质', columns =
       'year', aggfunc ='count') )
Out[53]:        year        2018    2019    2020
        上市公司经营性质
        中外合资          19      19      19
        其他            4       4       4
        国营或国有控股      293     292     292
```

外商独资	3	3	3
私营企业	143	141	139
集体企业	1	1	1

7.4.2　计算行业竞争度(HHI)

行业竞争度,即赫芬达尔指数(HHI),反映行业市场集中度情况。行业竞争度定义为行业内每家公司市场份额与行业总份额合计的比值的平方和,通常使用总资产或营业收入度量市场份额。计算公式为:

$$\mathrm{HHI} = \sum_i^N (X_i / X_{\mathrm{ind}})^2$$

其中,X_i代表单个公司市场份额,X_{ind}代表公司所属行业的总市场份额。当行业竞争程度越高时,行业内各公司市场份额越平均,对应的 HHI 值越小。

在计算行业竞争度指标时,需要按行业分组进行求和,利用 GroupBy 对象可以快速地完成指标计算。下面,使用公司数据(companyfin)计算行业竞争程度。需要注意的是,出于简便的目的,此数据仅包括深主板上市公司。

首先,对数据按照行业和年度调用 groupby()方法进行分组,对分组后的 GroupBy 对象的资产列(asset)使用 transform()方法求和,得到各行业年度的总资产之和。

```
In[54]:companyfin['asset_ind'] = companyfin.groupby(['industry','year'])['asset'].
    transform(np.sum)
    print(companyfin)
```

Out[54]:	证券代码	统计截止日期	货币资金	···	industry	asset	asset_ind
0	1	2018-12-31	NaN	···	J	NaN	2018.043328
1	1	2019-12-31	NaN	···	J	NaN	2158.095759
2	1	2020-12-31	NaN	···	J	NaN	2257.405604
3	2	2018-12-31	7.406909e+10	···	K	390.321523	2943.888040
4	2	2019-12-31	7.406909e+10	···	K	390.321523	3345.755066
⋮	⋮	⋮	⋮	⋮	⋮	⋮	⋮
1376	1965	2019-12-31	6.612217e+09	···	G	90.913209	406.437841
1377	1965	2020-12-31	6.797697e+09	···	G	94.009175	448.724725
1378	1979	2018-12-31	6.737507e+10	···	K	390.321523	2943.888040
1379	1979	2019-12-31	7.406909e+10	···	K	390.321523	3345.755066
1380	1979	2020-12-31	7.406909e+10	···	K	390.321523	3643.170172

[1381 rows x 26 columns]

接着,用公司的总资产(asset)除以行业总资产(asset_ind)得到公司的总资产份额(asset_share)。随后,对各个公司的总资产份额使用 ** 2 的方式计算平方,得到各公司的总资产份额平方。

In[55]:companyfin['asset_share'] = companyfin['asset']/companyfin['asset_ind']
　　　print(companyfin.loc[:,['证券代码', 'year', 'industry', 'asset', 'asset_ind',
　　　'asset_share']])

```
Out[55]:     证券代码   year  industry      asset        asset_ind    asset_share
        0        1    2018      J           NaN        2018.043328       NaN
        1        1    2019      J           NaN        2158.095759       NaN
        2        1    2020      J           NaN        2257.405604       NaN
        3        2    2018      K      390.321523      2943.888040     0.132587
        4        2    2019      K      390.321523      3345.755066     0.116662
      ⋮          ⋮     ⋮        ⋮           ⋮              ⋮              ⋮
     1376     1965    2019      G       90.913209       406.437841     0.223683
     1377     1965    2020      G       94.009175       448.724725     0.209503
     1378     1979    2018      K      390.321523      2943.888040     0.132587
     1379     1979    2019      K      390.321523      3345.755066     0.116662
     1380     1979    2020      K      390.321523      3643.170172     0.107138
     [1381 rows x 6 columns]
```

In[56]:companyfin['asset_share2'] = companyfin['asset_share'] ** 2
　　　print(companyfin.loc[:,['证券代码', 'year', 'industry', 'asset_share', 'asset
　　　_share2']])

```
Out[56]:     证券代码   year  industry    asset_share    asset_share2
        0        1    2018      J          NaN            NaN
        1        1    2019      J          NaN            NaN
        2        1    2020      J          NaN            NaN
        3        2    2018      K        0.132587       0.017579
        4        2    2019      K        0.116662       0.013610
      ⋮          ⋮     ⋮        ⋮           ⋮              ⋮
     1376     1965    2019      G        0.223683       0.050034
     1377     1965    2020      G        0.209503       0.043892
     1378     1979    2018      K        0.132587       0.017579
     1379     1979    2019      K        0.116662       0.013610
     1380     1979    2020      K        0.107138       0.011479
     [1381 rows x 5 columns]
```

　　最后,公司数据依据行业和年度分组,对生成的 GroupBy 对象的行业份额平方(asset_share2)调用 transform()方法求和,得到公司所在行业的行业竞争程度(HHI_asset)。

　　在得到 HHI 指标后,使用 agg()方法对行业竞争程度进行简单统计,分行业、年度统计均值和最大值。可以看到,行业竞争程度是一个小于等于 1 的值,制造业(C 行业)的竞争程度较大。

In[57]:companyfin['HHI_asset'] = companyfin.groupby(['industry','year'])['asset_
　　　　share2'].transform(np.sum)
　　　　print(companyfin.loc[:,['证券代码','year','industry','HHI_asset']])

Out[57]:　　　证券代码　　year　　industry　　　HHI_asset
　　　　0　　　　1　　2018　　　J　　　　0.132039
　　　　1　　　　1　　2019　　　J　　　　0.124337
　　　　2　　　　1　　2020　　　J　　　　0.119580
　　　　3　　　　2　　2018　　　K　　　　0.079389
　　　　4　　　　2　　2019　　　K　　　　0.078251
　　　　⋮　　　　⋮　　　⋮　　　　⋮　　　　　⋮
　　　1376　　1965　　2019　　　G　　　　0.215415
　　　1377　　1965　　2020　　　G　　　　0.205026
　　　1378　　1979　　2018　　　K　　　　0.079389
　　　1379　　1979　　2019　　　K　　　　0.078251
　　　1380　　1979　　2020　　　K　　　　0.076966
　　　　[1381 rows x 4 columns]

In[58]:print(companyfin.groupby(['industry','year'])['HHI_asset'].agg([np.mean,
　　　　np.max]).unstack())

Out[58]:

		mean			amax	
year	2018	2019	2020	2018	2019	2020
industry						
A	0.347061	0.341739	0.307352	0.347061	0.341739	0.307352
B	0.178333	0.172839	0.176641	0.178333	0.172839	0.176641
C	0.020774	0.021918	0.022721	0.020774	0.021918	0.022721
D	0.059915	0.062037	0.069875	0.059915	0.062037	0.069875
E	0.174181	0.201628	0.229509	0.174181	0.201628	0.229509
F	0.063910	0.060800	0.057642	0.063910	0.060800	0.057642
G	0.204896	0.215415	0.205026	0.204896	0.215415	0.205026
H	0.705650	0.710477	0.674846	0.705650	0.710477	0.674846
I	0.103999	0.108252	0.118366	0.103999	0.108252	0.118366
J	0.132039	0.124337	0.119580	0.132039	0.124337	0.119580
K	0.079389	0.078251	0.076966	0.079389	0.078251	0.076966
L	0.614074	0.511657	0.503212	0.614074	0.511657	0.503212
M	0.334872	0.319535	0.305773	0.334872	0.319535	0.305773
N	0.229875	0.236566	0.233555	0.229875	0.236566	0.233555
P	1.000000	1.000000	1.000000	1.000000	1.000000	1.000000
Q	0.487366	0.517479	0.565588	0.487366	0.517479	0.565588
R	0.145456	0.156923	0.185387	0.145456	0.156923	0.185387
S	0.416465	0.405246	0.422106	0.416465	0.405246	0.422106

7.5 实操练习题

1. 对第 5 章形成的上市公司高管数据，依据是否是总经理进行分组，统计两组的年龄、学历、报告期薪酬、持股数量，并比较两组差异。

2. 对上市公司高管数据，合并行业代码，依据行业代码和年度构建数据透视表，查看不同行业、年度的高管年龄、报告期薪酬的特征。

## 第 8 章

分析一般公司债的票面利率影响因素
——应用统计分析

统计分析是指运用统计方法,对研究对象的特征进行分析研究,以认识和揭示事物间的相互关系、变化规律和发展趋势,达到对事物的正确解释和预测。通过本章的学习,将掌握运用 Python 对数据进行基础统计分析方法,帮助读者深入认识数据特点、数据之间的关系,为建模提供基础。

本章介绍如何使用 Pandas 库对数据进行描述性统计,阐述二项分布、正态分布等概率分布基本概念,进行参数估计、假设检验。使用 Statsmodel 库进行回归分析,基于一般公司债数据,对其票面利率进行描述性统计、推断统计和回归分析。

本章在数据分析之前,需要导入相关包,包括 numpy、pandas、scipy、matplotlib 和 statsmodels。

```
In[1]: import numpy as np
       import pandas as pd
       import scipy
       import matplotlib.pyplot as plt
       import statsmodels.api as sm


       np.random.seed(0)                              # 设定 numpy 的随机种子数,确保
                                                        随机数据相同


       pd.set_option('display.max_columns', None)     # 列示全部的列
       pd.set_option('display.width', 1000)           # 列示列的宽度
```

8.1 描述性统计

描述性统计是指综合运用计算指标、分类等方式来描述一组数据的特征,帮助读者了解

数据。描述性统计的基本指标主要包括数据的位置分布以及数据的离散程度。数据的位置分布包括最小值、最大值、平均数、中位数、众数、分位数等指标。数据的离散程度包括平均绝对偏差、方差、标准差等指标，如图 8-1 所示。

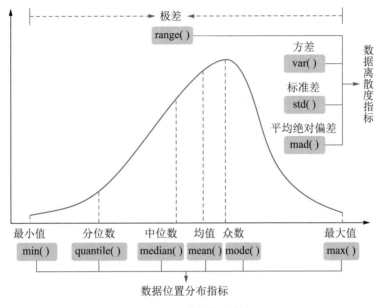

图 8-1 描述性统计指标

8.1.1 数据的位置分布

在获取数据之后，通常需要了解数据的位置分布特征，例如最小值、最大值、平均数、中位数、众数、分位数等指标。Python 中可以使用 Pandas 库完成数据位置分布指标的获取。Pandas 库所提供的数据位置分布相关函数见表 8-1。

表 8-1　　　　　　　　　　　　　　数据位置分布相关函数

函　　　数	函数说明
DataFrame.min() / DataFrame.max()	最小值/最大值
DataFrame.mean()	平均数
DataFrame.median()	中位数
DataFrame.mode()	众数
DataFrame.quantile()	分位数

下面对数据位置分布相关函数的语法进行介绍。

相关函数语法及常用参数：

DataFrame.min/max(axis＝None，skipna＝None，level＝None，numeric_only＝None，∗∗ kwargs)

DataFrame.mean(axis＝None，skipna＝None，level＝None，numeric_only＝None，∗∗ kwargs)

DataFrame. median (axis = None，skipna = None，level = None，numeric _ only = None，** kwargs)

DataFrame.mode(axis=0，numeric_only=False，dropna=True)

常用参数说明：

axis：方向(轴)，默认为 0。

skipna：bool 值，计算结果时排除 null 值，默认为 True。

level：int 值，如果轴是 MultiIndex(分层)，则沿特定级别计数。

numeric_only：bool 值，为 True 则仅包括 float、int、boolean 列，默认为 None。

∗∗ kwargs：要传递给函数的其他关键字参数。

dropna：不考虑 NaN/NaT 的计数，默认为 True。

使用贵州茅台上市以来的日个股交易数据进行描述性统计。In[2]读取"贵州茅台-日个股数据.xlsx"，赋值给 df_data1，并列示数据信息摘要，有 5 107 条记录。In[3]提取 4 列数据，分别为日收盘价(Clsprc)、日个股交易股数(Dnshrtrd)、考虑现金红利再投资的日个股回报率(Dretwd)和考虑现金红利再投资的收盘价的可比价格(Adjprcwd)。In[4]列示了数据表 df1 前 10 条记录。

```
In[2]:df_data1 = pd.read_excel('贵州茅台-日个股数据.xlsx', sheet_name ='data')
      df_data1.info()
Out[2]:<class 'pandas.core.frame.DataFrame'>
      RangeIndex: 5107 entries, 0 to 5106
      Data columns (total 21 columns):
       #   Column      Non-Null Count      Dtype
      ------------------------------------------------
       0   Stkcd       5107 non-null       int64
       1   Trddt       5107 non-null       object
       2   Opnprc      5107 non-null       float64
       3   Hiprc       5107 non-null       float64
       4   Loprc       5107 non-null       float64
       5   Clsprc      5107 non-null       float64
       6   Dnshrtrd    5107 non-null       int64
       7   Dnvaltrd    5107 non-null       float64
       8   Dsmvosd     5107 non-null       float64
       9   Dsmvtll     5107 non-null       float64
       10  Dretwd      5107 non-null       float64
       11  Dretnd      5107 non-null       float64
       12  Adjprcwd    5107 non-null       float64
       13  Adjprcnd    5107 non-null       float64
```

14	Markettype	5107 non-null	int64
15	Capchgdt	5107 non-null	object
16	Trdsta	5107 non-null	int64
17	Ahshrtrd_D	811 non-null	float64
18	Ahvaltrd_D	811 non-null	float64
19	PreClosePrice	5106 non-null	float64
20	ChangeRatio	5106 non-null	float64

dtypes：float64(15)，int64(4)，object(2)

memory usage：838.0 + KB

```
In[3]:df1 = df_data1.loc[:, ['Clsprc','Dnshrtrd','Dretwd','Adjprcwd']]
      df1.info()
```
Out[3]:<class 'pandas.core.frame.DataFrame'>

RangeIndex：5107 entries, 0 to 5106

Data columns (total 4 columns)：

#	Column	Non-Null Count	Dtype
0	Clsprc	5107 non-null	float64
1	Dnshrtrd	5107 non-null	int64
2	Dretwd	5107 non-null	float64
3	Adjprcwd	5107 non-null	float64

dtypes：float64(3)，int64(1)

memory usage：159.7 KB

```
In[4]:print(df1.head(10))
```

Out[4]:	Clsprc	Dnshrtrd	Dretwd	Adjprcwd
0	35.55	40631800	0.132526	35.55
1	36.86	12964779	0.036850	36.86
2	36.38	5325275	− 0.013022	36.38
3	37.10	4801306	0.019791	37.10
4	37.01	2323148	− 0.002426	37.01
5	36.99	2211209	− 0.000540	36.99
6	37.46	3700677	0.012706	37.46
7	37.44	2606695	− 0.000534	37.44
8	36.70	2899703	− 0.019765	36.70
9	35.68	3155225	− 0.027793	35.68

　　计算数据表 df1 各列的最小值、最大值、平均值、众数。In[5]计算各列最小值,In[6]计算各列最大值,In[7]计算各列平均值,In[8]计算各列众数。

```
In[5]:print(df1.min())    # 计算各列最小值
Out[5]:Clsprc          20.880000
       Dnshrtrd      23810.000000
       Dretwd           -0.100000
       Adjprcwd         25.887731
       dtype: float64
```

```
In[6]:print(df1.max())    # 计算各列最大值
Out[6]:Clsprc        2.601000e+03
       Dnshrtrd      4.063180e+07
       Dretwd        1.325260e-01
       Adjprcwd      1.969965e+04
       dtype: float64
```

```
In[7]:print(df1.mean())    # 计算各列平均值
Out[7]:Clsprc        4.459841e+02
       Dnshrtrd      2.919645e+06
       Dretwd        1.403269e-03
       Adjprcwd      3.143582e+03
       dtype: float64
```

```
In[8]:print(df1.mode())    # 计算各列众数
```

Out[8]:	Clsprc	Dnshrtrd	Dretwd	Adjprcwd
0	38.0	338903.0	0.0	26.284478
1	NaN	NaN	NaN	26.482851
2	NaN	NaN	NaN	26.532445
3	NaN	NaN	NaN	28.206220
4	NaN	NaN	NaN	28.578171
5	NaN	NaN	NaN	28.747234
6	NaN	NaN	NaN	29.082805
7	NaN	NaN	NaN	29.977660
8	NaN	NaN	NaN	30.067146
9	NaN	NaN	NaN	35.000000
10	NaN	NaN	NaN	35.050000
11	NaN	NaN	NaN	35.900000
12	NaN	NaN	NaN	36.250000
13	NaN	NaN	NaN	36.700000
14	NaN	NaN	NaN	38.000000
15	NaN	NaN	NaN	48.689642
16	NaN	NaN	NaN	92.685404
17	NaN	NaN	NaN	215.952833

　　不同方式计算描述性统计指标返回的变量类型不同。In[9]计算 df1['Clsprc']的最小值，其返回的结果为 float 类型。In[10]计算 df1[['Clsprc']]，其返回的结果为 Series 类型。In[9]和 In[10]返回的变量类型是不一样的。In[11]计算 df1[['Clsprc','Dnshrtrd']]，其返回的结果为 Series 类型。

```
In[9]:data = df1['Clsprc'].min()    # 计算 Clsprc 列的最小值
      print(data)
      print(type(data))
Out[9]:20.88
      <class'float'>


In[10]:data = df1[['Clsprc']].min()    # 计算 Clsprc 列的最小值
      print(data)
      print(type(data))
Out[10]:Clsprc      20.88
        dtype: float64
        <class'pandas.core.series.Series'>


In[11]:data = df1[['Clsprc','Dnshrtrd']].min()    # 计算 Clsprc 列和 Dnshrtrd 列的
                                                    最小值

      print(data)
      print(type(data))
Out[11]:Clsprc          20.88
        Dnshrtrd      23810.00
        dtype: float64
        <class'pandas.core.series.Series'>
```

　　在 Pandas 库中使用 quantile()函数获取数据的分位数。

DataFrame.quantile( )语法及常用参数：

　　DataFrame.quantile(q=0.5，axis=0，numeric_only=True，interpolation=' linear')

常用参数说明：

q：要计算的分位数，$0 \leqslant q \leqslant 1$，默认为 0.5。

axis：方向（轴），默认为 0。

numeric_only： bool 值，为 True 则仅包括 float、int、boolean 列，默认为 None。

interpolation：当所需的分位数位于两个数据点 i 和 j 之间时，此可选参数指定要使用的插值方法，可取' linear'、' lower'、' higher'、' midpoint'、' nearest'。

　　In[12]计算了数据表 df1 各列 60% 的分位数。

```
In[12]:print(df1.quantile(0.6))   # 计算各列 60% 的分位数
Out[12]:Clsprc      2.088060e+02
        Dnshrtrd    3.003410e+06
        Dretwd      3.862000e-03
        Adjprcwd    1.179290e+03
        Name: 0.6, dtype: float64
```

8.1.2　数据的离散程度

数据位置分布指标只能帮助读者分析一组数据的平均水平或中间位置,但是要了解数据集中和分散程度,则需要用到极差、偏差、方差以及标准差,在 Python 中主要通过 Pandas 库完成数据离散程度指标的获取,见表 8-2。

表 8-2　　　　　　　　　　　　　　　数据离散程度相关函数

函　　数	函数说明
DataFrame.max() － DataFrame.min()	极差
DataFrame.mad()	平均绝对偏差
DataFrame.var()	方差
DataFrame.std()	标准差

(1)极差。In[13]计算了数据表 df1 各列的极差。

```
In[13]:range = df1.max() － df1.min()   # 查看数据最大值－最小值的差
       print(range)
Out[13]:Clsprc      2.580120e+03
        Dnshrtrd    4.060799e+07
        Dretwd      2.325260e-01
        Adjprcwd    1.967376e+04
        dtype: float64
```

(2)平均绝对偏差。在 Pandas 库中使用 mad()函数查看数据的平均绝对偏差。

DataFrame.mad()语法及常用参数:
　　DataFrame.mad(axis＝None, skipna＝None, level＝None)
常用参数说明:
axis:表示沿行(axis＝0)或列(axis＝1)运用函数。
skipna:默认为 True,表示计算结果时排除 null 值。
level:表示如果轴为 MultiIndex,则沿特定级别计数,并折叠为 Series。

In[14]计算了数据表 df1 各列的平均绝对偏差。

```
In[14]:print(df1.mad())  # 计算各列的平均绝对偏差
Out[14]:Clsprc    4.490969e+02
        Dnshrtrd  1.640155e+06
        Dretwd    1.493424e-02
        Adjprcwd  3.509491e+03
        dtype: float64
```

（3）方差。在 Pandas 库中使用 var()函数查看数据的方差。

DataFrame.var( )语法及常用参数:
　　DataFrame.var(axis＝None, skipna＝None, level＝None, ddof＝1, numeric_only ＝None)
常用参数说明:
axis:表示沿行(axis＝0)或列(axis＝1)运用函数。
skipna:bool 值表示计算结果时排除 null 值,默认为 True。
level:表示如果轴为 MultiIndex,则沿特定级别计数,并折叠为 Series。
ddof:表示 Delta 自由度,计算中使用的除数为 N-ddof,其中 N 表示元素数。
numeric_only:bool 值,"True"表示只包括 float、int 和 boolean 列,默认为"None"。

In[15]计算了数据表 df1 各列的方差。

```
In[15]:print(df1.var())  # 计算各列的方差
Out[15]:Clsprc    3.462414e+05
        Dnshrtrd  5.664709e+12
        Dretwd    4.333819e-04
        Adjprcwd  2.106190e+07
        dtype: float64
```

（4）标准差。在 Pandas 库中使用 std()函数查看数据的标准差。

DataFrame.std( )语法及常用参数:
　　DataFrame.std(axis＝None, skipna＝None, level＝None, ddof＝1, numeric_only ＝None)
常用参数说明:
axis:表示沿行(axis＝0)或列(axis＝1)运用函数。
skipna:bool 值表示计算结果时排除 null 值,默认为 True。
level:表示如果轴为 MultiIndex,则沿特定级别计数,并折叠为 Series。
ddof:表示 Delta 自由度,计算中使用的除数为 N-ddof,其中 N 表示元素数。
numeric_only:bool 值为"True"表示只包括 float、int 和 boolean 列,默认为"None"。

In[16]计算了数据表 df1 各列的标准差。

```
In[16]:print(df1.std())    # 计算各列的标准差
Out[16]:Clsprc      5.884228e + 02
        Dnshrtrd    2.380065e + 06
        Dretwd      2.081783e - 02
        Adjprcwd    4.589325e + 03
        dtype: float64
```

（5）describe()函数。Pandas 库提供 descibe()函数，可以直接得到描述性统计的主要指标，例如样本量、均值、方差、最值、分位数等统计特征。

DataFrame.describe( )语法及常用参数：

DataFrame.describe (percentiles＝None, include＝None, exclude＝None, datetime_is_numeric＝False)

常用参数说明：

percentiles：表示输出的百分位数，默认为[.25, .5, .75]。

include：可以指定输出的统计特征，None 为默认值，表示结果包括所有数字列。

exclude：与 include 相反，可以指定结果不输出哪些统计特征，默认为 None。

datetime_is_numeric：表示是否将日期型数据视为数字，默认为 False，用于控制是否包含日期列。

In[17]计算了数据表 df1 各列的描述性统计指标。

```
In[17]:print(df1.describe())    # 计算各列的描述性统计指标
Out[17]:
```

	Clsprc	Dnshrtrd	Dretwd	Adjprcwd
Count	5107.000000	5.107000e + 03	5107.000000	5107.000000
mean	445.984055	2.919645e + 06	0.001403	3143.581594
std	588.422824	2.380065e + 06	0.020818	4589.324785
min	20.880000	2.381000e + 04	− 0.100000	25.887731
25 %	95.380000	1.357096e + 06	− 0.009969	441.848066
50 %	183.010000	2.571596e + 06	0.000083	971.355450
75 %	513.465000	3.840678e + 06	0.011725	3735.001706
max	2601.000000	4.063180e + 07	0.132526	19699.649326

8.2　随机变量及其概率分布

随机变量是随机试验各种结果的实值单值函数，是随机事件的数量表现。随机变量分为离散型随机变量和连续型随机变量，如图 8-2 所示。离散型随机变量在一定区间内变量取值为有限个,例如掷硬币正反面、掷骰子点数、地区某年人口的出生数、死亡数等。连续型随机变量在一定区间内变量取值有无限个,例如某地区成人的身高、体重。

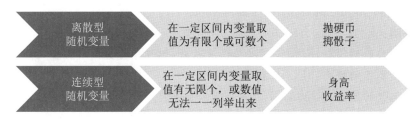

图 8-2　离散型随机变量和连续型随机变量的特点

一般而言,随机数并不是真正的"随机",而是服从于某种概率分布。根据随机变量的分类,有离散型概率分布和连续型概率分布。财会金融领域经常使用的概率分布如图 8-3 所示。

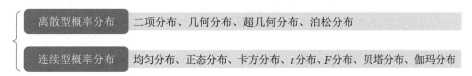

图 8-3　离散型和连续型概率分布具体内容

在进行金融数据模拟时,非常重要的一步就是生成服从于各种分布的随机数。Numpy 库的 random 子模块和 Scipy 库的 stats 子模块都提供了分布函数,分布对应函数(部分)见表 8-3。

表 8-3　　　　　　　　　　　　　　　　分布对应函数(部分)

分　　布	numpy.random	scipy.stats
二项分布	binomial()	binom.rvs()
正态分布	normal()	norm.rvs()
卡方分布	chisquare()	chi2.rvs()
t 分布	t()	t.rvs()
F 分布	f()	f.rvs()

8.2.1　二项分布

若用 X 表示随机试验的结果,事件发生的概率为 p,不发生的概率为 $1-p$,则 n 次独立试验中发生 k 次事件的概率是:

$$P(X=k)=C_n^k p^k (1-p)^{n-k}$$

此时称 X 服从二项分布,记作 $X \sim B(n, p)$,p 被称为成功概率。二项分布的期望值 $E(X)=n*p$,方差 $D(X)=n*p*(1-p)$。

(1) Numpy 生成二项分布随机数。在 Numpy 库中使用 binomial() 函数生成二项分布随机数。

> **numpy.random.binomial( )语法及常用参数：**
> 　　numpy.random.binomial(n，p，size＝None)
>
> **常用参数说明：**
> **n：** 进行伯努利实验的次数，n≥0。可以接受浮点数，但程序将其截断为整数。
> **p：** 伯努利变量取 1 的概率，p≥0 且 p≤1。
> **size：** 生成随机数的数量。

以下使用该函数生成服从二项分布随机数据。In[18]输入时设定参数 n 为 1，p 为 0.5，size 为 100，输出结果为 51 个 0、49 个 1。In[19]输入时设定参数 n 为 1，p 为 0.1，size 为 100，和 In[18]输入相比，将 p 由 0.5 改为 0.1。输出结果为 91 个 0、9 个 1，0 出现的次数明显增加。In[20]输入时设定参数 n 为 1，p 为 0.1，size 为 100，和 In[18]输入相比，将 p 由 0.5 改为 0.9。输出结果为 14 个 0、86 个 1，1 出现的次数明显增加。可以发现，当 p 设定为较小值时，n 出现的较小值的次数明显增加；反之亦然。In[21]输入时设定参数 n 为 10，p 为 0.5，size 为 1 000，并输出直方图，可以发现，出现 5 的次数最多。

```
In[18]:data = np.random.binomial(n = 1, p = 0.5, size = 100)
       print(data)
       num0 = np.sum(data = = 0)
       num1 = np.sum(data = = 1)
       print('0 的个数 ', num0)
       print('1 的个数 ', num1)
Out[18]:[1 1 1 1 0 1 0 1 1 0 1 1 1 0 0 0 1 1 1 1 0 1 0 1 0 1 1 0 0 1 0 1 0 1 1
         1 1 0 0 1 0 1 1 0 0 0 0 1 0 1 0 0 0 1 0 0 0 1 0 0 0 1 0 1 0 1 0 1 0 1 1
         1 0 0 0 0 0 0 0 0 1 1 0 1 0 1 1 0 1 0 1 0 0 1 0 1 0]
         0 的个数 51
         1 的个数 49

In[19]:data = np.random.binomial(n = 1, p = 0.1, size = 100)
       print(data)
       num0 = np.sum(data = = 0)
       num1 = np.sum(data = = 1)
       print('0 的个数 ', num0)
       print('1 的个数 ', num1)
Out[19]:[0 0 0 1 0 0 0 0 0 1 0 0 0 0 0 0 0 0 0 0 1 0 0 0 0 0 0 0 0 0 0 0 0
         0 0 0 0 0 0 0 0 1 0 1 0 0 0 0 0 0 0 0 0 0 0 0 0 1 0 0 0 0 0 0 0 0
         0 0 0 1 0 0 0 0 0 0 1 0 0 0 0 0 0 1 0 0 0 0 0 0]
         0 的个数 91
         1 的个数 9
```

```
In[20]:data = np.random.binomial(n = 1, p = 0.9, size = 100)
       print(data)
       num0 = np.sum(data = = 0)
       num1 = np.sum(data = = 1)
       print('0 的个数 ', num0)
       print('1 的个数 ', num1)
Out[20]:[1 1 1 1 1 1 1 1 1 1 0 1 1 1 1 1 1 1 1 1 1 1 1 1 1 0 1 1 0 1 1 1 1 1 1 1 1
        1 1 1 1 1 1 1 1 1 1 0 1 1 0 1 1 1 0 1 1 1 1 0 1 1 1 1 1 0 1 1 0
        1 0 0 1 1 1 1 1 1 1 1 0 1 1 1 1 1 1 1 1 1 0 0]
       0 的个数 14
       1 的个数 86
```

```
In[21]:data = np.random.binomial(n = 10, p = 0.5, size = 1000)
       plt.hist(data, density = True)
       plt.show()
Out[21]:
```

（2）Scipy 生成二项分布随机数。在 scipy 库中使用 stats.binom.rvs()函数生成二项分布随机数。

---

scipy.stats.binom.rvs( )语法及常用参数：

    scipy.stats.binom.rvs(n, p, loc＝0, size＝1, random_state＝None)

常用参数说明：

n：进行伯努利实验的次数，n≥0。可以接受浮点数，但程序将其截断为整数。

p：伯努利变量取 1 的概率，p≥0 且 p≤1。

> **loc**：指定随机变量的偏移。
>
> **size**：产生的随机数个数。
>
> **random_state**：控制随机状态。

以下使用该函数生成服从二项分布的随机数据，n 为 10，p 为 0.5，size 为 1 000，控制随机状态，并基于该数据形成直方图。

```
In[22]:data = scipy.stats.binom.rvs(n = 10, p = 0.5, size = 1000, random_state = 0)
        plt.hist(data, density = True)
        plt.show()
Out[22]:
```

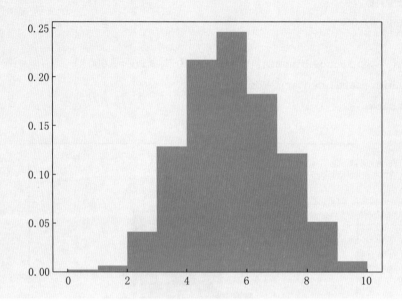

8.2.2 正态分布

正态分布又叫高斯分布，假设 x 服从期望为 μ，方差为 σ^2 的正态分布，概率密度函数如下，记作 $X \sim N(\mu, \sigma^2)$。

$$f(x) = \frac{1}{\sqrt{2\pi}\delta} \exp\left(-\frac{(x-\mu)^2}{2\delta^2}\right)$$

如果正态分布中的期望 μ 等于 0，方差 σ^2 等于 1，此时的正态分布被称为标准正态分布。为了便于描述和应用，常将正态变量作数据转换，将一般正态分布转化成标准正态分布：

$$X \sim N(\mu, \delta^2),\ Y = \frac{X-\mu}{\delta} \sim N(0, 1)$$

正态分布在数学、物理、金融等领域有广泛的应用，是金融产品定价和风险管理的基准分布之一。

（1）Numpy 生成正态分布随机数。在 Numpy 库中使用 normal() 函数生成正态分布。

> **numpy.random.normal( )语法及常用参数：**
>   numpy.random.normal(loc＝0.0，scale＝1.0，size＝None)
> **常用参数说明：**
> **loc**：正态分布的均值，默认为 0。
> **scale**：正态分布的标准差，默认为 1。
> **size**：生成随机数的数量。

以下使用该函数生成一个服从标准正态分布 $N(0，1)$ 的 10 000 个随机数据，并列示该数据的直方图。

```
In[23]:data = np.random.normal(loc = 0, scale = 1, size = 10000)
       plt.hist(data, bins = 100, density = True)
       plt.show()
Out[23]:
```

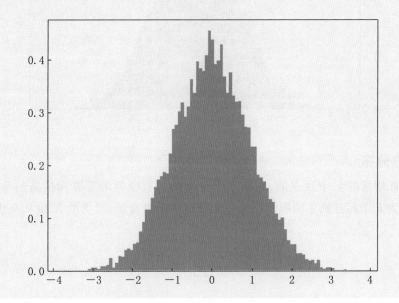

（2）Scipy 生成正态分布随机数。在 scipy 库中使用 stats.norm.rvs( )函数生成正态分布随机数。

> **scipy.stats.norm.rvs( )语法及常用参数：**
>   scipy.stats.norm.rvs(loc＝0，scale＝1，size＝1，random_state＝None)
> **常用参数说明：**
> **loc**：正态分布的均值，默认为 0。
> **scale**：正态分布的标准差，默认为 1。
> **size**：产生的随机数个数。
> **random_state**：控制随机状态。

以下使用该函数生成一个服从标准正态分布 $N(0，1)$ 的 10 000 个随机数据，并列示该数据的直方图。

```
In[24]:data = scipy.stats.norm.rvs(loc = 0, scale = 1, size = 10000, random_state = 0)
        plt.hist(data, bins = 100, density = True)
        plt.show()
Out[24]:
```

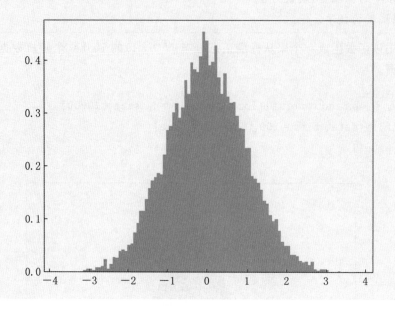

8.2.3 卡方分布

卡方分布是指由 k 个独立的、服从正态分布的随机变量的平方和构造的分布,若 Z_1、Z_2、$\cdots$、Z_k 为 k 个相互独立的服从标准正态分布的随机变量,则变量 X 服从自由度为 k 的卡方分布:

$$X = \sum_{n=1}^{k} Z_n^2$$

卡方分布呈右偏态;随着自由度 k 的增大,卡方分布趋近于正态分布。

(1) Numpy 生成卡方分布随机数。在 Numpy 库中使用 random.chisquare()函数生成卡方分布。

---

numpy.random.chisquare( )语法及常用参数:

　　numpy.random.chisquare(df, size＝None)

常用参数说明:

df:自由度数,应大于 0。

size:生成随机数数量。

以下使用该函数生成自由度为 10 的 10 000 个卡方分布的随机数据,并列示该数据的直方图。

```
In[25]:data = np.random.chisquare(df = 10, size = 10000)
        plt.hist(data, bins = 100, density = True)
        plt.show()
Out[25]:
```

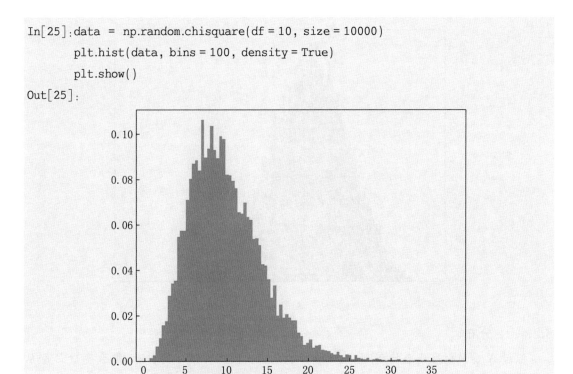

（2）Scipy 生成卡方分布随机数。在 scipy 库中使用 stats.chi2.rvs()函数生成卡方分布随机数。

---

scipy.stats.chi2.rvs( )语法及常用参数：
    scipy.stats.chi2.rvs(df, loc＝0, scale＝1, size＝1, random_state＝None)
常用参数说明：
df：自由度数，应大于 0。
loc：指定随机变量的偏移。
scale：指定随机变量的缩放。
size：产生的随机数个数。
random_state：控制随机状态。

以下使用该函数生成自由度为 10 的 10 000 个卡方分布的随机数据，并列示该数据的直方图。

```
In[26]:data = scipy.stats.chi.rvs(df = 10, size = 10000, random_state = 0)
        plt.hist(data, bins = 100, density = True)
        plt.show()
Out[26]:
```

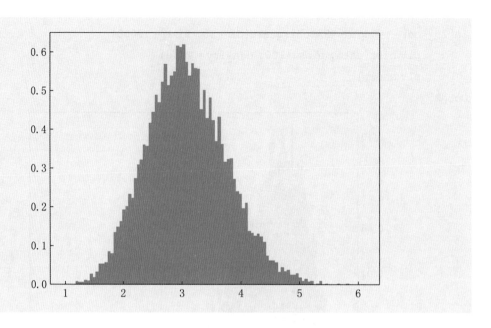

8.2.4　t 分布

假设 X 服从标准正态分布 $N(0,1)$，Y 服从自由度为 n 的卡方分布，那么变量 Z 服从自由度为 n 的 t 分布，记作 $Z \sim t(n)$。随着自由度 n 逐渐增大，t 分布将逐渐接近标准正态分布。

$$Z = \frac{X}{\sqrt{Y/n}}$$

t 分布有着广泛的应用，在计算置信区间、显著性检验等方面发挥了重要作用。

（1）Numpy 生成 t 分布随机数。在 Numpy 库中使用 random.standard_t()函数生成 t 分布。

---

numpy.random.standard_t( )语法及常用参数：
　　numpy.random.standard_t(df, size＝None)
常用参数说明：
df：自由度数，应大于 0。
size：生成随机数数量。

以下使用该函数生成自由度为 10 的 10 000 个 t 分布随机数据，并列示该数据的直方图。

```
In[27]:data = np.random.standard_t(df = 10, size = 10000)
        plt.hist(data, bins = 100, density = True)
        plt.show()
Out[27]:
```

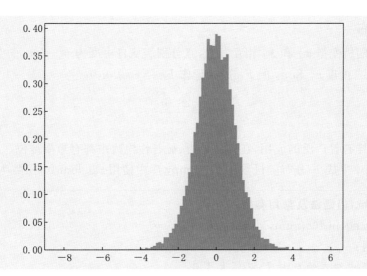

（2）Scipy 生成 t 分布随机数。在 scipy 库中使用 stats.t.rvs() 函数生成 t 分布随机数。

---

scipy.stats.t.rvs( )语法及常用参数：
　　scipy.stats.t.rvs(df，loc＝0，scale＝1，size＝1，random_state＝None)
常用参数说明：
df：自由度数，应大于 0。
loc：指定随机变量的偏移。
scale：指定随机变量的缩放。
size：产生的随机数个数。
random_state：控制随机状态。

以下使用该函数生成自由度为 10 的 10 000 个 t 分布随机数据，并列示该数据的直方图。

```
In[28]:data = scipy.stats.t.rvs(df = 10, size = 10000, random_state = 0)
       plt.hist(data, bins = 100, density = True)
       plt.show()
Out[28]:
```

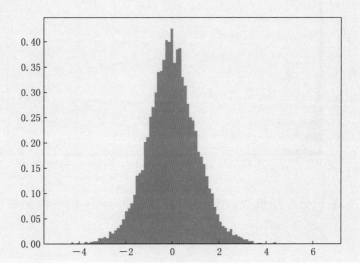

8.2.5　F 分布

假设两个随机变量 x_1 和 x_2 相互独立,且分别服从自由度为 n_1 和 n_2 的卡方分布,则称统计量 F 服从自由度 n_1 和 n_2 的 F 分布,记作 $F \sim F(n_1, n_2)$。

$$F = \frac{x_1/n_1}{x_2/n_2}$$

F 分布同样有着广泛的应用,在方差分析、显著性检验中都有重要地位。

（1）Numpy 生成 F 分布随机数。在 Numpy 库中使用 random.f() 函数生成 F 分布。

---

numpy.random.f( )语法及常用参数：

　　numpy.random.f(dfnum, dfden, size＝None)

常用参数说明：

dfnum：F 分布中组内的自由度,必须大于 0。

dfden：F 分布中组间的自由度,必须大于 0。

size：生成随机数数量。

以下使用该函数生成组内自由度为 1,组间自由度为 10 的 10 000 个 F 分布随机数据,并列示该数据的直方图。

```
In[29]:data = np.random.f(dfnum = 1, dfden = 10, size = 10000)
        plt.hist(data, bins = 100, density = True)
        plt.show()
Out[29]:
```

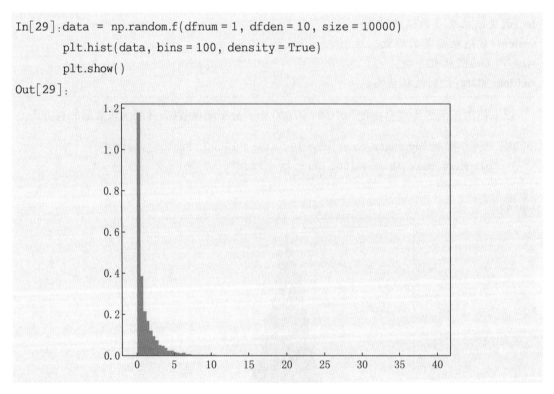

（2）Scipy 生成 F 分布随机数。在 scipy 库中使用 stats.f.rvs() 函数生成 F 分布随机数。

> **scipy.stats.f.rvs( )语法及常用参数：**
>   scipy.stats.f.rvs(dfn, dfd, loc＝0, scale＝1, size＝1, random_state＝None)
> **常用参数说明：**
> **dfn**：组内自由度数，应大于 0。
> **dfd**：组间自由度数，应大于 0。
> **loc**：指定随机变量的偏移。
> **scale**：指定随机变量的缩放。
> **size**：产生的随机数个数。
> **random_state**：控制随机状态。

以下使用该函数生成组内自由度为 1，组间自由度为 10 的 10 000 个 F 分布随机数据，并列示该数据的直方图。

```
In[30]:data = scipy.stats.f.rvs(dfn = 1, dfd = 10, size = 10000, random_state = 0)
       plt.hist(data, bins = 100, density = True)
       plt.show()
Out[30]:
```

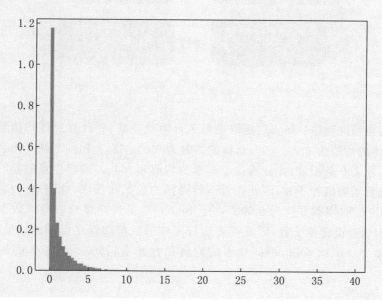

8.3 推断统计

推断统计是研究如何利用样本数据来推断总体特征的统计方法，如图 8-4 所示。推断统计包括两方面内容：参数估计和假设检验。

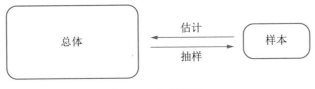

图 8-4　推断统计

8.3.1　参数估计

参数估计是推断统计的一种重要方法,是指根据样本数据来估计总体分布中未知参数的过程。从估计形式看,主要分为点估计和区间估计。

(1)点估计。点估计是构造一个依赖于样本的统计量,作为总体分布中未知参数的估计值。比如,用样本均值 $\bar{x}$ 估计总体均值 μ,用样本方差 s^2 估计总体方差 σ^2,如图 8-5 所示。

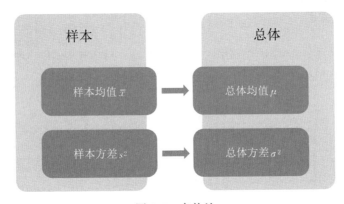

图 8-5　点估计

以下编写点估计程序。In[31]提取贵州茅台的收益率,并计算总体均值和方差。统计结果显示,总体的均值为 0.001 403,总体的方差为 0.000 433。In[32]从贵州茅台收益率数据中"随机"提取 100 条记录,并计算这个样本的均值和方差。需要注意的是,In[32]在"随机"提取中,设置了随机种子数,因此读者运行同样的数据和程序,应该得出相同的结果,样本均值为 0.000 878,样本方差为 0.000 370。In[33]也是贵州茅台收益率数据中随机提取 100 条记录,但没有设置种子数,因此读者运行同样的数据和程序得到的结果,和本书的结果可能略有差异。可以看出,不同样本的均值和方差不相同,也与总体的均值和方差不相同。

```
In[31]:data = df_data1['Dretwd']
       print('总体的均值', data.mean())
       print('总体的方差', data.var(ddof = 1))

Out[31]:总体的均值 0.0014032694341100456
        总体的方差 0.00043338187835747317


In[32]:sample = df_data1['Dretwd'].sample(n = 100, random_state = 0)
       print('样本的均值', sample.mean())
       print('样本的方差', sample.var(ddof = 1))
```

```
Out[32]:样本的均值 0.0008788600000000001
         样本的方差 0.00037058432345494954

In[33]:sample = df_data1['Dretwd'].sample(n = 100)
       print('抽样 1,样本的均值 ', sample.mean())
       print('抽样 1,样本的方差 ', sample.var(ddof = 1))
       sample = df_data1['Dretwd'].sample(n = 100)
       print('抽样 2,样本的均值', sample.mean())
       print('抽样 2,样本的方差', sample.var(ddof = 1))
Out[33]:抽样 1,样本的均值 0.0006316500000000009
        抽样 1,样本的方差 0.0004033487896035356
        抽样 2,样本的均值 0.0028026399999999995
        抽样 2,样本的方差 0.0004557550739094949
```

（2）区间估计。区间估计是在点估计的基础上,构造出适当的区间范围,作为总体分布未知参数真值所在范围的估计。由样本统计量所构造的总体分布未知参数的估计区间被称为置信区间。区间估计的可信程度称为置信水平,一般用 $1-\alpha$ 表示（α 通常取 1%、5%、10% 等）,如图 8-6 所示。

图 8-6 区间估计

图 8-7 展示了不同情形下估计总体分布未知参数所使用的分布及置信区间。

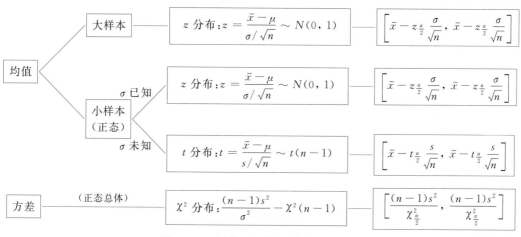

图 8-7 不同情形下估计单个总体参数

当方差已知时,使用 scipy.stats.norm.interval() 进行区间估计。

---

scipy.stats.norm.interval( )语法及常用参数:

　　scipy.stats.norm.interval(confidence, loc＝0, scale＝1)

常用参数说明:

confidence:代表置信水平。

loc:样本的均值。

scale:样本的标准差。

当方差未知时,使用 stats.t.interval()进行区间估计。

---

stats.t.interval( )语法及常用参数:

　　stats.t.interval(confidence, df, loc＝0, scale＝1)

常用参数说明:

confidence:代表置信水平。

df:检验量的自由度。

loc:样本的均值。

scale:样本的标准差。

当总体符合正态分布时,使用 stats.chi2.interval()进行区间估计。

---

stats.chi2.interval( )语法及常用参数:

　　stats.chi2.interval(confidence, df, loc＝0, scale＝1)

常用参数说明:

confidence:代表置信水平。

df:检验量的自由度。

loc:样本的均值。

scale:样本的标准差。

　　下面编写区间估计程序。In[34]从贵州茅台收益率数据中"随机"提取 100 条记录,计算这个样本的均值和方差,选择 stats.norm.interval()进行区间估计。结果显示,90％的置信区间为[0.000 736, 0.002 134], 95％的置信区间为[0.000 602, 0.002 268], 99％的置信区间为[0.000 340, 0.002 530],随着置信水平越高,置信区间越小。Out[31]的计算结果表明,贵州茅台收益率均值为 0.001 403,总体均值并没有落入到置信区间中,这说明,需要提高样本数量来提高估计总体均值的准确性。

```
In[34]:sample = df_data1['Dretwd'].sample(n = 100)
       mean = sample.mean()
       var = sample.var(ddof = 1)
       interval1 = scipy.stats.norm.interval(confidence = 0.90, loc = mean, scale
       = var)
       interval2 = scipy.stats.norm.interval(confidence = 0.95, loc = mean, scale
       = var)
```

```
        interval3 = scipy.stats.norm.interval(confidence = 0.99, loc = mean, scale
        = var)
        print('90% 的置信区间 ', interval1)
        print('95% 的置信区间 ', interval2)
        print('99% 的置信区间 ', interval3)
Out[34]:90% 的置信区间 (0.0007361910731192583, 0.0021345889268807442)
        95% 的置信区间 (0.0006022430912047293, 0.0022685369087952737)
        99% 的置信区间 (0.00034044935886385404, 0.002530330641136149)
```

8.3.2 假设检验

（1）假设检验概述。假设检验是用来判断样本与样本、样本与总体的差异是由抽样误差引起还是本质差别造成的推断统计方法,其基本原理是先对总体特征提出假设,然后进行统计推理,作出接受假设还是拒绝假设的判断。

进行假设检验主要分四个步骤。第一,提出原假设 H0 和备择假设 H1。第二,构造检验的统计量及其分布。第三,确定显著性水平 α,以及确定检验规则。第四,根据检验规则作出决策。

在假设检验中,需要密切关注两类错误,见表 8-4。第一类错误是拒真错误,其概率用 α 表示;第二类错误是取伪错误,其概率用 β 表示。在样本量不变的情况下,如果减小 α,就会增大 β,两者是此消彼长的关系。通常而言,在进行假设检验时,会先规定犯第一类错误的 α 概率。

表 8-4　　　　　　　　　　　　　　　　两类错误

假　　设	不拒绝 H0	拒绝 H0
H0 为真	$1-\alpha$（正确）	α（拒真错误）
H1 为假	β（取伪错误）	$1-\beta$（正确）

把 α 概率称为显著性水平,其含义为原假设正确,但是却把它当成错误的加以拒绝,即 P（拒绝 $H_0 \mid H_0$ 为真）$\leqslant \alpha$。显著性水平常见的取值有 0.01、0.05、0.1。

（2）t 检验。t 检验主要用于样本量较小（例如样本量小于 30）,总体标准差 σ 未知的正态分布。常见的 t 检验主要有单样本 t 检验、配对样本 t 检验和独立样本 t 检验,如图 8-8 所示。

图 8-8　t 检验

A. 单样本 t 检验

单样本 t 检验是比较单个样本的均值 μ 与目标值 μ_0 是否存在显著差异。单样本 t 检验的统计量为：

$$t = \frac{\bar{x} - \mu_0}{s/\sqrt{n}} \sim t(n-1)$$

在 scipy 库中使用 stats.ttest_1samp() 函数计算单样本 t 检验的统计量。

---

scipy.stats.ttest_1samp( )语法及常用参数：

scipy.stats.ttest_1samp (a, popmean, axis＝0, nan_policy＝' propagate',

alternative＝' two-sided')

常用参数说明：

a：样本。

popmean：原假设的期望值。

axis：沿其计算测试的轴,不指定则计算整个数组,默认为 0。

nan_policy：定义 NaN 值的处理,有 ' propagate'(返回 NaN)、'raise'(抛出错误)、'omit'(忽略 NaN)三种方式。

alternative：备择假设,有 ' two-sided'、' less'、' greater'三种方式。

下面编写单样本 t 检验程序。In[35]从贵州茅台收益率数据中"随机"提取 100 条记录。原假设为样本收益率的均值等于 0。通过程序计算统计量,t 值为 0.457,P 值为 0.649。在 10%的显著性水平下,不能拒绝原假设。

```
In[35]:sample = df_data1['Dretwd'].sample(n = 100, random_state = 0)
       result = scipy.stats.ttest_1samp(sample, popmean = 0)
       print('t 检验结果', result)
       print('t 检验的统计量值', result.statistic)
       print('t 检验的 P 值', result.pvalue)
Out[35]:t 检验结果 Ttest_1sampResult(statistic = 0.45653720617646715, pvalue
        = 0.6490037739319097)
       t 检验的统计量值 0.45653720617646715
       t 检验的 P 值 0.6490037739319097
```

B. 配对样本 t 检验

配对样本 t 检验判断两个不互相独立的相关样本是否来自具有相同均值的总体。配对样本 t 检验为：

$$t = \frac{\bar{d}}{s_d/\sqrt{n}} \sim t(n-1)$$

其中,$\bar{d}$ 为配对样本中各元素对应的差值,s_d 为差值的标准差,n 为配对数。

在 scipy 库中使用 stats.ttest_rel() 函数计算配对样本 t 检验的统计量。

scipy.stats.ttest_rel()语法及常用参数：

scipy.stats.ttest_rel(a，b，axis＝0，nan_policy＝'propagate'，alternative＝'two-sided')

常用参数说明：

a/b：样本数据，形状需相同。

axis：沿其计算测试的轴，不指定则计算整个数组，默认为 0。

nan_policy：定义 NaN 值的处理，该参数的三种方式与 scipy.stats.ttest_1samp()的相同。

alternative：备择假设，有 'two-sided'、'less'、'greater'三种。

以下编写配对样本 t 检验程序。In[36]从贵州茅台收益率数据中"随机"提取 100 条记录两个样本(sample1 和 sample2)。原假设为两个样本来自具有相同均值的总体，即样本均值相同。通过程序计算统计量，t 值为－1.310，P 值为 0.193。在 10％的显著性水平下，不能拒绝原假设。

```
In[36]:sample1 = df_data1['Dretwd'].sample(n = 100, random_state = 0)
       sample2 = df_data1['Dretwd'].sample(n = 100, random_state = 8)
       result = scipy.stats.ttest_rel(a = sample1, b = sample2)
       print('t 检验结果', result)
       print('t 检验的统计量值', result.statistic)
       print('t 检验的 P 值', result.pvalue)
Out[36]:t 检验结果 Ttest_relResult(statistic = - 1.3101952904954128, pvalue =
       0.1931615831921933)
       t 检验的统计量值 - 1.3101952904954128
       t 检验的 P 值 0.1931615831921933
```

C. 独立样本 t 检验

独立样本 t 检验用于检验两个服从正态分布的总体的均值是否存在显著差异。独立样本 t 检验的统计量为：

$$\frac{(\bar{x}_1 - \bar{x}_2) - (\mu_1 - \mu_2)}{\sqrt{s_p\left(\frac{1}{n_1} + \frac{1}{n_2}\right)}} \sim t(n_1 + n_2 - 2)$$

$$s_p = \frac{(n_1 - 1)s_1^2 + (n_2 - 1)s_2^2}{n_1 + n_2 - 2}$$

在 scipy 库中使用 stats.ttest_ind()函数计算配对样本 t 检验的统计量。

scipy.stats.ttest_ind()语法及常用参数：

scipy.stats.ttest_ind(a，b，axis＝0，equal_var＝True，nan_policy＝'propagate'，permutations＝None，random_state＝None，alternative＝'two-sided'，trim＝0)

常用参数说明：

a/b：样本数据。

axis：沿其计算测试的轴，不指定则计算整个数组，默认为 0。

equal_var：如果为 True（默认），则执行假设总体方差相等的标准独立 t 样本检验。如果为 False，则执行 Welch 的 t 检验，该检验不假设总体方差相等。

nan_policy：定义 NaN 值的处理，该参数的三种方式与 scipy.stats.ttest_1samp() 的相同。

permutations：如果为 0 或 None（默认），则使用 t 分布来计算 P 值。

random-state：伪随机数生成器状态，默认为 None。

alternative：备择假设，有 'two-sided'、'less'、'greater' 三种方式。

trim：如果为非零，则尾部被修剪的元素数量等于该值乘以元素总数。

下面编写独立样本 t 检验程序，比较贵州茅台收益率和上证综合指数收益率的均值是否相同。"指数信息.xlsx"为上证综合指数（指数代码为 000001）从 1990 年 12 月 19 日至 2022 年 12 月 30 日的收益率数据。In[37]读取了上证综合指数数据表"指数信息.xlsx"，赋值给 df_data2，并列示数据信息摘要。In[38]列示前 10 行数据，变量 Retindex 为上证综合指数收益率。In[39]按照日期合并 df_data1 和 df_data2，赋值给 df2，并列示合并后前 10 行数据。In[40]计算独立样本 t 检验统计量，t 值为 3.470，P 值为 0.001。在 1% 的显著性水平下，拒绝原假设，即贵州茅台收益率和上证综合指数收益率的均值不相同。

```
In[37]:df_data2 = pd.read_excel('指数信息.xlsx', sheet_name='data')
       df_data2.info()
Out[37]:<class 'pandas.core.frame.DataFrame'>
       RangeIndex: 7828 entries, 0 to 7827
       Data columns (total 8 columns):
        #   Column      Non-Null Count    Dtype
       ---  ------      --------------    -----
        0   Indexcd     7828 non-null     int64
        1   Trddt       7828 non-null     object
        2   Daywk       7828 non-null     int64
        3   Opnindex    7828 non-null     float64
        4   Hiindex     7828 non-null     float64
        5   Loindex     7828 non-null     float64
        6   Clsindex    7828 non-null     float64
        7   Retindex    7827 non-null     float64
       dtypes: float64(5), int64(2), object(1)
       memory usage: 489.4 + KB
```

In[38]:print(df_data2.head(10))

Out[38]:

	Indexcd	Trddt	Daywk	Opnindex	Hiindex	Loindex	Clsindex	Retindex
0	1	1990-12-19	3	96.05	99.98	95.79	99.98	NaN
1	1	1990-12-20	4	104.30	104.39	99.98	104.39	0.044109
2	1	1990-12-21	5	109.07	109.13	103.73	109.13	0.045407
3	1	1990-12-24	1	113.57	114.55	109.13	114.55	0.049666
4	1	1990-12-25	2	120.09	120.25	114.55	120.25	0.049760
5	1	1990-12-26	3	125.27	125.27	120.25	125.27	0.041746
6	1	1990-12-27	4	125.27	125.28	125.27	125.28	0.000080
7	1	1990-12-28	5	126.39	126.45	125.28	126.45	0.009339
8	1	1990-12-31	1	126.56	127.61	126.48	127.61	0.009174
9	1	1991-01-02	3	127.61	128.84	127.61	128.84	0.009639

In[39]:df2 = pd.merge(df_data1, df_data2, on='Trddt')

df2 = df2.loc[:, ['Trddt', 'Dretwd', 'Retindex']]

print(df2.head(10))

Out[39]:

	Trddt	Dretwd	Retindex
0	2001-08-27	0.132526	−0.031561
1	2001-08-28	0.036850	0.008833
2	2001-08-29	−0.013022	0.002251
3	2001-08-30	0.019791	−0.004281
4	2001-08-31	−0.002426	−0.002984
5	2001-09-03	−0.000540	−0.009241
6	2001-09-04	0.012706	0.024857
7	2001-09-05	−0.000534	0.003173
8	2001-09-06	−0.019765	−0.003592
9	2001-09-07	−0.027793	−0.028320

In[40]:result = scipy.stats.ttest_ind(a=df2['Dretwd'], b=df2['Retindex'])

print('t 检验结果', result)

print('t 检验的统计量值', result.statistic)

print('t 检验的 P 值', result.pvalue)

Out[40]: t 检验结果 Ttest_indResult(statistic = 3.4703722103763175, pvalue = 0.0005218849005957758)

t 检验的统计量值 3.4703722103763175

t 检验的 P 值 0.0005218849005957758

8.4　回归分析

在财会金融研究过程中,研究人员常常需要分析两个或多个会计/经济/金融变量之间的关系,例如可支配收入与消费水平之间的关系、国际油价与国内生产价格指数之间的关系等等。本节首先讲解如何通过 Python 获取变量之间的相关性,然后阐述线性回归和 Logit 回归的 Python 实现过程。

8.4.1　相关性分析

相关性分析是指对两个或多个变量进行分析,测算两个变量之间的相关密切程度。在统计分析中,常使用协方差和相关系数衡量变量之间的相关性。

(1) 协方差 cov( ) 函数。协方差表示两个变量总体误差的期望。如果两个变量的变化趋势一致,那么两个变量之间的协方差为正值;如果两个变量的变化趋势相反,那么两个变量之间的协方差为负值。如果两个变量是统计独立的,那么两个变量之间的协方差为 0。

在 pandas 库中使用 DataFrame.cov( )函数计算变量之间的协方差。

---

pandas.DataFrame.cov( )语法及常用参数:

　　pandas.DataFrame.cov(min_periods=None, ddof=1)

常用参数说明:

min_periods:以获得有效结果的每列的最少观察数。

ddof:自由度,默认为 1。

下面编写协方差程序。In[41]生成 4 个新的变量,分别为贵州茅台滞后一期的收益率(Dretwd_lag1)、贵州茅台滞后两期的收益率(Dretwd_lag2)、上证综合指数滞后一期的收益率(Retindex_lag1)、上证综合指数滞后两期的收益率(Retindex_lag2),并列示前 10 行数据。In[42]列示了 6 个变量之间的协方差。

```
In[41]:df3 = df2.copy()
        df3['Dretwd_lag1'] = df3['Dretwd'].shift(1)
        df3['Dretwd_lag2'] = df3['Dretwd'].shift(2)
        df3['Retindex_lag1'] = df3['Retindex'].shift(1)
        df3['Retindex_lag2'] = df3['Retindex'].shift(2)
        print(df3.head(10))
Out[41]:
```

	Trddt	Dretwd	Retindex	Dretwd_lag1	Dretwd_lag2	Retindex_lag1	Retindex_lag2
0	2001-08-27	0.132526	− 0.031561	NaN	NaN	NaN	NaN
1	2001-08-28	0.036850	0.008833	0.132526	NaN	− 0.031561	NaN
2	2001-08-29	− 0.013022	0.002251	0.036850	0.132526	0.008833	− 0.031561

3	2001-08-30	0.019791	− 0.004281	− 0.013022	0.036850	0.002251	0.008833
4	2001-08-31	− 0.002426	− 0.002984	0.019791	− 0.013022	− 0.004281	0.002251
5	2001-09-03	− 0.000540	− 0.009241	− 0.002426	0.019791	− 0.002984	− 0.004281
6	2001-09-04	0.012706	0.024857	− 0.000540	− 0.002426	− 0.009241	− 0.002984
7	2001-09-05	− 0.000534	0.003173	0.012706	− 0.000540	0.024857	− 0.009241
8	2001-09-06	− 0.019765	− 0.003592	− 0.000534	0.012706	0.003173	0.024857
9	2001-09-07	− 0.027793	− 0.028320	− 0.019765	− 0.000534	− 0.003592	0.003173

```
In[42]: result = df3.cov()
        print(result)
Out[42]:
```

	Dretwd	Retindex	Dretwd_lag1	Dretwd_lag2	Retindex_lag1	Retindex_lag2
Dretwd	0.000433	$1.557158e-04$	0.000016	$−5.937471e-06$	− 0.000015	− 0.000007
Retindex	0.000156	$2.322520e-04$	0.000008	$−8.367052e-07$	0.000006	− 0.000005
Dretwd_lag1	0.000016	$7.808367e-06$	0.000433	$1.575404e-05$	0.000156	− 0.000015
Dretwd_lag2	− 0.000006	$−8.367052e-07$	0.000016	$4.335320e-04$	0.000008	0.000156
Retindex_lag1	− 0.000015	$5.893420e-06$	0.000156	$7.819008e-06$	0.000232	0.000006
Retindex_lag2	− 0.000007	$−5.070392e-06$	− 0.000015	$1.557652e-04$	0.000006	0.000232

(2) 相关系数 corr( )函数。相关系数是用以反映变量之间关系密切程度的统计指标。与协方差不同,相关系数排除了变量之间量纲的差异。常见的相关系数计算方法包括 pearson 相关系数、kendall 相关系数和 spearman 相关系数。

在 pandas 库中使用 DataFrame.corr()函数计算变量之间的相关系数。

---

pandas.DataFrame.corr( )语法及常用参数:
    pandas.DataFrame.corr(method='pearson', min_periods=1)
常用参数说明:
method:相关系数计算的方法,可选'pearson'、'kendall'、'spearman'或调用其他方法。
min_periods:以获得有效结果的每列的最少观察数。

下面编写相关系数程序。In[43]生成了 pearson 相关系数矩阵,贵州茅台当期收益率 (Dretwd)与上证综合指数收益率(Retindex)的系数为 0.490 815,具有较强的正相关性。贵州茅台当期收益率(Dretwd)与贵州茅台滞后一期的收益率(Dretwd_lag1)、贵州茅台滞后两期的收益率(Dretwd_lag2)的系数分别为 0.036 465、−0.013 753,说明贵州茅台当期收益率和前一期的收益率正相关,和前两期的收益率负相关,但是相关性较弱。贵州茅台当期收益率(Dretwd)与上证综合指数滞后一期的收益率(Retindex_lag1)、上证综合指数滞后两期的收益率(Retindex_lag2)的系数分别为−0.048 060、−0.022 914,相关系数为负,但是相关性不强。In[44]生成了 kendall 相关系数矩阵,In[45]生成了 spearman 相关系数矩阵,相关性结果和 pearson 相关系数矩阵类似。

```
In[43]: result = df3.corr(method ='pearson')
        print(result)
Out[43]:
```

	Dretwd	Retindex	Dretwd_lag1	Dretwd_lag2	Retindex_lag1	Retindex_lag2
Dretwd	1.000000	0.490815	0.036465	− 0.013753	− 0.048060	− 0.022914
Retindex	0.490815	1.000000	0.024618	− 0.002638	0.025381	− 0.021833
Dretwd_lag1	0.036465	0.024618	1.000000	0.036480	0.490811	− 0.048052
Dretwd_lag2	− 0.013753	− 0.002638	0.036480	1.000000	0.024647	0.490798
Retindex_lag1	− 0.048060	0.025381	0.490811	0.024647	1.000000	0.025401
Retindex_lag2	− 0.022914	− 0.021833	− 0.048052	0.490798	0.025401	1.000000

```
In[44]: result = df3.corr(method ='kendall')
        print(result)
Out[44]:
```

	Dretwd	Retindex	Dretwd_lag1	Dretwd_lag2	Retindex_lag1	Retindex_lag2
Dretwd	1.000000	0.329675	0.013268	− 0.021253	− 0.015951	− 0.014195
Retindex	0.329675	1.000000	0.000170	0.005537	0.012719	− 0.000816
Dretwd_lag1	0.013268	0.000170	1.000000	0.013319	0.329654	− 0.015914
Dretwd_lag2	− 0.021253	0.005537	0.013319	1.000000	0.000241	0.329616
Retindex_lag1	− 0.015951	0.012719	0.329654	0.000241	1.000000	0.012787
Retindex_lag2	− 0.014195	− 0.000816	− 0.015914	0.329616	0.012787	1.000000

```
In[45]: result = df3.corr(method ='spearman')
        print(result)
Out[45]:
```

	Dretwd	Retindex	Dretwd_lag1	Dretwd_lag2	Retindex_lag1	Retindex_lag2
Dretwd	1.000000	0.468953	0.019850	− 0.030503	− 0.023413	− 0.020975
Retindex	0.468953	1.000000	0.000459	0.007462	0.018020	− 0.002242
Dretwd_lag1	0.019850	0.000459	1.000000	0.019920	0.468935	− 0.023361
Dretwd_lag2	− 0.030503	0.007462	0.019920	1.000000	0.000560	0.468890
Retindex_lag1	− 0.023413	0.018020	0.468935	0.000560	1.000000	0.018115
Retindex_lag2	− 0.020975	− 0.002242	− 0.023361	0.468890	0.018115	1.000000

8.4.2　线性回归

线性回归是指找到多维空间中的一条直线(线性回归方程),使得其尽可能地去拟合变量之间的"隐式关系"。普通最小二乘法(Ordinary Least Square,OLS),是线性回归模型中最基本的估计方法,原理就是使残差的平方和达到最小。

statsmodel 库是 Python 中的一个强大的统计分析库。可使用 statsmodels.api 的 OLS()

进行线性回归。需要特别注意的是,进行线性回归的变量不能有缺失值,否则会报错。

> **statsmodels.api.OLS( )语法及常用参数:**
>
> statsmodels.api.OLS (endog,exog＝None,
>
> missing=' none', hasconst＝None)
>
> **常用参数说明:**
>
> **endog:**回归中的反应变量(也称因变量)。
>
> **exog:**回归变量(也称自变量)。
>
> **missing:**可用的选项包括'none', 'drop'和' raise'。如果为 none,则不进行缺失值检查。如果为'drop',缺失值的记录都会被丢弃。如果为' raise',当存在缺失值时会引发错误。默认为' none'。
>
> **hasconst:**如果为 True,则不检查常量,并将 k_constant 设置为 1。如果为 False,则不检查常量,并将 k_constant 设置为 0。

使用上文的 df3 数据表进行线性回归。将贵州茅台当期收益率(Dretwd)作为因变量,将上证综合指数滞后一期的收益率(Retindex_lag1)作为自变量,考察前一期的上证综合指数是否能预测当期的贵州茅台走势。In[46]列示了 df3 数据的信息摘要,变量 Dretwd 有5 107 个观测值,但是变量 Dretwd_lag1 只有5 106个观测值,原因是生成滞后一期变量导致缺失值。In[47]在使用 OLS()回归前,需要剔除变量缺失值,否则会报错。In[48]生成了新的数据表 df4,并剔除了缺失值。

```
In[46]:print(df3.info())
Out[46]:<class 'pandas.core.frame.DataFrame'>
        Int64Index: 5107 entries, 0 to 5106
        Data columns (total 7 columns):
        #   Column         Non-Null Count   Dtype
        ---------------------------------------------
        0   Trddt          5107 non-null    object
        1   Dretwd         5107 non-null    float64
        2   Retindex       5107 non-null    float64
        3   Dretwd_lag1    5106 non-null    float64
        4   Dretwd_lag2    5105 non-null    float64
        5   Retindex_lag1  5106 non-null    float64
        6   Retindex_lag2  5105 non-null    float64
        dtypes: float64(6), object(1)
        memory usage: 319.2＋ KB
        None

In[47]:Y = df3['Dretwd']
       X = df3['Retindex_lag1']
       X = sm.add_constant(X)
       model = sm.OLS(Y, X)
```

```
Out[47]:raise MissingDataError('exog contains inf or nans')
        statsmodels. tools. sm _ exceptions. MissingDataError： exog  contains  inf
        or nans


In[48]:df4 = df3.dropna()
       df4.info()
Out[48]:<class 'pandas.core.frame.DataFrame'>
        Int64Index: 5105 entries, 2 to 5106
        Data columns (total 7 columns):
         #   Column          Non-Null Count   Dtype
        ---  ------          --------------   -----
         0   Trddt           5105 non-null    object
         1   Dretwd          5105 non-null    float64
         2   Retindex        5105 non-null    float64
         3   Dretwd_lag1     5105 non-null    float64
         4   Dretwd_lag2     5105 non-null    float64
         5   Retindex_lag1   5105 non-null    float64
         6   Retindex_lag2   5105 non-null    float64
        dtypes: float64(6), object(1)
        memory usage: 319.1＋ KB
```

In[49]列示了一元回归分析的程序,首先分别设置因变量 Y 和自变量 X,给 X 添加常数项,然后通过 OLS(Y, X)实例化线性归回,通过 fit()计算拟合系数,并打印回归结果。结果显示,变量 Retindex_lag1 的系数为 -0.0645,P 值为 0.001,在 1% 的水平下显著为负。这表明,上证综合指数滞后一期的收益率与贵州茅台当期收益率显著负相关。但是,得出这样的结论时需要谨慎,因为还有许多因素没有得到控制。

```
In[49]:Y = df4['Dretwd']                  # 设置因变量
       X = df4['Retindex_lag1']           # 设置自变量
       X = sm.add_constant(X)             # 添加常数项
       model = sm.OLS(Y, X)               # 实例化线性归回
       results = model.fit()             # 计算拟合系数
       print(results.summary())          # 打印回归结果
Out[49]:
```

OLS Regression Results

Dep. Variable:	Dretwd	R-squared:	0.002
Model:	OLS	Adj. R-squared:	0.002
Method:	Least Squares	F-statistic:	11.49

Date:	Fri, 31 Mar 2023		Prob (F-statistic):			0.000705
Time:	20:33:44		Log-Likelihood:			12549.
No. Observations:	5105		AIC:			$-2.509e+04$
Df Residuals:	5103		BIC:			$-2.508e+04$
Df Model:	1					
Covariance Type:	nonrobust					

	coef	std err	t	P>|t|	[0.025	0.975]
const	0.0014	0.000	4.762	0.000	0.001	0.002
Retindex_lag1	-0.0645	0.019	-3.390	0.001	-0.102	-0.027

Omnibus:	535.916	Durbin-Watson:		1.885
Prob(Omnibus):	0.000	Jarque-Bera (JB):		2074.107
Skew:	0.475	Prob(JB):		0.00
Kurtosis:	5.974	Cond. No.		65.6

Notes:

[1] Standard Errors assume that the covariance matrix of the errors is correctly specified.

In[50]列示了多元回归分析的程序。将贵州茅台当期收益率(Dretwd)作为因变量,将贵州茅台滞后一期的收益率(Dretwd_lag1)、贵州茅台滞后两期的收益率(Dretwd_lag2)、上证综合指数滞后一期的收益率(Retindex_lag1)、上证综合指数滞后两期的收益率(Retindex_lag2)作为自变量,考察这些因素是否能预测当期的贵州茅台走势。模型的设定和计算与In[49]类似,只是在设定自变量时不同,这里自变量为多个变量。结果显示,贵州茅台滞后一期的收益率(Dretwd_lag1)、上证综合指数滞后一期的收益率(Retindex_lag1)对当期的贵州茅台走势具有重要影响;没有证据显示,贵州茅台滞后两期的收益率(Dretwd_lag2)、上证综合指数滞后两期的收益率(Retindex_lag2)对当期的贵州茅台走势有预测作用。当然,对这些结论要保持谨慎,因为它们之间的关系可能是更复杂的非线性关系。

```
In[50]:Y = df4['Dretwd']                    # 设置因变量
       X = df4.loc[:, ['Dretwd_lag1','Dretwd_lag2','Retindex_lag1','Retindex_
       lag2']]                              # 设置自变量
       X = sm.add_constant(X)               # 添加常数项
       model = sm.OLS(Y, X)                 # 实例化线性回归
       results = model.fit()               # 计算拟合系数
       print(results.summary())            # 打印回归结果
Out[50]:
                        OLS Regression Results
```

	coef	std err	t	P>|t|	[0.025	0.975]
Dep. Variable:		Dretwd	R-squared:			0.007
Model:		OLS	Adj. R-squared:			0.006
Method:		Least Squares	F-statistic:			9.044
Date:		Fri, 31 Mar 2023	Prob (F-statistic):			2.82e − 07
Time:		20:38:41	Log-Likelihood:			12562.
No. Observations:		5105	AIC:			− 2.511e + 04
Df Residuals:		5100	BIC:			− 2.508e + 04
Df Model:		4				
Covariance Type:		nonrobust				

	coef	std err	t	P>|t|	[0.025	0.975]
const	0.0013	0.000	4.464	0.000	0.001	0.002
Dretwd_lag1	0.0760	0.016	4.710	0.000	0.044	0.108
Dretwd_lag2	− 0.0079	0.016	− 0.496	0.620	− 0.039	0.023
Retindex_lag1	− 0.1151	0.022	− 5.253	0.000	− 0.158	− 0.072
Retindex_lag2	− 0.0180	0.022	− 0.821	0.412	− 0.061	0.025

Omnibus:	513.886	Durbin-Watson:		1.999
Prob(Omnibus):	0.000	Jarque-Bera (JB):		1933.416
Skew:	0.461	Prob(JB):		0.00
Kurtosis:	5.871	Cond. No.		86.1

Notes:

[1] Standard Errors assume that the covariance matrix of the errors is correctly specified.

　　在进行线性回归后,可以提取线性回归的相关结果。

　　In[51]提取了线性回归的拟合优度 rsquared,数值为 0.007 043,类型为 numpy.float64。In[52]提取了线性回归的调整后的拟合优度 rsquared_adj,数值为 0.006 264,类型也为 numpy.float64。

```
In[51]:print(results.rsquared)
       print(type(results.rsquared))
Out[51]:0.007043079487354165
        <class'numpy.float64'>


In[52]:print(results.rsquared_adj)
       print(type(results.rsquared_adj))
Out[52]:0.006264289745775642
        <class'numpy.float64'>
```

In[53]通过.params 提取了线性回归的回归系数,In[54]通过.tvalues 提取了线性回归的 t 值,In[55]通过.pvalues 提取了线性回归的 P 值,它们的变量类型均为 Series。

```
In[53]:print(results.params)
        print(type(results.params))
Out[53]:const              0.001298
        Dretwd_lag1         0.076029
        Dretwd_lag2        -0.007930
        Retindex_lag1      -0.115063
        Retindex_lag2      -0.017962
        dtype: float64
        <class'pandas.core.series.Series'>


In[54]:print(results.tvalues)
        print(type(results.tvalues))
Out[54]:const              4.464000
        Dretwd_lag1         4.710475
        Dretwd_lag2        -0.495886
        Retindex_lag1      -5.253271
        Retindex_lag2      -0.820569
        dtype: float64
        <class'pandas.core.series.Series'>


In[55]:print(results.pvalues)
        print(type(results.pvalues))
Out[55]:const              8.217796e-06
        Dretwd_lag1         2.537007e-06
        Dretwd_lag2         6.199963e-01
        Retindex_lag1       1.554979e-07
        Retindex_lag2       4.119300e-01
        dtype: float64
        <class'pandas.core.series.Series'>
```

In[56]通过.resid 获取各记录的残差,In[57]通过.fittedvalues 获取各记录的预测值,它们的变量类型均为 Series。In[58]通过 predict()获取各记录的预测值,但是与.fittedvalues 不同,其返回的类型为 numpy.ndarray。

```
In[56]:print(results.resid)
        print(type(results.resid))
```

```
Out[56]:2         - 0.015621
        3           0.020193
        4         - 0.005784
        5         - 0.001917
        6           0.010313
          ⋮           ⋮
        5102      - 0.018040
        5103        0.008028
        5104      - 0.000746
        5105      - 0.009445
        5106        0.003413
        Length: 5105, dtype: float64
        <class 'pandas.core.series.Series'>
```

```
In[57]:print(results.fittedvalues)
       print(type(results.fittedvalues))
Out[57]:2          0.002599
        3         - 0.000402
        4           0.003358
        5           0.001377
        6           0.002393
          ⋮           ⋮
        5102        0.001699
        5103      - 0.000652
        5104        0.000746
        5105        0.001367
        5106        0.001241
        Length: 5105, dtype: float64
        <class 'pandas.core.series.Series'>
```

```
In[58]:print(results.predict())
       print(type(results.predict()))
Out[58]:[ 0.002599  - 0.00040222  0.0033578  ⋯  0.00074567  0.00136705
        0.00124147]
        <class 'numpy.ndarray'>
```

8.4.3 Logit 回归

逻辑回归(Logistic regression，Logit)常用于解决二分类问题。使用 statsmodels.api 的

Logit()进行逻辑回归。需要特别注意的是,进行 Logit 回归的变量不能有缺失值,否则会报错。

---

statsmodels.api.Logit( )语法及常用参数:

    statsmodels.api.Logit(endog,exog)

常用参数说明:

endog:代表和因变量(Y)对应的数据。

exog:代表和自变量(X)对应的数据。

下面编写 Logit 回归分析的程序。在数据表 df4 的基础上,生成贵州茅台当期收益率虚拟变量(Dretwd_dum),如果当期收益率为非负,则为 1,否则为 0。In[59]生成相关数据,并列示了 df4 数据表前 10 行记录。将贵州茅台当期收益率虚拟变量(Dretwd_dum)作为因变量,将贵州茅台滞后一期的收益率(Dretwd_lag1)、贵州茅台滞后两期的收益率(Dretwd_lag2)、上证综合指数滞后一期的收益率(Retindex_lag1)、上证综合指数滞后两期的收益率(Retindex_lag2)作为自变量,分析这些因素是否能预测当期的贵州茅台上涨或下跌。In[60]列示的 Logit 回归模型的构建过程,与线性回归基本类似。在完成 Logit 回归分析后,可以提取相关的模型的结果,In[61]通过.params 提取了回归系数,In[62]通过.tvalues 提取了 t 值,In[63]通过.pvalues 提取了 P 值,它们的变量类型均为 Series。

```
In[59]:df5 = df4.copy()
       df5.insert(2,'Dretwd_dum', df5['Dretwd'].apply(lambda x: 1 if x >= 0 else 0))
       print(df5.head(10))
Out[59]:
```

	Trddt	Dretwd	Dretwd_dum	Retindex	Dretwd_lag1	Dretwd_lag2	Retindex_lag1	Retindex_lag2
2	2001-08-29	− 0.013022	0	0.002251	0.036850	0.132526	0.008833	− 0.031561
3	2001-08-30	0.019791	1	− 0.004281	− 0.013022	0.036850	0.002251	0.008833
4	2001-08-31	− 0.002426	0	− 0.002984	0.019791	− 0.013022	− 0.004281	0.002251
5	2001-09-03	− 0.000540	0	− 0.009241	− 0.002426	0.019791	− 0.002984	− 0.004281
6	2001-09-04	0.012706	1	0.024857	− 0.000540	− 0.002426	− 0.009241	− 0.002984
7	2001-09-05	− 0.000534	0	0.003173	0.012706	− 0.000540	0.024857	− 0.009241
8	2001-09-06	− 0.019765	0	− 0.003592	− 0.000534	0.012706	0.003173	0.024857
9	2001-09-07	− 0.027793	0	− 0.028320	− 0.019765	− 0.000534	− 0.003592	0.003173
10	2001-09-10	0.028587	1	0.026365	− 0.027793	− 0.019765	− 0.028320	− 0.003592
11	2001-09-11	− 0.011172	0	0.003905	0.028587	− 0.027793	0.026365	− 0.028320

```
In[60]:Y = df5['Dretwd_dum']                # 设置因变量
       X = df5.loc[:,['Dretwd_lag1','Dretwd_lag2','Retindex_lag1','Retindex_
       lag2']]                              # 设置自变量
       X = sm.add_constant(X)               # 添加常数项
       model = sm.Logit(Y, X)              # 实例化 Logit 归回
```

```
        results = model.fit()      # 计算拟合系数
        print(results.summary())   # 打印回归结果
```

Out[60]:

Optimization terminated successfully.

　　　Current function value: 0.690560

　　　Iterations 4

Logit Regression Results

Dep. Variable:	Dretwd_dum	No. Observations:	5105
Model:	Logit	Df Residuals:	5100
Method:	MLE	Df Model:	4
Date:	Thu, 06 Apr 2023	Pseudo R-squ.:	0.003560
Time:	22:51:04	Log-Likelihood:	−3525.3
converged:	True	LL-Null:	−3537.9
Covariance Type:	nonrobust	LLR p-value:	4.607e−05

	coef	std err	z	P>|z|	[0.025	0.975]
const	0.0335	0.028	1.187	0.235	−0.022	0.089
Dretwd_lag1	2.5197	1.571	1.604	0.109	−0.559	5.598
Dretwd_lag2	−3.0106	1.556	−1.935	0.053	−6.060	0.039
Retindex_lag1	−9.0647	2.150	−4.216	0.000	−13.279	−4.851
Retindex_lag2	−0.9908	2.130	−0.465	0.642	−5.166	3.185

```
In[61]:print(results.params)
       print(type(results.params))
Out[61]:const              0.033471
        Dretwd_lag1        2.519706
        Dretwd_lag2       −3.010634
        Retindex_lag1     −9.064693
        Retindex_lag2     −0.990767
        dtype: float64
        <class 'pandas.core.series.Series'>

In[62]:print(results.tvalues)
       print(type(results.tvalues))
Out[62]:const              1.186899
        Dretwd_lag1        1.604120
        Dretwd_lag2       −1.935043
        Retindex_lag1     −4.216058
        Retindex_lag2     −0.465072
```

```
    dtype：float64
    <class'pandas.core.series.Series'>

In[63]:print(results.pvalues)
    print(type(results.pvalues))
Out[63]:const          0.235267
    Dretwd_lag1    0.108688
    Dretwd_lag2    0.052985
    Retindex_lag1  0.000025
    Retindex_lag2  0.641880
    dtype：float64
    <class'pandas.core.series.Series'>
```

8.5 应用实践

本节将使用一般公司债数据,对其票面利率进行描述性统计,并分析其影响因素。

8.5.1 描述性统计

"指数信息.xlsx"为 2008 年至 2021 年发行的一般公司债数据,票面利率为发行时票面利率,总资产报酬率、资产负债率、流动比率为债券 2020 年的财务比率。

In[64]读取"指数信息.xlsx"赋值给 df_data3,并列示数据信息摘要,有 7 821 条记录。In[65]打印了 df_data3 数据表前 10 条记录。由于部分记录的上市日期存在缺失值,在数据表上体现为"——",In[66]将其设置为 NaN,然后剔除缺失值,剔除 62 条记录。由于票面利率的数据类型为 object,需要将其转变为 float64,In[67]剔除了缺失值和修改数据类型,输出结果显示,票面利率的数据类型已经修改为 float64。In[68]列示了分年度的样本数量,2020 年至 2022 年的样本分别为 1 190 个、1 350 个和 1 363 个。

```
In[64]:df_data3 = pd.read_excel('指数信息.xlsx', sheet_name ='data')
    df_data3.info()
Out[64]:<class'pandas.core.frame.DataFrame'>
    RangeIndex：7821 entries, 0 to 7820
    Data columns (total 9 columns):
    #   Column        Non-Null Count  Dtype
    ------------------------------------------------
    0   证券代码        7821 non-null   object
    1   证券名称        7821 non-null   object
```

2	上市日期	7821 non-null	object
3	票面利率	7821 non-null	object
4	债券期限	7821 non-null	float64
5	发行时信用评级	7821 non-null	object
6	总资产报酬率	7821 non-null	object
7	资产负债率	7821 non-null	object
8	流动比率	7821 non-null	object

dtypes: float64(1), object(8)

memory usage: 550.0 + KB

In[65]:print(df_data3.head(10))

Out[65]:

	证券代码	证券名称	上市日期	票面利率	债券期限	发行时信用评级	总资产报酬率	资产负债率	流动比率
0	112001.SZ	08 粤电债	2008-03-27	5.5	7.0	AAA	5.645984	58.423782	0.533793
1	112002.SZ	08 中联债	2008-05-09	6.5	8.0	AA	9.025866	58.815792	1.730533
2	112003.SZ	08 泰达债	2008-09-01	7.1	5.0	AA +	2.69655	82.048988	1.055644
3	112004.SZ	08 中粮债	2008-09-04	6.06	10.0	AAA	2.328377	77.162181	1.523667
4	112005.SZ	08 万科 G1	2008-09-18	5.5	5.0	AAA	4.654082	81.283503	1.174494
5	112006.SZ	08 万科 G2	2008-09-18	7	5.0	AA +	4.654082	81.283503	1.174494
6	112007.SZ	09 金街 01	2009-09-15	4.7	3.0	AA +	1.198834	76.47565	2.24313
7	112008.SZ	09 金街 02	2009-09-15	5.7	5.0	AA +	1.198834	76.47565	2.24313
8	112009.SZ	09 粤高债	2009-10-16	5.1	5.0	AAA	11.060453	48.187073	1.189073
9	112010.SZ	09 西煤债	2009-11-09	5.38	5.0	AAA	5.575712	69.211948	0.464786

In[66]:def get_data1(x):

```
    result = pd.NA
    if type(x) = = str:
        if len(x) > = 4:
            result = int(x[0:4])
    return result

    df6 = df_data3.copy()
    df6['年度'] = df6['上市日期'].map(get_data1)
    df6 = df6.dropna(subset = ['年度'])
    df6.info()
```

Out[66]:<class 'pandas.core.frame.DataFrame'>

　　Int64Index: 7759 entries, 0 to 7819

　　Data columns (total 10 columns):

#	Column	Non-Null Count	Dtype
0	证券代码	7759 non-null	object
1	证券名称	7759 non-null	object
2	上市日期	7759 non-null	object
3	票面利率	7759 non-null	object
4	债券期限	7759 non-null	float64
5	发行时信用评级	7759 non-null	object
6	总资产报酬率	7759 non-null	object
7	资产负债率	7759 non-null	object
8	流动比率	7759 non-null	object
9	年度	7759 non-null	object

dtypes: float64(1), object(9)

memory usage: 666.8 + KB

```
In[67]:def get_data2(x):
        result = x
        if type(x) = = str:
            if x = = '——':
                result = pd.NA
        return result


    df6['票面利率'] = df6['票面利率'].map(get_data2)
    df6 = df6.dropna(subset = ['票面利率'])
    df6['票面利率'] = df6['票面利率'].astype(float)
    df6.info()
```

Out[67]:<class 'pandas.core.frame.DataFrame'>

Int64Index: 7759 entries, 0 to 7819

Data columns (total 10 columns):

#	Column	Non-Null Count	Dtype
0	证券代码	7759 non-null	object
1	证券名称	7759 non-null	object
2	上市日期	7759 non-null	object
3	票面利率	7759 non-null	float64
4	债券期限	7759 non-null	float64
5	发行时信用评级	7759 non-null	object
6	总资产报酬率	7759 non-null	object
7	资产负债率	7759 non-null	object
8	流动比率	7759 non-null	object
9	年度	7759 non-null	object

dtypes: float64(2), object(8)

memory usage: 666.8 + KB

```
In[68]:counts = df6['年度'].value_counts()
       print(counts)
Out[68]:2022    1363
        2021    1350
        2020    1190
        2016     916
        2019     883
        2018     745
        2017     535
        2015     260
        2012     176
        2013     105
        2011      77
        2014      70
        2009      36
        2010      33
        2008      18
        2007       2
        Name:年度, dtype: int64
```

In[69]打印了票面利率变量的描述性统计,均值为 4.535 82,中位数为 4.180 00,最小值为 1.730 00,最大值为 10.000 000。In[70]展示了票面利率的直方图。

```
In[69]:print(df6['票面利率'].describe())
Out[69]:count    7759.00000
        mean        4.53582
        std         1.34411
        min         1.73000
        25 %        3.50000
        50 %        4.18000
        75 %        5.34500
        max        10.00000
        Name:票面利率, dtype: float64
```

```
In[70]:plt.hist(df6['票面利率'], bins = 20, density = True)
       plt.show()
Out[70]:
```

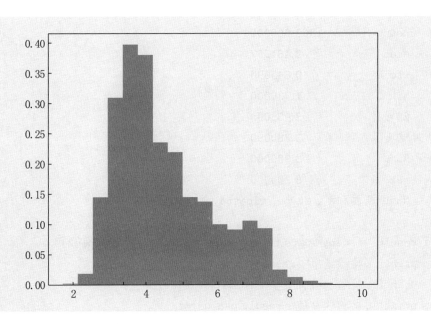

8.5.2 推断统计

下面分析一般公司债的票面利率在 2021 年与 2022 年是否存在显著差异。In[71]分别形成 2021 年样本(sample1)和 2022 年样本(sample2),并对两组样本进行描述性统计。2021 年票面利率均值为 4.090 726,2022 年为 3.481 357。In[72]对两组样本进行 t 检验,结果显示,t 值为 16.689,P 值为 0,这表明,两组样本的票面利率均值在 1% 的水平下显著差异。

```
In[71]:sample1 = df6[df6['年度'] = = 2021]['票面利率']
       sample2 = df6[df6['年度'] = = 2022]['票面利率']
       print('2021 年 ')
       print(sample1.describe())
       print('2022 年 ')
       print(sample2.describe())
Out[71]:2021 年
       count        1350.000000
       mean            4.090726
       std             1.046287
       min             2.290000
       25 %            3.450000
       50 %            3.780000
       75 %            4.300000
       max             8.800000
       Name:票面利率, dtype: float64
       2022 年
```

```
count         1363.000000
mean             3.481357
std              0.845890
min              1.730000
25 %             2.955000
50 %             3.280000
75 %             3.700000
max              8.200000
Name:票面利率, dtype: float64
```

```
In[72]:result = scipy.stats.ttest_ind(a = sample1, b = sample2)
       print('t 检验结果', result)
       print('t 检验的统计量值', result.statistic)
       print('t 检验的 P 值', result.pvalue)
Out[72]: t 检验结果 Ttest _indResult(statistic = 16.68915898833464, pvalue =
         1.339228374223483e - 59)
         t 检验的统计量值 16.68915898833464
         t 检验的 P 值 1.339228374223483e - 59
```

8.5.3　回归分析

　　下面分析一般公司债的票面利率影响因素,因变量为票面利率,自变量为发行时信用评级、总资产报酬率、资产负债率、流动比率。需要注意的是,数据表的总资产报酬率、资产负债率、流动比率均为债券 2020 年的财务比率。因此,将一般公司债的上市日期限定在 2021 年,能更精确地分析这些财务指标对票面利率的影响。

　　In[73]对数据进行预处理。发行时信用评级的数据为 AAA、AA 等,需要将其转为数值才能进行回归分析。定义发行时信用评级变量:当评级为 AAAspc 或 AAA 时为 1,否则为 0。get_data3() 函数将发行时信用评级变量转成数值。总资产报酬率、资产负债率、流动比率也可能存在缺失值,使用 get_data2() 函数进行处理。经过上述处理,剔除了 137 条记录,剩下 1 213 条记录。

　　In[74]列示了相关变量的 pearson 相关系数。结果显示,票面利率与发行时信用评级的相关系数为 -0.451 725,相关性较强,且为负相关。In[75]列示了线性回归结果。结果显示,发行时信用评级的系数为 -1.105 9,在 1% 的水平上显著负相关;资产负债率的系数为 0.011 3,在 1% 的水平上显著正相关。需要注意的是,对这些结论要保持谨慎,因为它们之间的关系可能是更复杂的非线性关系,也可能受许多其他重要的因素影响。

```
In[73]:def get_data3(x):
       result = x
       if type(x) = = str:
           if x = = '——':
               result = pd.NA
```

```
        elif x = = 'AAAspc' or x = = 'AAA':
                result = 1
            else:
                result = 0
        return result


    df7 = df6[df6['年度'] = = 2021].copy()
    del df7['年度']
    df7['发行时信用评级'] = df7['发行时信用评级'].map(get_data3)
    df7['总资产报酬率'] = df7['总资产报酬率'].map(get_data2)
    df7['资产负债率'] = df7['资产负债率'].map(get_data2)
    df7['流动比率'] = df7['流动比率'].map(get_data2)
    df7 = df7.dropna()
    df7['发行时信用评级'] = df7['发行时信用评级'].astype(float)
    df7['总资产报酬率'] = df7['总资产报酬率'].astype(float)
    df7['资产负债率'] = df7['资产负债率'].astype(float)
    df7['流动比率'] = df7['流动比率'].astype(float)
    print(df7.describe())
```

Out[73]:

	票面利率	债券期限	发行时信用评级	总资产报酬率	资产负债率	流动比率
count	1213.000000	1213.000000	1213.000000	1213.000000	1213.000000	1213.000000
mean	4.105425	4.210166	0.752679	3.445425	64.011779	1.559149
std	1.038245	1.739143	0.431633	2.658256	12.774890	1.050026
min	2.750000	0.931500	0.000000	−4.044617	13.480554	0.091993
25%	3.460000	3.000000	1.000000	1.644838	56.560828	0.908124
50%	3.780000	5.000000	1.000000	2.874665	65.554701	1.323396
75%	4.320000	5.000000	1.000000	4.544694	72.711540	1.881713
max	8.800000	15.000000	1.000000	19.362093	90.501664	14.520608

```
In[74]:result = df7.corr(method ='pearson')
    print(result)
```

Out[74]:

	票面利率	债券期限	发行时信用评级	总资产报酬率	资产负债率	流动比率
票面利率	1.000000	0.030195	−0.451725	−0.102964	0.087339	0.130756
债券期限	0.030195	1.000000	−0.017456	−0.136353	−0.053490	0.166279
发行时信用评级	−0.451725	−0.017456	1.000000	0.144082	0.096325	−0.330389
总资产报酬率	−0.102964	−0.136353	0.144082	1.000000	−0.246615	−0.229552
资产负债率	0.087339	−0.053490	0.096325	−0.246615	1.000000	−0.298881
流动比率	0.130756	0.166279	−0.330389	−0.229552	−0.298881	1.000000

```
In[75]:Y = df7['票面利率']
       X = df7.loc[:,['债券期限', '发行时信用评级', '总资产报酬率', '资产负债率', '流
       动比率']]
       X = sm.add_constant(X)
       model = sm.OLS(Y, X)
       results = model.fit()
       print(results.summary())
Out[75]:
```

OLS Regression Results

Dep. Variable:	票面利率	R-squared:	0.222
Model:	OLS	Adj. R-squared:	0.219
Method:	Least Squares	F-statistic:	69.05
Date:	Mon, 10 Apr 2023	Prob (F-statistic):	$1.38e-63$
Time:	01:10:39	Log-Likelihood:	-1613.6
No. Observations:	1213	AIC:	3239.
Df Residuals:	1207	BIC:	3270.
Df Model:	5		
Covariance Type:	nonrobust		

	coef	std err	t	P>|t|	[0.025	0.975]
const	4.1087	0.207	19.856	0.000	3.703	4.515
债券期限	0.0164	0.015	1.061	0.289	-0.014	0.047
发行时信用评级	-1.1059	0.065	-17.024	0.000	-1.233	-0.978
总资产报酬率	0.0021	0.011	0.193	0.847	-0.019	0.024
资产负债率	0.0113	0.002	4.931	0.000	0.007	0.016
流动比率	0.0170	0.029	0.583	0.560	-0.040	0.074

Omnibus:	297.642	Durbin-Watson:	1.776
Prob(Omnibus):	0.000	Jarque-Bera (JB):	647.389
Skew:	1.370	Prob(JB):	$2.64e-141$
Kurtosis:	5.303	Cond. No.	518.

8.6　实操练习题

1. 请获取上市公司资产负债表、利润表、现金流量表数据,构造资产规模自然对数、资产负债率、总资产净利率、经营活动现金流与总资产比等指标,并对这些指标进行描述性统计。

2. 请从统计年鉴或数据库获取 2010 年至今各省的 GDP 数据,并对这些指标进行描述性统计。

第9章

使用 ARIMA 模型预测股票价格
——应用时间序列

很多金融或经济指标,例如宏观的 GDP、CPI 指数或微观的股价数据等,都可能保持一种趋势或波动特征,这对我们预测未来可能具有较大的价值,本章将对时间序列数据分析进行介绍。通过本章的学习,将能够对时间序列数据进行基本处理,如数据移动、滞后计算、数据分组等。

本章将结合 Python 所提供的多种时间序列分析模块及函数,介绍如何进行时间序列的构建、时间序列的处理(缺失值处理、移动和滞后、分组、特征分解、平滑和描述性统计等)以及分析时间序列的基本性质(自相关性、平稳性、白噪声)。

本章在数据分析之前,需要导入相关函数包,包括 numpy、pandas、matplotlib。本章用到 statsmodels 的接口比较多,需先行导入相关的方法或函数。

```
In[1]: from sklearn.neighbors import KNeighborsClassifier
       from datetime import datetime
       import numpy as np
       import pandas as pd
       import matplotlib.pyplot as plt
       import statsmodels.tsa import stattools
       from statsmodels.tsa.stattools import pacf
       from statsmodels.tsa.stattools import acf
       from statsmodels.tsa.stattools import adfuller
       from statsmodels.tsa.stattools import kpss
       from statsmodels.tsa.seasonal import seasonal_decompose
       from statsmodels.graphics.tsaplots import plot_acf
       from statsmodels.graphics.tsaplots import plot_pacf
       import statsmodels.api as sm
       from dateutil.parser import parse

       np.random.seed(0)
```

```
pd.set_option('display.max_columns', None)
pd.set_option('display.width', 1000)
plt.rcParams['axes.unicode_minus'] = False
plt.rcParams['font.sans-serif'] = ['SimHei']
```

9.1　时间序列简介

9.1.1　时间序列基本概念

（1）什么是时间序列？时间序列是指将同一统计指标的数值按其发生的时间先后顺序排列而成的数列，其实质是反映某个或者某些随机变量随时间不断变化的趋势。常见的时间序列有按秒或分钟更新的股价数据、按小时更新的气象数据、按天更新的利率数据、按月更新的征信数据、按季更新的财报数据以及按年更新的宏观经济数据等。

（2）为什么分析时间序列？时间序列分析是指对时间序列进行观察、研究，寻找其变化发展规律，预测其将来的趋势并作出估计。时间序列分析在经济、金融领域比较常见，例如，基本面投资分析季度、年度数据以完成投资决策，量化投资分析以秒为单位的时间序列进行投资决策。总而言之，时间序列分析的本质是分析历史、预测未来、指导决策。

（3）什么是时间序列图？经济金融领域的数据中大多数以时间序列的形式给出。如图 9-1 所示，展示了 2016 年至 2021 年沪深 300 指数收盘价趋势图，一般称为时间序列图。

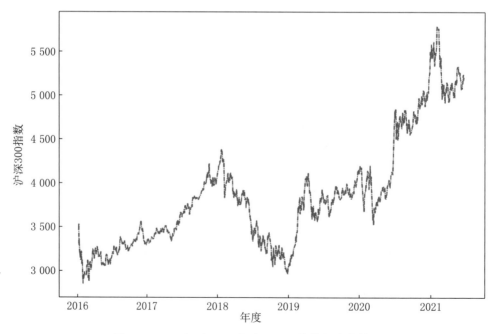

图 9-1　2016 年至 2021 年沪深 300 指数收盘价趋势

9.1.2 时间戳及相关概念

在 Python 中,时间序列类型是一种 Series 数据类型,但与一般 Series 对象不同的是,时间序列的标签(index)属性取值为时间戳(timestamp)、时间差(interval)、周期(period)以及时间增量等,如图 9-2 所示。

（1）时间戳。时间戳是指具体时点。时间戳通常对应时点数据,例如,以秒为单位的交易数据、以分钟为单位的股价数据等等,反映特定时刻的特定指标。

（2）时间间隔。时间间隔是指某特定时段,由确定始末时点的时间戳表示。时间戳相当于坐标系中的点,而时间间隔则是两点连线。

（3）周期。周期是一种特殊形式的时间间隔,每个间隔长度相同且不会重叠,例如每季度的 GDP 数据、每年的年报数据等等。

（4）时间增量。时间增量是指时间的变化量,通常在研究特定时间增量下样本的变化时使用。

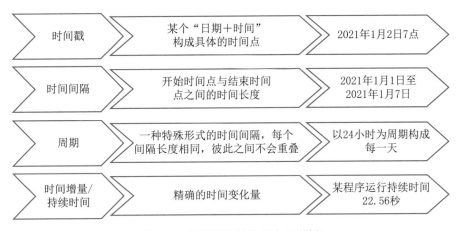

图 9-2　时间戳及相关概念与举例

9.1.3 时间序列的创建

（1）时间戳的创建。时间戳的创建有多种方式,例如使用 Pandas 库提供的 Timestamp 类和 date_range()函数等进行创建,也可以使用 to_datetime()函数将其他格式的数据转换为时间戳。

A. Timestamp()函数

---

pandas.Timestamp（）语法及常用参数：

　　pandas.Timestamp（ts_input，freq_tz，unit，year，month，day，hour，minute，second，microsecond，nanosecond，tzinfo，fold）

常用参数说明：

ts_input：需要转换的时间戳(如字符串型数据'2022-01-01',浮点数据 20220101 或者整型数据等)。

freq_tz：时间戳的偏移量和时区。

unit：单位,如天(D)、小时(h)、秒(s)、毫秒(ms)等。

---

year、month、day：通过设置特定的年、月、日参数创建时间戳。

hour、minute、second、microsecond：精确到小时、分钟、秒以及毫秒创建时间戳。

nanosecond：是否存储为纳秒，默认为 0。

tzinfo：时区信息。

fold：与夏令/冬令时间设定相关。从夏令时间转到冬令时间时，一个时间可以出现两次。

下面举例说明 Timestamp() 函数的使用。

```
In[2]:# 设置年月日创建时间戳
      print(pd.Timestamp(year = 2022,month = 1,day = 1))

      # 将整型转换为时间戳
      print(pd.Timestamp(2022, 1, 1))

      # 将字符串转换为时间戳
      print(pd.Timestamp('2022-01-01'))
Out[2]:2022-01-01 00:00:00
      2022-01-01 00:00:00
      2022-01-01 00:00:00
```

B. date_range() 函数

数据分析过程中可能需要创建"特定特量"的时间戳索引，可以使用 Pandas 库提供的 date_range() 函数批量创建相同时间间隔的时间戳索引，生成一组时间范围。

pandas.date_range( ) 语法及常用参数：

　　pandas.date_range(start = None, end = None, periods = None, freq = None, tz = None, normalize=False, name=None, closed=None, ** kwargs)

常用参数说明：

start：生成时间序列的开始时间。

end：生成时间序列的结束时间。

periods：生成时间序列的数量。函数调用时至少要指定参数 start、end、periods 中的两个。

freq：生成时间序列的时间间隔，默认为'D'。其中常用的'H'表示每小时频率,'D'表示每个自然日频率,'W'表示每周频率,'M'表示每月频率。频率字符串也可以拥有倍数,比如'5H',表示每隔 5 个小时计算一次。

tz：表示时间序列的时区。

normalize：如果为 True 时,将 start、end 参数值正则化到午夜时间戳。

name：生成时间索引对象的名称。

closed：为'left',表示取左开右闭区间的结果；为'right',表示取左闭右开区间的结果；为'None',表示两边都是闭区间的结果。

下面举例介绍 date_range()函数的使用。

```
In[3]:calendar = pd.date_range('1/1/2021',periods = 10)
    date = pd. DataFrame ( np. random. randn ( 10, 4 ) ,  index = calendar, columns =
    list ('wang'))
    print(date)
Out[3]:                  w                a                n                g
        2021-01-01    0.726396       - 0.947193       0.821889        0.303822
        2021-01-02    0.748206       - 2.148412     - 0.177123      - 0.558452
        2021-01-03  - 0.321472         0.405756     - 0.776193        0.168922
        2021-01-04    0.484867         0.665267     - 0.240142      - 0.293953
        2021-01-05    2.236395         1.447346       0.037013        0.194154
        2021-01-06    0.307883         0.551663       0.135483        0.569524
        2021-01-07    0.182529         0.341575     - 0.676121      - 1.261310
        2021-01-08  - 0.543578         0.144050       0.634016      - 0.658306
        2021-01-09    0.494703       - 0.669758     - 1.898895      - 0.207630
        2021-01-10  - 0.070298         1.129630       1.091001      - 1.399008
```

C. to_datetime()函数

除了自主创建时间戳,Pandas 库还提供了 to_datetime()函数,可批量将字符型的时间数据转换为时间型数据。

---

pandas.to_datetime( )语法及常用参数:

　　pandas.to_datetime(arg, errors=' raise ', dayfirst=False, yearfirst=False, utc=None, format=None, exact=True, unit=None, infer_datetime_format=False, origin=' unix ', cache=True)

常用参数说明:

arg:需要转换为时间型数据的对象。

errors:默认为' raise ',无效的解析将引发异常。

dayfirst:如果为 True,则解析顺序为日、月、年。默认顺序是月、日、年。

yearfirst:如果为 True,则解析顺序年、月、日。

utc:如果为 True,则返回 UTC DatetimeIndex。

format:解析时间的 strftime,例如"%d /%m /%Y"。

exact:表示精度。如果为 True,则需要精确的格式匹配。如果为 False,则允许格式匹配目标字符串中的任何位置。

unit:表示单位,arg 的单位有 D、s、ms、us、ns。

infer_datetime_format:如果为 True 且未给出格式,根据第一个非 NaN 元素推断日期时间字符串的格式。

origin:定义参考日期。

cache:如果为 True,则使用唯一的转换日期缓存来应用 datetime 转换。

---

to_datetime()函数在创建/转换时间戳时使用频率较高,如下例所示。

```
In[4]:df1 = pd.read_excel('FE_SHIBOR.xlsx')
      df1['Trading Date'] = pd.to_datetime(df1['Trading Date'])
      df1['Trading Date'].head()
Out[4]: 0    2006-10-08
        1    2006-10-09
        2    2006-10-10
        3    2006-10-11
        4    2006-10-12
        Name: Trading Date, dtype: datetime64[ns]
```

(2) 时间段的创建。时间间隔、周期等时间对象的创建,均属于时间段的创建,可以通过 Pandas 库提供的 Period()或 period_range()进行创建。

A. Period()函数

---

pandas.Period()语法及常用参数:

　　pandas.Period(value, freq, ordinal, year, month, quarter, day, hour, minute, second)

常用参数说明:

value:所要创建的时间周期(例如,4Q2005)。

freq:创建的时间周期频率。

ordinal:创建的时间周期偏移量。

year、month、quarter、day:通过设置特定的年、月、季、日等参数创建时间段。

hour、minute、second:通过设置时、分、秒等参数创建时间段。

下面举例说明 Period()函数的使用。

```
In[5]:#设置年、月、日,创建时间段
      period1 = pd.Period(year = 2022,month = 1,day = 1,freq ='D')
      print(type(period1))
      print(period1)


      #将字符串转换为时间戳
      period2 = pd.Period('2022-01', freq ='D')
Out[5]:<class 'pandas._libs.tslibs.period.period'>
      2022-01-01
      2022-01-01
```

通过 Period()函数创建的时段,还可以通过多种指令获得相关的时间段信息,见表 9-1。

表 9-1   时间段信息获取指令

指　　　令	含　　　义
pd.Period().year	返回创建时段的年度
pd.Period().quarter	返回创建时段的季度
pd.Period().weak	返回创建时段的周
pd.Period().day	返回创建时段的日
pd.Period().dayofyear	返回创建时段在年中的位置
pd.Period().daysinmonth	返回创建时段在月中的位置
pd.Period().dayofweek	返回创建时段在一周中的位置

注：更多指令可查询 Pandas 关于 Period() 的说明。

B. period_range() 函数

使用 period_range() 函数可以返回一个固定频率（默认为天）的时段标签。

> **pandas.period_range() 语法及常用参数：**
>
>   pd.period_range(start, end, periods, freq, name)
>
> **常用参数说明：**
>
> **start**：生成周期的左边界。
>
> **end**：生成周期的右边界。
>
> **periods**：要生成的周期数。
>
> **freq**：如果是 Period 对象，默认情况下，频率是从 start 或 end 获取的，否则默认频率为天。
>
> **name**：产生的 PeriodIndex 的名称。

下面举例说明 period_range() 函数的使用。

```
In[6]: #设置始末时间及频率,创建时间段
      period1 = pd.period_range(start ='2022-01',end ='2022-03',freq ='M')
      print(period1)

      #设置起始时间、周期长度及频率,创建时间段
      period2 = pd.period_range(start ='2022-01',periods = 3,freq ='M')
      print(period2)

      #设置起始时间、周期长度及频率,创建时间段
      period3 = pd.period_range(start ='2022-01',periods = 3,freq ='D')
      print(period3)
Out[6]: PeriodIndex(['2022-01', '2022-02', '2022-03'], dtype ='period[M]', freq ='M')
       PeriodIndex(['2022-01', '2022-02', '2022-03'], dtype ='period[M]', freq ='M')
       PeriodIndex(['2022-01-01', '2022-01-02', '2022-01-03'], dtype ='period[D]',
       freq ='D')
```

（3）时间增量的创建。Pandas 库提供的 Timedelta()可用来创建时间增量,得到的时间增量数据(Timedelta)可用于时间数据的计算。

---

pandas.Timedelta( )语法及常用参数:

　　pd.Timedelta(value, unit, ** kwargs)

常用参数说明:

value: 时间增量。

unit: 单位,可以分别设置日、小时、分钟、秒、毫秒等单位。

下面举例说明 Timedelta()的使用。

```
In[7]:#创建 5 天的时间增量
        timedelta1 = pd.Timedelta(5, unit ='D')
        print(timedelta1)

        #创建 5 天 5 小时 5 分 5 秒的时间增量
        timedelta2 = pd.Timedelta(days = 5, hours = 5, minutes = 5, seconds = 5)
        print(timedelta2)
Out[7]:5 days 00:00:00
        5 days 05:05:05
```

9.1.4 datetime 库介绍

（1）datetime 库。datetime 库是 Python 处理日期和时间的标准库,提供多种处理日期、时间的方法。不仅支持日期和时间的算法,也能实现有效的属性提取和格式输出,本部分将介绍使用 datetime 创建时间对象、查看时间对象属性和转换时间格式等方法。

datetime 库主要包含五大类,见表 9-2。

表 9-2　　　　　　　　　　　　　　datetime 库分类及功能

类　名	功能说明
date	日期对象,常用属性有 year, month, day
time	时间对象,常用属性有 hour, minute, second
datetime	日期时间对象,是 date 和 time 的结合
timedelta	时间间隔,即两个时间点之间的长度
tzinfo	时区信息对象

（2）datetime 类。在日常数据分析中,最为常用的是 datetime 模块的 datetime 类,因此下面主要介绍 datetime 类。

A. 创建时间对象

datetime 类的主要格式及参数如下。

---

datetime.datetime( )语法及常用参数:

　　datetime.datetime(year, month, day, hour, mintue, second, microsecond, tzinfo)

常用参数说明：

year/month/day/hour/mintue/second/microsecond:设置具体的时间。

tzinfo:指定时区。

创建时间的方法有两种：一是直接输入参数；二是通过 datetime.now()或 datetime.today()创建。

```
In[8]:print(datetime(2018, 1, 16, 23, 44, 55))
     print(datetime.today())
     print(datetime.now())
Out[8]:2018-01-16 23:44:55
     2021-08-13 17:44:06.214748
     2021-08-13 17:44:06.217746
```

B. 查看时间对象的属性

表 9-3 展示了时间对象的属性及其说明。

表 9-3 时间对象的属性及其说明

属　性	说　明	属　性	说　明
year	年	mintue	分钟
month	月	second	秒
day	日	microsecond	微秒
weekday	星期几	date	年月日
hour	小时	ctime	字符串方式输出

下面举例说明如何查看时间对象的属性。

```
In[9]:dt = datetime.now()
     print(dt.year)
Out[9]:2021
```

C. 转换时间格式

strptime()函数按照特定时间格式将字符串转换为时间类型；strftime()函数是将时间转换为特定格式输出。

---

strptime()和 strftime()语法及常用参数：

　　datetime.datetime.strptime(string[，format])

　　datetime.datetime strftime(format[，t])

常用参数说明：

string:时间字符串。

format:格式化字符串。

表 9-4 为时间日期格式化符号对应表。

表 9-4　　　　　　　　　　　　　时间日期格式化符号对应表

符号	含　义	取值范围
%Y	四位数的年份表示	0000～9999
%m	两位数的月份	01～12
%d	月内中的一天	0～31
%H	24 小时制小时	0～23
%I	12 小时制小时	01～12
%M	分	00～59
%S	秒	00～59

通过下面的例子演示如何转换时间格式：

```
In[10]:cday1 = datetime.strptime('2021-01-02 07:00:00','%Y-%m-%d %H:%M:%S')
       print(cday1)
Out[10]:2021-01-02 07:00:00


In[11]:cday2 = cday1.strftime('%Y-%m-%d')
       print(cday2)
Out[11]:2021-01-02
```

9.2　时间序列处理

9.2.1　时间序列缺失值处理

在对时间序列进行分析之前,必须先对时间序列数据进行预处理,这是因为数据中的缺失值、极端值和噪声会对数据分析的准确性产生较大的影响。本节主要介绍时间序列缺失值处理。

对时间序列缺失值一般采用插值方法进行处理,即时间序列缺失值插补技术,它使用缺失值周围的两个已知数据点估计丢失的数据点。较为常见的插值方法有基于时间的插值、样条插值和线性插值,一般通过 Pandas 库的 interpolate()函数来实现,其基本语法如下。

> **pandas.DataFrame.interpolate()语法及常用参数：**
> DataFrame.interpolate(method='linear', axis=0, limit=None, inplace=False,
> 　　　　　　　　　　limit_direction=None, limit_area=None, downcast=None, **
> 　　　　　　　　　　kwargs)

常用参数说明：

method：默认为' linear '。表示插值方法，可以是' linear '、' time '、' index '、' pad '、' nearest '、
' spline '、' krogh '、' from_derivatives '等。其中，' linear '代表忽略索引并将值视为等间距；
' time '代表处理每日和更高分辨率的数据，以插值给定的间隔长度；' spline '使用索引的数
值，同时要求指定顺序。

axis：默认为 None，表示沿轴进行插值，可以是 0 或' index '、1 或' columns '以及 None。

limit：表示要填充的连续空值的最大数量，必须为大于 0 的整数。

limit_direction：默认为' forward '，可以是' forward '、' backward '、' both '。如果指定了参
数，则将沿该方向填充连续的空值。

下例将演示三种插值方法。选取 2006 年 10 月至 2022 年 12 月的上海银行间同业拆放
利率(shibor)数据以及经处理后的数据(我们手工删除其中三处数据)，运用图形直观展示时
间序列数据，对比发现有三处缺失值。

```
In[12]:df2 = pd.read_excel('FE_SHIBOR.xlsx', parse_dates = ['TradingDate'], index_
        col ='TradingDate')
        df2['IntersetRate'].plot(figsize = (12, 8), fontsize = 14)
        plt.show()


        df3 = pd.read_excel('FE_SHIBOR_disposed.xlsx', parse_dates = ['TradingDate'],
        index_col ='TradingDate')
        df3['IntersetRate'].plot(figsize = (12, 8), fontsize = 14)
        plt.show()
```

Out[12]:

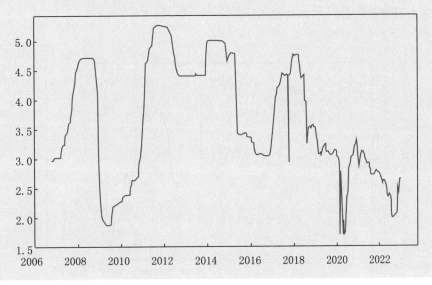

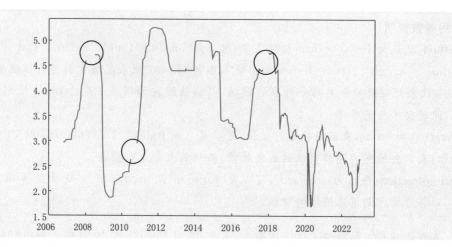

　　然后,使用三种插值方法进行缺失值处理,并绘制插值处理之后的时间序列数据图。第一种和第三种方法给出了比较令人满意的结果,第二种方法在部分缺失值上给出的结果与原数据相比误差较大,可能是由数据和样条插值方法匹配度较低导致的。

```
In[13]: #线性插值
        df3['Linear'] = df3['IntersetRate'].interpolate(method='linear')
        df3['Linear'].plot(figsize=(12, 8), fontsize=14)
        plt.show()

        #样条插值
        df3['Spline order 4'] = df3['IntersetRate'].interpolate(method='spline',
        order=4)
        df3['Spline order 4'].plot(figsize=(12, 8), fontsize=14)
        plt.show()

        #基于时间的插值
        df3['Time'] = df3['IntersetRate'].interpolate(method='time')
        df3['Time'].plot(figsize=(12, 8), fontsize=14)
        plt.show()
```

Out[13]:

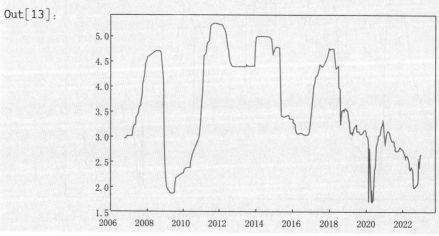

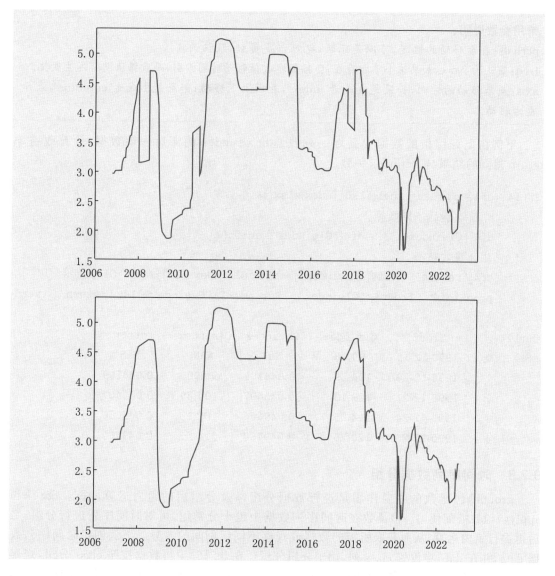

需要注意的是,当仅丢失一两个值,缺失值窗口较小时,这些插值方法更有意义。如果连续丢失了几个值,缺失值窗口较大,这些插值方法就很难估计缺失值,且结果准确性较低。

9.2.2 时间序列数据移动和滞后计算

移动是指沿着时间轴将数据前移或后移,在财经金融数据处理中,通常会用到时间滞后。时间滞后是将 t 期的数据转换为 $(t-n)$ 期的数据,可以通过 shift()函数实现。得到滞后数据后,可以进一步计算百分比变化,如增长率。

pandas.DataFrame.shift( )语法及常用参数:

pandas.DataFrame.shift(periods=1, freq=None, axis=0, fill_value=<no_default>)

> **常用参数说明：**
> **periods**：表示移动的幅度，可以是正数，也可以是负数，默认为 1。
> **freq**：默认为 None，如果这个参数存在，会按照参数值移动时间索引，而数据值没有发生变化。
> **axis**：表示移动的方向，如果是 0 或者'index'，表示上下移动；如果是 1 或者'columns'，表示左右移动。

　　下例在上证综指的数据中新增一列收盘价 Clsindex 的滞后一期数据，计算收益率 return 得到的结果与 Retindex 一致。

```
In[14]:df4 = pd.read_excel('TRD_Index.xlsx')
       # 新增滞后一期数据
       df4['Clsindex-1'] = df4['Clsindex'].shift(1)
       # 计算收益率
       df4['return'] = (df4['Clsindex'] - df4['Clsindex-1'])/df4['Clsindex-1']
       print(df4[['Trddt', 'Clsindex', 'Retindex', 'Clsindex-1', 'return']].head
       ())
```

```
Out[14]:     Trddt       Clsindex    Retindex    Clsindex-1    return
        0    1990-12-19   99.98       NaN         NaN           NaN
        1    1990-12-20   104.39      0.044109    99.98         0.044109
        2    1990-12-21   109.13      0.045407    104.39        0.045407
        3    1990-12-24   114.55      0.049666    109.13        0.049666
        4    1990-12-25   120.25      0.049760    114.55        0.049760
```

9.2.3　时间序列数据分组

　　groupby() 函数的主要作用是进行数据分组以及分组后的组内运算，常与 agg() 和 apply() 函数搭配使用。该函数在时间序列数据中也十分常用，可对时间序列进行分组，之后再进行组内运算，从而获取所需的数据或观察不同组别间的差异。下例创建时间序列数据 date，并在 date 中设置 class 列，用于分组分析。在 ln[15] 中将数据按照 class 分组，观察不同组数据的均值、最大值、最小值、方差、数量等。ln[16] 中运用匿名函数得到不同组数据标准化的值、标准差等。

```
In[15]:calendar = pd.date_range('1/1/2021',periods = 10)
       print(calendar)
       date = pd.DataFrame(np.random.randn(10,4), index = calendar, columns = list
       ('wang'))
       date['class'] = list('xxxxxyyyxy')
       print(date)
Out[15]:DatetimeIndex(['2021-01-01','2021-01-02','2021-01-03',
                      '2021-01-04','2021-01-05','2021-01-06',
                      '2021-01-07','2021-01-08','2021-01-09',
                      '2021-01-10'],dtype='datetime64[ns]', freq='D')
```

	w	a	n	g	class
2021-01-01	1.145436	− 0.199910	1.174059	− 1.166452	x
2021-01-02	1.279252	0.072595	− 1.029930	− 0.331041	x
2021-01-03	− 0.390469	− 1.511071	− 0.887477	− 1.080542	x
2021-01-04	− 1.715065	0.718043	− 0.110042	− 0.024945	x
2021-01-05	− 0.834932	0.865381	0.084694	0.407778	x
2021-01-06	− 0.714609	− 0.034414	− 0.314317	− 0.222828	y
2021-01-07	− 0.485556	− 0.198624	− 0.853261	0.694943	y
2021-01-08	0.808033	− 0.895767	0.606899	− 0.751527	y
2021-01-09	2.023510	0.224271	− 0.491112	− 0.305625	x
2021-01-10	0.477042	− 0.862918	− 0.518934	1.044756	y

```
In[16]:g_data = date.groupby(['class'])
    #导入参数
    print(g_data.agg(['mean','min','max','count','size']))
    print(g_data.agg([np.mean, np.sum, np.std]))
    print(g_data.agg(['mean','min','max','count','size']).unstack
(level = − 1))
Out[16]:
```

	w			...		g
	mean	min	max	count...	count	size
class						
x	0.251289	− 1.715065	2.0235106	0.407778...	6	6
y	0.021227	− 0.714609	0.8080334	1.044756...	4	4

```
[2 rows x 20 columns]
```

	w			...		g
	mean	sum	std	...	sum	std
class						
x	0.251289	1.507733	1.446046	...	− 2.500827	0.609217
y	0.021227	0.084910	0.736006	...	0.765344	0.825120

```
[2 rows x 12 columns]
```

		class	
w	mean	x	0.251289
		y	0.021227
	min	x	− 1.715065
		y	− 0.714609
	max	x	2.023510
		y	0.808033
	count	x	6.000000
		y	4.000000
	size	x	6.000000
		y	4.000000

```
        a   mean    x           0.028218
                    y         − 0.497931
            min     x         − 1.511071
                    y         − 0.895767
            max     x           0.865381
                    y         − 0.034414
            count   x           6.000000
                    y           4.000000
            size    x           6.000000
                    y           4.000000
        n   mean    x         − 0.209968
                    y         − 0.269904
            min     x         − 1.029930
                    y         − 0.853261
            max     x           1.174059
                    y           0.606899
            count   x           6.000000
                    y           4.000000
            size    x           6.000000
                    y           4.000000
        g   mean    x         − 0.416805
                    y           0.191336
            min     x         − 1.166452
                    y         − 0.751527
            max     x           0.407778
                    y           1.044756
            count   x           6.000000
                    y           4.000000
            size    x           6.000000
                    y           4.000000
    dtype: float64
```

```
In[17]:print(g_data.apply(lambda x:((x-x.mean())/x.std())))
       print(g_data.apply(lambda x:x.std()))
       print(g_data[['w','a']].apply(lambda x:x.cumsum()))
```

```
Out[17]:              w            a            n            g
        2021-01-01  − 0.267423  − 1.230511    1.723919     0.618339
        2021-01-02    0.052021    0.140777  − 1.021330     0.710879
```

2021-01-03	− 1.804432	− 1.089493	− 0.843893	− 0.443802
2021-01-04	0.808647	0.643219	0.124466	− 1.359813
2021-01-05	0.981365	1.353512	0.367026	− 0.751166
2021-01-06	1.039995	− 0.501945	− 0.071026	− 0.999770
2021-01-07	0.671557	0.610344	− 0.932894	− 0.688558
2021-01-08	− 0.892627	− 1.142698	1.402164	1.069021
2021-01-09	0.229823	0.182496	− 0.350188	1.225563
2021-01-10	− 0.818925	1.034298	− 0.398244	0.619308

	w	a	n	g
class				
x	1.446046	0.853060	0.802837	0.609217
y	0.736006	0.445691	0.625321	0.825120

	w	a
2021-01-01	1.145436	− 0.199910
2021-01-02	2.424688	− 0.127315
2021-01-03	2.034219	− 1.638385
2021-01-04	0.319155	− 0.920343
2021-01-05	− 0.515777	− 0.054962
2021-01-06	− 0.714609	− 0.034414
2021-01-07	− 1.200165	− 0.233038
2021-01-08	− 0.392132	− 1.128805
2021-01-09	1.507733	0.169309
2021-01-10	0.084910	− 1.991723

9.2.4 时间序列的分解

时间序列通常由趋势、周期性、季节性、误差构成,如图 9-3 所示,其中最经常被分析的是趋势和季节性。时间序列可以被看作是趋势、季节性和误差项的整合,其观测值可以由以上成分相加或相乘得到。即:

$$加法时间序列:Value = Trend + Seasonality + Error$$
$$乘法时间序列:Value = Trend * Seasonality * Error$$

时间序列的分解可以通过 statsmodels 库的 seasonal_decompose() 来实现,其基本语法如下。

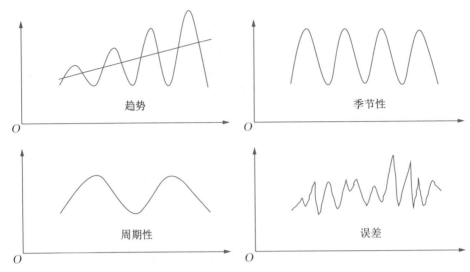

图 9-3　时间序列的趋势、周期性、季节性与误差(续)

statsmodels.tsa.seasonal.seasonal_decompose( )语法及常用参数：

statsmodels.tsa.seasonal.seasonal_decompose(x, model='additive', filt=None,

period=None, two_sided=True,

extrapolate_trend=0)

常用参数说明：

x：被分解的数据。

model：可选'additive'和'multiplicative'，其中'additive'为加法模型,'multiplicative'为乘法模型。

filt：用于滤除季节性成分的滤除系数。滤波中使用的具体移动平均法由 two_sided 确定。

period：序列的时期。如果 x 不是 Pandas 对象或 x 的索引没有频率,则必须设置该参数。如果 x 是具有时间序列索引的 Pandas 对象,则覆盖 x 的默认周期性。

two_sided：滤波中使用的移动平均法。如果为 True,则使用 filt 计算居中的移动平均线。

extrapolate_trend：如果设置为大于 0,则考虑到许多(+1)最接近的点,由卷积产生的趋势将在两端外推线性最小二乘法(如果 two_side 为 False,则为一个最小二乘)。如果设置为 freq,则使用 freq 最近点。设置此参数将导致趋势或残余组件中没有 NaN 值。

选取 2006 年 10 月至 2022 年 12 月的上海银行间同业拆放利率数据,根据以上函数从时间序列中分解出相应的成分。

```
In[18]:df5 = pd.read_excel('FE_SHIBOR.xlsx', parse_dates = ['TradingDate'], index_
        col ='TradingDate')
       df5['IntersetRate'].plot(figsize = (12, 8), fontsize = 14)
       plt.show()
Out[18]:
```

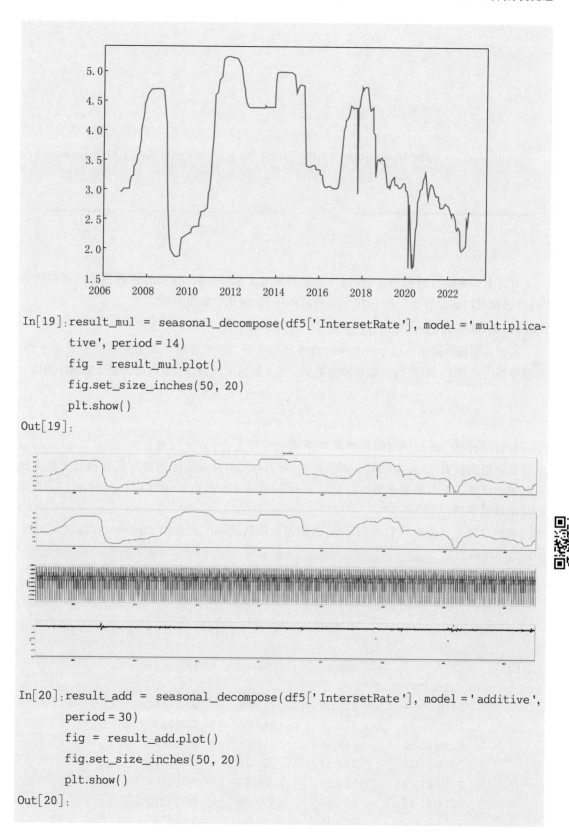

```
In[19]:result_mul = seasonal_decompose(df5['IntersetRate'], model ='multiplica-
        tive', period = 14)
        fig = result_mul.plot()
        fig.set_size_inches(50, 20)
        plt.show()
```
Out[19]:

```
In[20]:result_add = seasonal_decompose(df5['IntersetRate'], model ='additive',
        period = 30)
        fig = result_add.plot()
        fig.set_size_inches(50, 20)
        plt.show()
```
Out[20]:

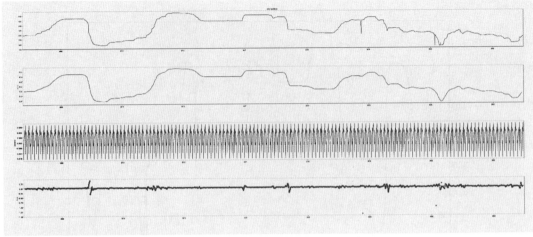

对比上面乘法分解和加法分解，可以看到相对于乘法分解，加法分解的残差图更随机一些，说明留有的成分较少。所以对于当前时间序列，加法分解更适合。

9.2.5　时间序列的平滑

通常使用简单移动平均方法实现时间序列的平滑。简单移动平均方法实质是算术平均，其数理表达式如下，其中 $\bar{F}_{T+1}$ 是指预测的第 $T+1$ 期的序列值，x_i 是指过去第 i 期的序列值。

$$\bar{F}_{T+1} = \frac{1}{N} \sum_{i=T-N+1}^{T} x_i$$

窗口函数是一种用于时间序列移动平均的重要方法，是使用滑窗（sliding window）或呈指数降低的权重（exponentially decaying weights），来对时间序列进行统计值计算和其他一些函数计算。下面简要介绍如何使用 Pandas 库中的 rolling() 函数和 expanding() 函数进行简单移动平均。

首先设置一个简单的 DataFrame，内容包含日期 Trddt、开盘价 Opnprc、收盘价 Clsprc、ChangeRatio。

```
In[21]:df6 = pd.read_excel('TRD_Dalyr.xlsx', index_col ='Trddt', parse_dates = True)
       df6 = df6.iloc[0:7]
       df6 = df6[['Opnprc', 'Clsprc', 'ChangeRatio']]
       print(df6)
Out[21]:          Opnprc      Clsprc     ChangeRatio
         Trddt
         2016-01-04    218.00      210.02      -0.037444
         2016-01-05    210.00      212.82       0.013332
         2016-01-06    212.78      212.18      -0.003007
         2016-01-07    208.99      202.23      -0.046894
         2016-01-08    204.17      204.63       0.011868
         2016-01-11    203.16      199.86      -0.023310
         2016-01-12    201.10      196.79      -0.015361
```

A. rolling()函数

rolling()函数可用于滚动计算一段区间的数据,常与聚合函数结合使用。

---

pandas.DataFrame.rolling()语法及常用参数:

    pandas.DataFrame.rolling(window, min_periods＝None, center＝False, win_type ＝None, on＝None, axis＝0, closed＝None)

常用参数说明:

window:窗口的大小,int 类型。

min_periods:最少需要有值的观测点的数量,int 类型,默认与 window 相等。

center:把窗口的标签设置为居中,bool 值默认为 False。

win_type:窗口的类型,默认为 None。

on:可选参数,对于 DataFrame 而言,指定要计算滚动窗口的列,值为列名。

axis:方向(轴),默认为 0。

closed:定义区间的开闭,默认为'right'(左开右闭),可以根据情况指定为'left'、'both'。

下例中,对"收盘价"列计算五日均线,即计算包括今天在内的过去 5 天数据的平均值。窗口大小取 5,min_periods 取默认值,对输出序列使用聚合函数 mean()。

```
In[22]:df6['Clsprc_rolling'] = df6['Clsprc'].rolling(5).mean()
       print(df6[['Clsprc', 'Clsprc_rolling']])
Out[22]:              Clsprc        Clsprc_rolling
          Trddt
          2016-01-04    210.02          NaN
          2016-01-05    212.82          NaN
          2016-01-06    212.18          NaN
          2016-01-07    202.23          NaN
          2016-01-08    204.63          208.376
          2016-01-11    199.86          206.344
          2016-01-12    196.79          203.138
```

B. expanding()函数

expanding()函数与 rolling()函数类似,区别在于窗口的大小。rolling()函数固定窗口大小,进行滑动计算;expanding()函数只设置最小的观测值数量,不固定窗口大小,从时间序列开始的地方开始,窗口的大小会逐渐递增,直到包含整个序列。当 rolling()函数的参数window＝len(df)时,实现的效果与 expanding()函数一样。

210.02	0	NaN
212.82	1	NaN
212.18	2	NaN
202.23	3	NaN
204.63	4	208.376
199.86	5	206.344
196.79	6	203.138

图 9-4 缺失值示例

pandas.DataFrame.expanding()语法及常用参数：

pandas.DataFrame.expanding(min_periods=1, center=False, axis=0)

常用参数说明：

min_periods：最少需要有值的观测点的数量，int 类型值。

center：把窗口的标签设置为居中，布尔型，默认为 False。

axis：方向（轴），一般都是 0。

expanding()函数可用于查看一个策略中的最大回撤。下例中，通过使用 expanding()函数，对“收盘价”列计算均值 mean()、标准差 std()、总和 sum()。

```
In[23]:df6['Clsprc_expanding_mean'] = df6['Clsprc'].expanding().mean()
       print(df6[['Clsprc', 'Clsprc_expanding_mean']])
Out[23]:                       Clsprc      Clsprc_expanding_mean
           Trddt
         2016-01-04            210.02              210.020000
         2016-01-05            212.82              211.420000
         2016-01-06            212.18              211.673333
         2016-01-07            202.23              209.312500
         2016-01-08            204.63              208.376000
         2016-01-11            199.86              206.956667
         2016-01-12            196.79              205.504286

In[24]:df6['Clsprc_expanding_std'] = df6['Clsprc'].expanding().std()
       print(df6[['Clsprc', 'Clsprc_expanding_std']])
```

```
Out[24]:                      Clsprc       Clsprc_expanding_std
        Trddt
        2016-01-04           210.02              NaN
        2016-01-05           212.82           1.979899
        2016-01-06           212.18           1.467151
        2016-01-07           202.23           4.871258
        2016-01-08           204.63           4.709780
        2016-01-11           199.86           5.461929
        2016-01-12           196.79           6.294953
```

```
In[25]:df6['Clsprc_expanding_sum'] = df6['Clsprc'].expanding().sum()
       print(df6[['Clsprc', 'Clsprc_expanding_sum']])
```

```
Out[25]:                      Clsprc       Clsprc_expanding_sum
        Trddt
        2016-01-04           210.02              210.02
        2016-01-05           212.82              422.84
        2016-01-06           212.18              635.02
        2016-01-07           202.23              837.25
        2016-01-08           204.63             1041.88
        2016-01-11           199.86             1241.74
        2016-01-12           196.79             1438.53
```

9.2.6 时间序列数据描述性统计

了解时间序列数据之后,可以对其进行简单的分析,比如进行描述性统计。这里沿用上节数据,直接使用 describe() 函数查看数据的均值、方差等。

```
In[26]:df7 = pd.read_excel('FE_SHIBOR.xlsx')
       df7['IntersetRate'].describe()
Out[26]:   count       4048.000000
           mean           3.624303
           std            1.000158
           min            1.674000
           25 %           2.907000
           50 %           3.399950
           75 %           4.534250
           max            5.256200
       Name: IntersetRate, dtype: float64
```

9.3 时间序列基本性质

完成对时间序列数据的创建、整理以及清洗等步骤后,可通过分析时间序列数据的一些基本性质以进一步识别其特征。本节主要介绍时间序列的自相关性、平稳性以及白噪声序列三类基本性质,重点介绍如何通过 Python 完成这些性质的检验,如图 9-5 所示。

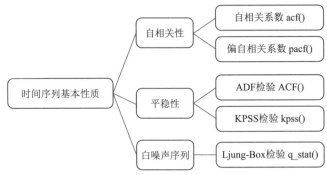

图 9-5 时间序列的基本性质

9.3.1 自相关性

相关性是指不同变量之间联动的程度,体现为一种多变量之间的横向联动关系。本节所介绍的自相关以及偏自相关性是指同一变量在时间序列上的相关性,体现为一种单变量纵向联动关系。

研究不同变量之间的相关性,是为了揭示变量之间的因果关系,以更好地预测目标变量。而时间序列的自相关性同样也是研究和利用时间序列的重要性质,所谓"历史可以重演",即希望找到时间序列所具有的可延续性特征,以更好地预测未来。下面将对时间序列的自相关及偏相关进行介绍,并演示如何使用 Python 实现指标的计算及可视化。

(1)自相关系数。时间序列的自相关性可以通过自协方差、自相关系数等统计量来体现,Python 中 statsmodels 库包含的 acf()函数可以便捷地计算自相关系数。

---

statsmodels.tsa.stattools.acf( )语法及常用参数:

statsmodels.tsa.stattools.acf (x, adjusted=False, nlags=None, qstat=False, fft=True, alpha=None, bartlett_confint=True, missing=' none ')

常用参数说明:

x: 时间序列对象。

adjusted: 指定是否使用 n-k 作为计算分母。

nlags: 自相关系数的最大滞后期数。

qstat: 指定 acf()是否会返回每个自相关系数对应的 Ljung-Box 检验的结果。

fft: 指定是否通过傅里叶变换(FFT)来计算 ACF。

alpha: 自相关系数的置信区间所使用的置信水平。

bartlett_confint: 指定是否使用 Bartlett 公式生成置信区间标准误差,默认为 True。

missing: 设置遇到缺失值时的处理方式。

下面以 2005 年 6 月初至 2021 年 6 月末沪深 300 指数收益率为示例,演示如何计算时间序列的自相关系数。首先画出沪深 300 日收益率的折线图。

然后通过 acf() 函数计算自相关系数。通过 acf() 函数计算得到了时间序列的各阶自相关系数,但该结果并不能直观地表现该序列的自相关性。

```
In[27]:df8 = pd.read_excel('TRD_Index.xlsx', parse_dates = ['Trddt'], index_col =
        'Trddt')
        df8['Retindex'].plot(figsize = (12, 8), fontsize = 14)
        plt.show()
Out[27]:
```

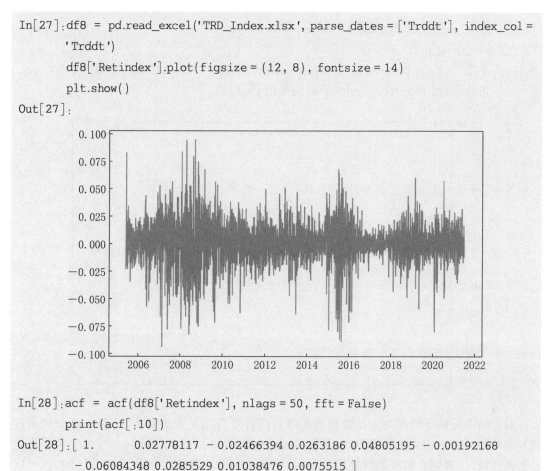

```
In[28]:acf = acf(df8['Retindex'], nlags = 50, fft = False)
        print(acf[:10])
Out[28]:[ 1.       0.02778117 − 0.02466394 0.0263186 0.04805195 − 0.00192168
         − 0.06084348 0.0285529 0.01038476 0.0075515 ]
```

plot_acf() 函数不仅能计算出各阶自相关系数,还能对结果进行可视化,以判定各阶自相关系数的变化趋势以及是否显著,下面对其基本语法进行介绍。

---

statsmodels.tsa.stattools.plot_acf( ) 语法及常用参数:

statsmodels.tsa.stattools.plot_acf(x, adjusted＝False, nlags＝None, qstat＝False, fft＝True, alpha＝None, bartlett_confint＝True, missing＝'none')

常用参数说明:

x: 时间序列对象。

adjusted: 指定是否使用 n-k 作为计算分母。

nlags: 自相关系数的最大滞后期数。

qstat: 指定 acf() 是否会返回每个自相关系数对应的 Ljung-Box 检验的结果。

fft: 指定是否通过傅里叶变换(FFT)来计算 ACF。

---

alpha：自相关系数的置信区间所使用的置信水平。

missing：设置遇到缺失值时的处理方式。

承接上例，使用 plot_acf() 函数计算时间序列各阶自相关系数并实现可视化。

```
In[29]:plot_acf(df8['Retindex'], use_vlines = True, lags = 50)
       plt.show()
Out[29]:[ 1.        0.02778827 - 0.02546841 0.02778917 0.04601254 - 0.00324753 - 0.
        05940478 0.02958497 0.00390113 0.01195147]
```

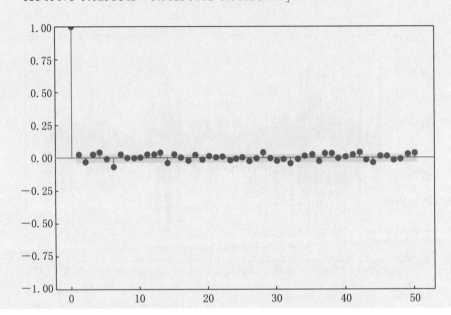

以上结果反映了沪深 300 指数收益率序列的各阶自相关系数的大小，图上各点的高度值对应的是各阶自相关系数的值，而阴影区域代表的是 95% 的置信区间。当点的高度值超过阴影区域时，表明自相关系数显著不为 0。图中大部分点都落在 95% 的置信区间内，可以判断该序列可能存在短期的自相关。

（2）偏自相关系数。当时间序列存在自相关性时，各个时点的数据都可能受该时点之前的多个时点影响，即 y_t 可能会受 y_1、y_2、$\cdots$、y_{t-1} 的影响，此时如果研究 y_k 与 y_t 的相关性则会影响结果的可靠性涉及时间序列平稳性问题（9.3.2 节会进行介绍）。在观察相关性时，可以使用偏自相关系数应对这一问题。

偏自相关系数能够在移除 y_1、y_2、$\cdots$、y_{t-1} 对 y_t 影响的基础之上，计算 y_k 与 y_t 的相关性，在 Python 中可以使用 statsmodels 库包含的 pacf() 函数便捷地计算出偏自相关系数。

---

statsmodels.tsa.stattools.pacf( ) 语法及常用参数：

　　statsmodels.tsa.stattools.pacf(x, nlags＝None, method＝' ywadjusted', alpha＝None)

常用参数说明：

x：时间序列对象。

nlags：自相关系数的最大滞后期数。

> **method**：指定计算方法。默认为'ywunbiased'。
>
> **alpha**：自相关系数的置信区间所使用的置信水平。

接上例，通过 pacf() 函数计算得到偏自相关系数。

```
In[30]:pacf = pacf(df8['Retindex'], nlags = 50)
       pacf[:10]
Out[30]:[ 1.        0.02778827 − 0.02546841 0.02778917 0.04601254 − 0.00324753
         − 0.05940478 0.02958497 0.00390113 0.01195147]
```

通过 plot_pacf() 绘制出偏自相关系数图，可以更直观地了解时间序列的自相关性质。

```
In[31]:plot_pacf(df9['Retindex'], use_vlines = True, lags = 50)
       plt.show()
Out[31]:
```

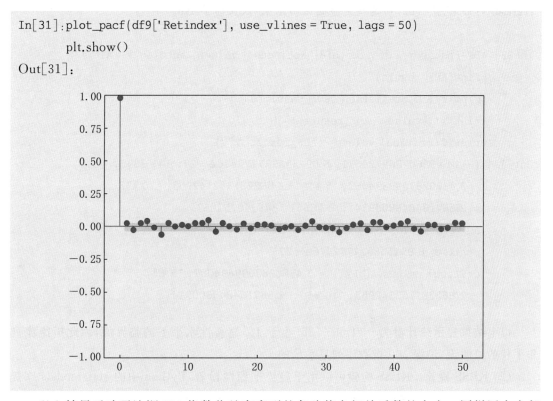

以上结果反映了沪深 300 指数收益率序列的各阶偏自相关系数的大小。同样图中大部分点都落在 95% 的置信区间内。

9.3.2 平稳性

时间序列的平稳性是时间序列研究的基本前提，通过前一节的介绍，自相关性可找到时间序列的可延续性特征，并在预测未来时利用该特征。而时间序列的平稳性则是决定该特征能否延续到未来的重要性质。在计量经济学中，通常使用单位根检验来判断时间序列是否平稳，Python 提供了多个函数用于单位根检验。

（1）ADF 检验。增广迪基·富勒检验（ADF 检验）是最常用的单位根检验方法，Python 中的 statsmodels 库提供了 adfuller() 函数便捷地进行 ADF 检验，下面将进行具体介绍。

statsmodels.tsa.stattools.adfuller( )语法及常用参数：

statsmodels.tsa. stattools. adfuller (x， maxlag ＝ None， regression ＝'c'， autolag ＝'AIC'， store＝False， regresults＝False)

常用参数说明：

x：时间序列对象。

maxlag：包含的最大延迟。

regression：在回归中包含常数和趋势顺序。

autolag：自动确定滞后时使用的方法。默认为'AIC'，选择滞后数以最小化相应的信息标准。

store：如果为 True，则将结果实例返回给 ADF 统计，默认为 False。

regresults：如果为 True，则返回完整的回归结果，默认为 False。

```
In[32]:ADF_result = adfuller(df8['Retindex'].values, autolag = 'AIC')
       print(ADF_result)
       print(f'ADF Statistic：{ADF_result[0]}')
       print(f'p-value：{ADF_result[1]}')
       print(f'critical values：{ADF_result[4]}')
Out[32]:(−14.493607869724071, 6.091558927772476e−27, 14, 3898, {'1%':
       −3.4320287099894067, '5%'：−2.862281762142953, '10%':
       −2.567164848800914}, −20651.184134075305)
       ADF Statistic：−14.493607869724071
       p-value：6.091558927772476e−27
       critical values：{'1%'：−3.4320287099894067, '5%'：
       −2.862281762142953, '10%'：−2.567164848800914}
```

以上结果显示统计量为−14.565 535，小于 1% 显著性水平下的临界值，因此拒绝序列非平稳的原假设，沪深 300 指数序列是平稳的。

（2）KPSS 检验。KPSS 检验可以用于趋势平稳性检验，Python 中的 statsmodels 库提供了 kpss（）函数，可便捷地进行 KPSS 检验，下面将进行具体介绍。

statsmodels.tsa.stattools.kpss( )语法及常用参数：

statsmodels.tsa.stattools.kpss(x, regression='c', nlags='auto', store＝False)

常用参数说明：

x：时间序列对象。

regression：KPSS 检验的原假设。'c'为数据存在单位根，'ct'为数据趋势平稳。

nlags：使用的滞后期数。

store：如果为 True，结果实例将额外返回到 KPSS 统计。

```
In[33]:KPSS_result = kpss(df8['Retindex'].values, regression ='c', nlags =
       'auto')
       print(KPSS_result)
       print(f'KPSS Statistic: {KPSS_result[0]}')
       print(f'p-value: {KPSS_result[1]}')
       print(f'critical values: {KPSS_result[3]}')
Out[33]:(0.2688964287712111, 0.1, 7, {'10 %': 0.347,'5 %': 0.463,'2.5 %': 0.574,
       '1 %': 0.739})
       KPSS Statistic: 0.2688964287712111
       p-value: 0.1
       critical values: {'10 %': 0.347,'5 %': 0.463,'2.5 %': 0.574,'1 %': 0.739}
```

以上结果显示统计量为 0.119 597,小于 1% 显著性水平下的临界值,不能拒绝序列平稳的原假设,说明沪深 300 指数序列是平稳的。

9.3.3　白噪声序列

白噪声序列是指序列中任意两个时间点的变量均不相关,序列均值为 0、方差为常数,这使得白噪声序列符合平稳时间序列的条件。白噪声序列中没有任何规律,不能用于预测和推断,所以发现一个时间序列为白噪声序列时,说明该时间序列已经失去了继续研究的意义。可以通过 Ljung-Box 检验该序列是否为白噪声序列,Python 中 statsmodels 库提供了 q_stat() 函数完成该检验。

---

statsmodels.tsa.stattools.q_stat( )语法及常用参数:

　　statsmodels.tsa.stattools.q_stat(x, nobs, type='ljungbox')

常用参数说明:

X:所检验的自相关系数序列[①]。

nobs:所检验的自相关系数序列 x 所用的样本数。

type:所使用检验的类型。

接上例,将已经计算好的自相关系数输入 q_stat() 函数,进行 Ljung-Box 检验,代码示例如下。

```
In[34]:white = np.random.standard_normal(size = 100)
       lb = stattools.q_stat(stattools.acf(white), len(white))
       print(lb[1][ −1])
Out[34]:1.5027624135839756e-11
```

---

① 注意:q_stat() 函数中的参数 x 应输入数据的自相关系数序列,而非时间序列本身。如果想直接使用数据序列进行 q 检验,可以调用 statsmodel.tsa.stattools.acf(x, qstat=True),该函数中参数 x 就是时间序列本身,函数会自动输出 qstat 的值以及相应的 P 值。

结果显示 P 值为 $1.50 * 10^{-11}$，显著低于 0.01，拒绝原假设，即认为原序列不是一个白噪声序列（随机数列）。

9.4　应用实践

ARIMA（Autoregressive Integrated Moving Average）模型是一种广泛使用的时间序列分析方法，它可以用于对未来的数据进行预测。ARIMA 模型由自回归模型（AR 模型）、差分整合模型（I 模型）和移动平均模型（MA 模型）组成，因此也被称为 ARIMA（p，d，q）模型。其中，p 表示自回归阶数，d 表示差分阶数，q 表示移动平均阶数。

ARIMA 模型可以通过以下步骤进行建模：第一，数据预处理，对时间序列进行平稳性检验，如果不满足平稳性，则进行差分操作。第二，模型选择，根据样本自相关图（ACF）和偏自相关图（PACF）选择合适的 p、d、q 值。第三，参数估计，使用极大似然估计或最小二乘法对模型参数进行估计。第四，模型检验，对模型的残差进行自相关性和正态性检验，如果不符合要求则需要重新选择模型或调整参数。第五，模型预测，根据已有数据和已经估计好的参数进行未来数据的预测。

本章将使用 ARIMA 模型，对贵州茅台股票价格进行预测。Ln[35]读取贵州茅台数据，并绘制其收盘价格走势图。Ln[36]对数据进行一阶拆分，并可视化展示。Ln[37]训练 ARIMA 模型并进行预测。

```
In[35]:df9 = pd.read_excel('TRD_Dalyr.xlsx', index_col ='Trddt', parse_dates =
    True)
    df9 = df9[['Stkcd','Clsprc']]


    ＃重点分析收盘价并预测,对原始数据进行重采样
    ＃以周且指定周一为单位求平均值
    stock_week = df9['Clsprc'].resample('W-MON').mean()


    ＃取出 2016-01 到 2020-06 的数据作为训练数据
    stock_train = stock_week['2016-01':'2020-12']
    ＃绘制图形
    stock_train.plot(figsize = (15, 6))
    plt.title('收盘价')
    plt.show()
Out[35]:
```

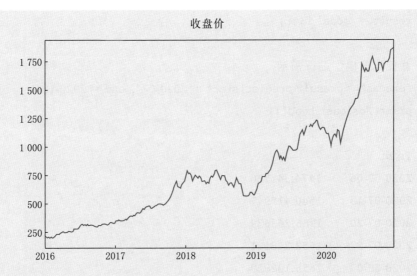

收盘价

In[36]: # 将时间序列进行差分并确定参数 d

```
stock_diff_1 = stock_train.diff()
stock_diff_1.dropna(inplace = True)


# 绘制图形
plt.figure()
plt.plot(stock_diff_1)
plt.title('一阶差分')
plt.show()
```

Out[36]:

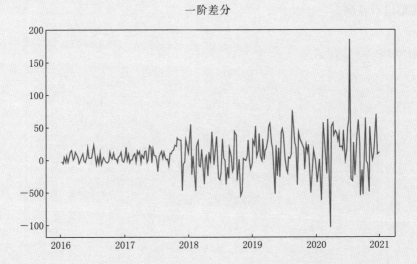

一阶差分

In[37]: # 拟合 ARIMA 模型

```
model = sm.tsa.ARIMA(stock_train, order = (1, 1, 1), freq = 'W-MON')
```

```
        result = model.fit()


        # 使用该模型进行预测
        forecast = result.predict(start ='2020-07', end ='2020-12')
        print(forecast.head())
Out[37]:
        Trddt
        2020-07-06    1474.345726
        2020-07-13    1540.415947
        2020-07-20    1756.263639
        2020-07-27    1652.208171
        2020-08-03    1655.132829
        Freq: W-MON, Name: predicted_mean, dtype: float64
```

9.5　实操练习题

　　1. 请使用贵州茅台的股票日交易数据,生成滞后一天的股票收盘价指标,按周生成周交易量指标。

　　2. 请从统计年鉴或数据库获取 2010 年至今某一个省的 GDP 数据,并对这些指标应用 ARIMA 模型进行预测。

第 10 章

绘制股票日 K 线图——应用可视化表达

在金融数据分析中,数据可视化是至关重要的环节。所谓"千言万语,不如一图",通过数据可视化可以直观地呈现数据的分布规律和变化趋势。本章关于数据可视化的主要工具是 Matplotlib(一个基于 Python 的 2D 绘图库),它能以各种硬拷贝格式和跨平台的交互式环境生成高质量的图形。它是利用 Python 实现可视化最基础的库。通过本章的学习,将掌握绘制图形的基本方法,能将数据以美观的图形呈现出来。

本章包括 4 节内容。其中,10.1 节介绍 Matplotlib 安装。10.2 节阐述 Matplotlib 库的基础用法,从生成图形的各个元素入手,一步一步讲授如何通过 Matplotlib 绘制出一张美观的图形,包括坐标轴刻度最小值和最大值、坐标轴刻度、坐标轴刻度数字格式、坐标轴刻度标签、坐标轴标签、图标题、网格线、数据标签、图例等。10.3 节介绍 Matplotlib 库的常用技巧,包括日期型坐标轴刻度和标签格式、多系列数据、多子图/轴域等。10.4 节基于股票日交易数据,绘制股票日 K 线图。

10.1 Matplotlib 安装

安装第三方 Matplotlib 库。如果已经安装 Matplotlib 库,请输入以下代码,验证是否安装成功。如果没有报错,则表示成功安装。

```
In[1]:import matplotlib
```

本书使用了 Matplotlib 3.5.2。不同版本在代码编写上略有差异,建议读者在学习时安装相同的版本。

```
In[2]:print('版本:', matplotlib.__version__)
Out[2]:版本: 3.5.2
```

当图中包含中文时,可能会产生乱码问题。如果出现中文乱码,读者可根据以下步骤进行设置。

第一，输入 In[3]代码，获得缓存文件夹路径。

```
In[3]:print(matplotlib.get_cachedir())
Out[3]:/Users/user1/.matplotlib
```

第二，打开命令提示符（Windows 系统）或终端（MacOS 系统），输入命令删除缓存文件夹下的文件，命令为 rm -r /Users/user1/.matplotlib/ *。需要注意两点：一是，这个命令不是在 Python 编辑器（如 PyCharm 或 Jupyter）中输入的，而是在命令提示符或终端下输入的；二是，需要根据 In[3]输出的路径进行设定。

第三，下载 SeiHei.ttf 字体，并放入相应文件夹 C:\Windows\Fonts（Windows 系统）或 ~/.fonts（MacOS 系统）。如果 MacOS 系统没有该文件夹，可在终端输入 mkdir ~/.fonts，创建文件夹。

本章在数据分析之前，需要导入相关包，包括 Numpy、Pandas、Matplotlib。

```
In[4]:import numpy as np
      import pandas as pd
      import matplotlib.pyplot as plt
      import matplotlib.ticker as mticker
      import matplotlib.dates as mdates
      import matplotlib.gridspec as mgridspec


      np.random.seed(0)      #设定 Numpy 的随机种子数,确保数据相同
      pd.set_option('display.max_columns', None)      #对 Pandas 设置列示全部的列
      pd.set_option('display.width', 1000)            #对 Pandas 设置列的宽度
      plt.rcParams['axes.unicode_minus'] = False      #设置负数显示格式,否则可
能出现乱码
      plt.rcParams['font.sans-serif'] = ['SimHei']      #设置字体,否则图形中的中
文可能出现乱码
```

10.2　Matplotlib 库的基础用法

一张准确清晰的图应该具备哪些基本要素？通过 Matplotlib 官方指南中给出的示意图可以发现，一个完整的图应具备：画板（Figure）、轴域（Axes）、横纵坐标轴（Spines）、标签（X/Y axis label）、主/子刻度（Major/Minor tick）、网格（Grid）、线（Line）、标点（Markers）、图例（Legend）以及标题（Title）等，如图 10-1 所示。

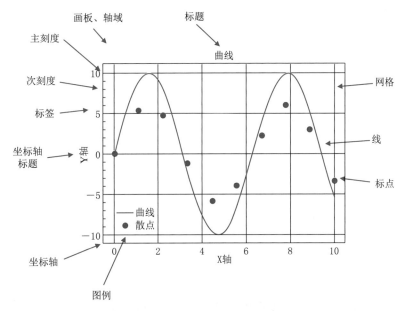

图 10-1　Matplotlib 图组件

其中，较易混淆的要素是画板与轴域。画板是轴域的载体，每一张画板上可以创建多个轴域；而轴域可以理解成为一对或多对 X-Y 轴，类似于画板上的画纸，一个画板上可以呈放多张画纸（多个轴域），最终的图像在画纸上完成。

下面将从生成图形的各个元素入手，一步一步讲授如何通过 Matplotlib 绘制出一张美观的图形。图 10-2 揭示了柱形图基本绘制流程。

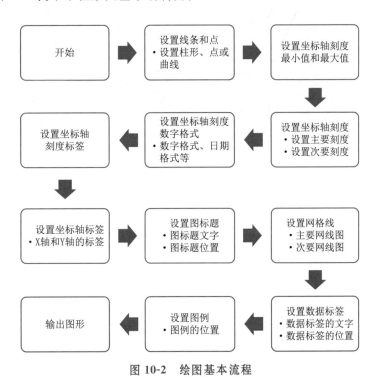

图 10-2　绘图基本流程

10.2.1　绘制柱形图

（1）第 1 种方法。下面尝试绘制一个简单的贵州茅台 2022 年 12 月 5 日至 7 日的收盘价柱形图。In[5]代码初步绘制了该柱形图，后文将逐步进行完善和美化。

```
In[5]: # 设置 X 轴数据 0 至 4
       x = np.arange(5)
       # 设置 Y 轴数据，即贵州茅台 2022 年 12 月 5 日至 7 日的收盘价
       y = [1664.90, 1688.00, 1684.00, 1687.02, 1730.00]
       # 调用 bar()方法，分别传入 X 轴和 Y 轴数据，在画板 plt 上画一个柱形图
       plt.bar(x, y)
       # 调用 plt 的 show()方法，显示画板
       plt.show()
Out[5]:
```

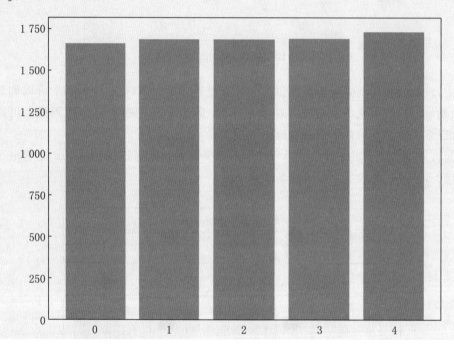

（2）第 2 种方法。Matplotlib 绘图时，首先需要确定一个合适大小的"画板"（Figure），它是绘图元素的顶层容器。然后，在这个画板上绘制各种图形元素。Matplotlib 库使用 figure()方法设定画板。

---

matplotlib.pyplot.figure( )语法及常用参数：

figure(figsize＝None, dpi＝None, facecolor＝None, edgecolor＝None, linewidth＝0.0, frameon＝None, subplotpars＝None, tight_layout＝None, constrained_layout＝None)

常用参数说明：

figsize：指定画板的宽和高，例如 figsize＝(8,6)，代表长 8 宽 6，单位为英寸。

dpi：指定画板每英寸的像素个数（分辨率），默认为 80。

---

facecolor：指定画板的颜色，例如 facecolor='black'，代表画板为黑色。

edgecolor：指定画板边缘的颜色，例如 edgecolor='black'，代表画板边缘为黑色。

linewidth：指定画板的边缘线宽。

frameon：指是否显示边缘。

subplotpars：子图参数，如果没有设定，通过"figure.subplot.*"设定子图。

tight_layout：自动调整图参数，使之填充整个图像区域。

constrained_layout：自动调整图形元素，使其恰当显示。

In[6]是使用第2种方法绘制贵州茅台2022年12月5日至7日收盘价柱形图的代码。

In[5]和In[6]代码逻辑略微有所差异：In[5]使用默认画板plt画柱形图；In[6]创建一个画板fig，在画板上创建一个轴域ax，在轴域ax上画柱形图。

```
In[6]: #设置一张(6, 4)英寸的画板fig
       fig = plt.figure(figsize = (6, 4))
       #在画板fig的基础增加一个轴域ax，轴域的概念类似于子图
       ax = fig.add_subplot()
       x = np.arange(5)
       y = [1664.90, 1688.00, 1684.00, 1687.02, 1730.00]
       #在轴域ax上画柱形图
       ax.bar(x, y)
       plt.show()
Out[6]:
```

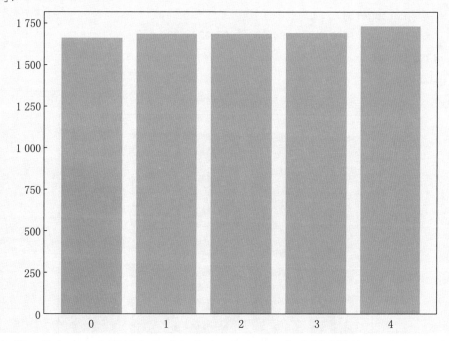

（3）第3种方法。在画板上也可以通过subplots()方法创建轴域。subplots()方法的基本语法如下。

matplotlib.pyplot.subplots( )语法及常用参数：

subplots (nrows＝1，ncols＝1，sharex＝False，sharey＝False，squeeze＝True，
subplot_kw＝None，gridspec_kw＝None，＊＊ fig_kw)

常用参数说明：

nrows\ncols：指定将画板分为几行几列，建立多个轴域，例如 nrows＝2，ncols＝2，代表在画板上建立 2 行 2 列，共 4 个轴域。

sharex\sharey：设置多个轴域坐标轴属性是否一致，有 True、False、row、col 四个选择，默认为 False。

squeeze：挤压操作，从返回的轴域(Axes)对象中挤出额外的维度。

subplot_kw：指定字典类型，把字典的关键字传递给子图布局模块 GridSpec，创建子图放在网格(Grid)里。

fig_kw：把所有详细的关键字参数传给 figure()方法。

subplots()方法会返回两个参数：第一个是画板，第二个是轴域。

In[7]是使用第 3 种方法绘制贵州茅台 2022 年 12 月 5 日至 7 日收盘价柱形图的代码。subplots()方法返回两个变量：fig 为画板的新名字；ax 为在画板上创建的轴域。本例题只有一个轴域，将来可以根据需要，使用 subplots()方法在一个画板上创建多个轴域，详见"设置多子图/轴域"章节。建议使用 ax 设置轴域(或子图)，因为对同一个画板上不同轴域(或子图)进行不同设定，ax 都可以直接实现对单个轴域(或子图)的设定，因此掌握必要的 ax 设置命令尤为重要。

In[7]：＃调用 subplots()方法，创建画板 fig 和轴域 ax。

```
fig, ax = plt.subplots(figsize = (6, 4))
x = np.arange(5)
y = [1664.90, 1688.00, 1684.00, 1687.02, 1730.00]
ax.bar(x, y)
plt.show()
```

Out[7]：

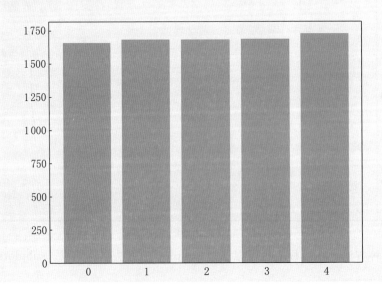

10.2.2 设置坐标轴刻度最小值和最大值

Matplotlib 绘图时会根据数据自动设置坐标轴刻度的最小值和最大值。可以通过 set_xlim()方法和 set_ylim()方法分别设置 X 轴和 Y 轴刻度的最小值和最大值。

---

matplotlib.axes.Axes.set_xlim( ) / matplotlib.axes.Axes.set_ylim( )语法及常用参数：

  set_xlim(left＝None，right＝None，emit＝True，auto＝False，＊，xmin＝None，xmax＝None)

  set_ylim(bottom＝None，top＝None，emit＝True，auto＝False，＊，ymin＝None，ymax＝None)

常用参数说明：

left/right：横坐标最小值/最大值。

bottom/top：纵坐标最小值/最大值。

emit：指定是否通知观察员有关限制的更改。

auto：指定是否开启 y 轴的自动缩放，True 表示打开，False 表示关闭。

xmin/xmax：等价于设置横坐标的最小值/最大值。

xmin/ymax：等价于设置纵坐标的最小值/最大值。

接 In[7]的案例。Out[7]输出的图形中 Y 轴刻度为 0 到 1 750，由于每个柱体的高度基本相同，较难体现出股价的变化。将图形 Y 轴刻度的最小值和最大值分别设为 1 600 和 1 750，图形中每个柱体之间的高度差异发生了变化。

```
In[8]:fig, ax = plt.subplots(figsize = (6, 4))
      x = np.arange(5)
      y = [1664.90, 1688.00, 1684.00, 1687.02, 1730.00]
      ax.bar(x, y)
      ax.set_ylim(1600, 1750)    #将 Y 轴刻度的最小值和最大值分别设为 1 600 和 1 750
      plt.show()
Out[8]:
```

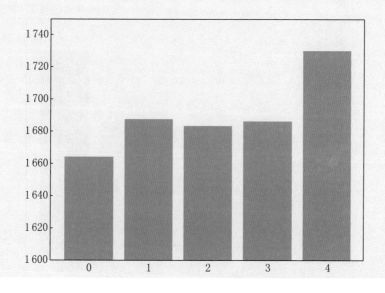

10.2.3　设置坐标轴刻度

（1）设置坐标轴主刻度。Matplotlib 绘图时会根据数据自动设置坐标轴主刻度。可以通过 set_major_locator()方法设置坐标轴主刻度：使用 yaxis.set_major_locator()方法设置 Y 轴主刻度；使用 xaxis.set_major_locator()方法设置 X 轴主刻度。

---

matplotlib.axis.Axis.set_major_locator( )语法及常用参数：

　　　set_major_locator(locator)

常用参数说明：

locator：确定刻度的位置。

---

set_major_locator()方法需要传入 locator 参数。对于数值型坐标轴，可以使用 MultipleLocator()类进行设置。MultipleLocator()类为坐标轴每整数倍上设置刻度。

---

matplotlib.ticker.MultipleLocator( )语法及常用参数：

　　　MultipleLocator(base＝1.0)

常用参数说明：

base：每整数倍上设置刻度。

接 In[8]的案例。首先，参数 base 的值设定为 50，传递给 MultipleLocator()类。然后，将 MultipleLocator(50)作为 locator 参数的值，传递给 set_major_locator()方法。

```
In[9]:fig, ax = plt.subplots(figsize = (6, 4))
      x = np.arange(5)
      y = [1664.90, 1688.00, 1684.00, 1687.02, 1730.00]
      ax.bar(x, y)
      ax.set_ylim(1600, 1750)
      ♯ 将 Y 轴主刻度调整为每间隔 50 设置一个刻度
      ax.yaxis.set_major_locator(mticker.MultipleLocator(50))
      plt.show()
Out[9]:
```

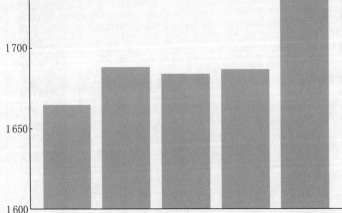

（2）设置坐标轴次刻度。Matplotlib 绘图时默认不显示坐标轴次刻度。可以通过 set_minor_locator()方法设置坐标轴次刻度：使用 yaxis.set_minor_locator()方法设置 Y 轴次刻度；使用 xaxis.set_minor_locator()方法设置 X 轴次刻度。同样地，该方法需要传入 locator参数。对于数值型坐标轴，可以使用 MultipleLocator()类进行设置。

---

matplotlib.axis.Axis.set_minor_locator( )语法及常用参数：

    set_minor_locator(locator)

常用参数说明：

locator： 确定刻度的位置。

接 In[9]的案例。将 Y 轴主刻度调整为每间隔 50 设置一个刻度，Y 轴次刻度设置为每间隔 10 设置一个刻度。

```
In[10]:fig, ax = plt.subplots(figsize = (6, 4))
    x = np.arange(5)
    y = [1664.90, 1688.00, 1684.00, 1687.02, 1730.00]
    ax.bar(x, y)
    ax.set_ylim(1600, 1750)
    #设置了 Y 轴主刻度设置,MultipleLocator()方法的参数 base 值设定为 50
    ax.yaxis.set_major_locator(mticker.MultipleLocator(50))
    #设置了 Y 轴次刻度设置,MultipleLocator()方法的参数 base 值设定为 10
    ax.yaxis.set_minor_locator(mticker.MultipleLocator(10))
    plt.show()
Out[10]:
```

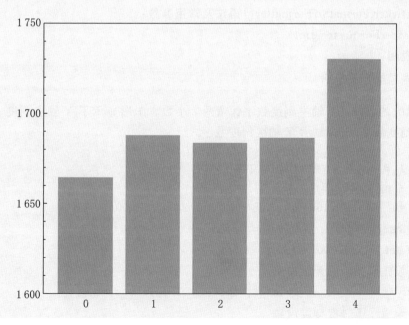

10.2.4　设置坐标轴刻度数字格式

如果坐标轴主刻度为数值型,Matplotlib 会根据数据自动设置数字格式,可以通过 set_major_formatter()方法设置坐标轴主刻度数字格式。

---

matplotlib.axis.Axis.set_major_formatter( )语法及常用参数:

set_major_formatter(formatter)

常用参数说明:

formatter:刻度的格式。

Matplotlib 绘图时默认不显示坐标轴次刻度数字,通过 set_minor_formatter()方法设置坐标轴次刻度数字格式。当坐标轴次刻度设置了 set_minor_locator(),但没有设置 set_minor_formatter()时,图形只显示坐标轴次刻度,不显示次刻度数字;当坐标轴次刻度同时设置了 set_minor_locator()和 set_minor_formatter()时,图形将显示坐标轴次刻度和次刻度数字。

---

matplotlib.axis.Axis.set_minor_formatter( )语法及常用参数:

set_minor_formatter(formatter)

常用参数说明:

formatter:刻度的格式。

---

set_major_formatter()方法和 set_minor_formatter()方法需要传入 formatter 参数。可以使用 FormatStrFormatter()类进行设置。FormatStrFormatter()类将格式化为字符串。

---

matplotlib.ticker.FormatStrFormatter( )语法及常用参数:

FormatStrFormatter(fmt)

常用参数说明:

fmt:设定字符串格式。

接 In[10]的案例。Y 轴主刻度数字保留两个小数。图形显示了 Y 轴主刻度、Y 轴次刻度、Y 轴主刻度数字,没有显示 Y 轴次刻度数字。

```
In[11]:fig, ax = plt.subplots(figsize = (6, 4))
       x = np.arange(5)
       y = [1664.90, 1688.00, 1684.00, 1687.02, 1730.00]
       ax.bar(x, y)
       ax.set_ylim(1600, 1750)
       #设置了 Y 轴主刻度设置
       ax.yaxis.set_major_locator(mticker.MultipleLocator(50))
       #设置了 Y 轴次刻度设置
       ax.yaxis.set_minor_locator(mticker.MultipleLocator(10))
```

```
#设置了 Y 轴主刻度数字格式
ax.yaxis.set_major_formatter(mticker.FormatStrFormatter('%1.2f'))
plt.show()
```

Out[11]:

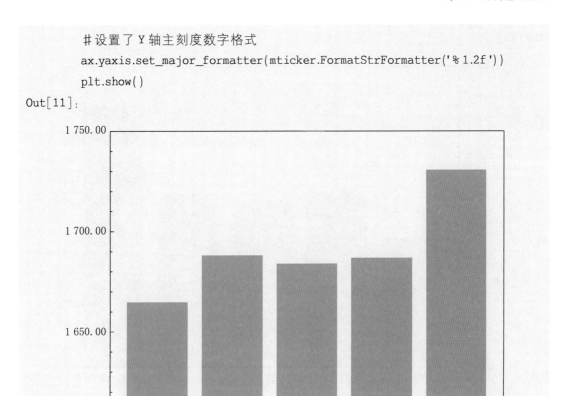

10.2.5 设置坐标轴刻度标签

接 In[11]的案例。Out[11]输出的图形中 X 轴刻度标签为 0 到 4,不符合人们日常绘图的习惯,需要将 X 轴显示为贵州茅台股价对应日期。有两种方法可以实现需求。

(1)第 1 种方法。请回看 In[11]的案例关于 x 的设定,x 是由数字 0 至 4 组成的列表。将 x 修改为对应日期组成的列表,并传入到 ax.bar(x, y),查看是否能实现需求。In[12]对此进行了修改。Out[12]输出的图形中,X 轴刻度相应位置已经修改为贵州茅台股价对应日期。

```
In[12]:fig, ax = plt.subplots(figsize = (6, 4))
       #将 x 替换为对应日期组成的列表
       x = ['2022-12-05', '2022-12-06', '2022-12-07', '2022-12-08', '2022-12-09']
       y = [1664.90, 1688.00, 1684.00, 1687.02, 1730.00]
       ax.bar(x, y)
       ax.set_ylim(1600, 1750)
       ax.yaxis.set_major_locator(mticker.MultipleLocator(50))
       ax.yaxis.set_minor_locator(mticker.MultipleLocator(10))
       ax.yaxis.set_major_formatter(mticker.FormatStrFormatter('%1.2f'))
       plt.show()
```

Out[12]:

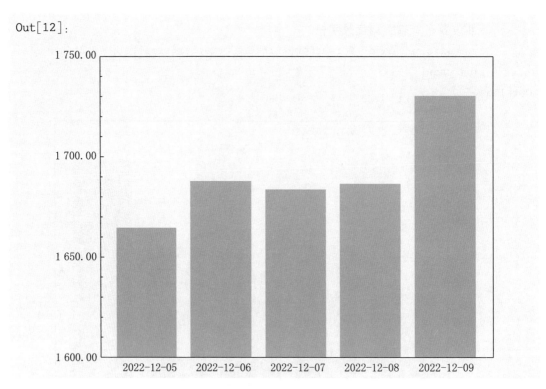

（2）第 2 种方法。第 2 种设置坐标轴刻度标签的方法是使用 set_ticks()，第一个参数传入刻度位置列表，第二个参数传入刻度标签列表。

---

matplotlib.axis.Axis.set_ticks( )语法及常用参数:

　　set_ticks(ticks, labels＝None, ＊, minor＝False, ＊＊ kwargs)

常用参数说明:

ticks:刻度位置列表。

labels:刻度标签列表。

minor:如果为 False,则设置主刻度;如果为 True,则设置次刻度。

＊＊ kwargs:要传递给方法的其他关键字参数。

接 In[11]的案例。Out[13]输出的图形中,X 轴刻度相应位置已经修改为贵州茅台股价对应日期。

```
In[13]:fig, ax = plt.subplots(figsize = (6, 4))
    x = np.arange(5)        #保留原始的刻度 0 至 4
    y = [1664.90, 1688.00, 1684.00, 1687.02, 1730.00]
    ax.bar(x, y)
    ax.set_ylim(1600, 1750)
    ax.yaxis.set_major_locator(mticker.MultipleLocator(50))
    ax.yaxis.set_minor_locator(mticker.MultipleLocator(10))
    ax.yaxis.set_major_formatter(mticker.FormatStrFormatter('%1.2f'))
```

```
#设置了刻度对应的标签
xticklabels = [' 2022-12-05 ', ' 2022-12-06 ', ' 2022-12-07 ', ' 2022-12-08
','2022-12-09']
#使用 set_ticks()方法设置刻度标签
ax.xaxis.set_ticks(x, xticklabels)
plt.show()
```
Out[13]:

10.2.6 设置坐标轴标签

Out[13]输出的图形中坐标轴缺乏相应的文字解释,没有说明 X 轴和 Y 轴对应的含义是什么,因此需要对坐标轴设置标签。可通过 set_label_text()方法进行设置。

matplotlib.axis.Axis.set_label_text( )语法及常用参数:
  set_label_text(label, fontdict=None, ** kwargs)
常用参数说明:
label:标签文本。
fontdict:文本属性。
**** kwargs:**要传递给方法的其他关键字参数。

接 In[13]的案例。Out[14]输出的图形中,已显示 X 轴和 Y 轴的标签文字。

```
In[14]:fig, ax = plt.subplots(figsize=(6, 4))
      x = np.arange(5)
      y = [1664.90, 1688.00, 1684.00, 1687.02, 1730.00]
      ax.bar(x, y)
      ax.set_ylim(1600, 1750)
```

```
ax.yaxis.set_major_locator(mticker.MultipleLocator(50))
ax.yaxis.set_minor_locator(mticker.MultipleLocator(10))
ax.yaxis.set_major_formatter(mticker.FormatStrFormatter('%1.2f'))
ax.yaxis.set_label_text('收盘价')     # 设置 Y 轴标签为 "收盘价"

xticklabels = ['2022-12-05', '2022-12-06', '2022-12-07', '2022-12-08',
'2022-12-09']
ax.xaxis.set_ticks(x, xticklabels)
ax.xaxis.set_label_text('日期')     # 设置 X 轴标签为 "日期"
plt.show()
```

Out[14]:

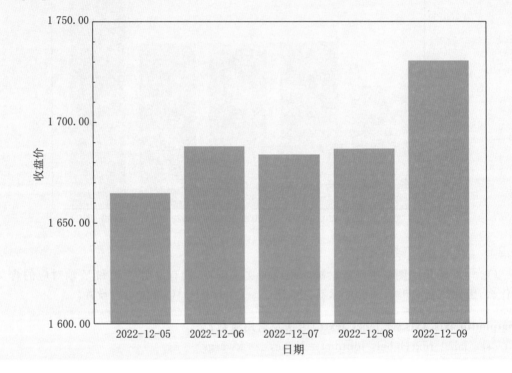

10.2.7 设置图标题

通过 set_title()方法设置图标题。

---

matplotlib.axes.Axes.set_title( )语法及常用参数：

    set_title(label, fontdict＝None, loc＝None, pad＝None, ＊, y＝None, ＊＊kwargs)

常用参数说明：

label：标题文本。

fontdict：文本属性。

loc：标题位置，可以选择'center'、'left'、'right'等位置，默认为'center'。

pad：标题与坐标轴顶部的偏移量。

---

y:标题的垂直位置。

** kwargs:要传递给方法的其他关键字参数。

接 In[14]的案例。Out[15]输出的图形中,图标题在上方。通常而言,图形标题应在图形的下方,可以通过设置 y 来调整图标题的垂直位置。Out[16]输出的图形中图标题已经放到了图形的下方。

```
In[15]:fig, ax = plt.subplots(figsize = (6, 4))
       x = np.arange(5)
       y = [1664.90, 1688.00, 1684.00, 1687.02, 1730.00]
       ax.bar(x, y)
       ax.set_ylim(1600, 1750)
       ax.yaxis.set_major_locator(mticker.MultipleLocator(50))
       ax.yaxis.set_minor_locator(mticker.MultipleLocator(10))
       ax.yaxis.set_major_formatter(mticker.FormatStrFormatter('%1.2f'))
       ax.yaxis.set_label_text('收盘价')

       xticklabels = ['2022-12-05','2022-12-06','2022-12-07','2022-12-08','2022-
       12-09']
       ax.xaxis.set_ticks(x, xticklabels)
       ax.xaxis.set_label_text('日期')
       ax.set_title('贵州茅台股价')        # 设置图形标题
       plt.show()
Out[15]:
```

贵州茅台股价

275

```
In[16]:fig, ax = plt.subplots(figsize = (6, 4))
        ax.bar(x, y)
        ax.set_ylim(1600, 1750)
        ax.yaxis.set_major_locator(mticker.MultipleLocator(50))
        ax.yaxis.set_minor_locator(mticker.MultipleLocator(10))
        ax.yaxis.set_major_formatter(mticker.FormatStrFormatter('%1.2f'))
        ax.yaxis.set_label_text('收盘价')

        xticklabels = ['2022-12-05','2022-12-06','2022-12-07','2022-12-08','2022-
        12-09']
        ax.xaxis.set_ticks(x, xticklabels)
        ax.xaxis.set_label_text('日期')
        ax.set_title('贵州茅台股价', y = - 0.25)      #设置了参数 y = - 0.25
        plt.show()
```
Out[16]:

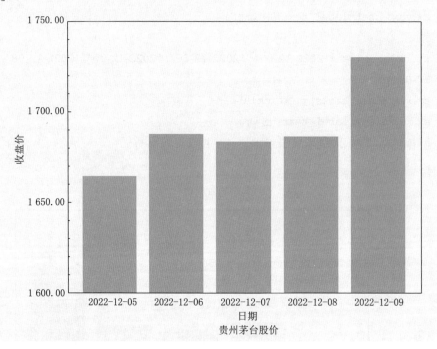

10.2.8　设置网格线

网格线是坐标轴上刻度线的延伸,穿过绘图区域。可通过 grid()方法设置网格线。

---

matplotlib.axes.Axes.grid( )语法及常用参数:

　　grid(visible=None, which=' major', axis='both', ∗∗ kwargs)

常用参数说明:

visible:指定是否显示网格线。如果提供了任何 kwargs,则假定用户需要显示网格线,并且将 visible 设置为 True。如果 visible 是 None,并且没有 kwargs,将不显示显示网格线。

---

which：显示主、次的网格线，可选'major'、'minor'、'both'。
axis：显示哪些轴的网格线，可选'both'、'x'、'y'。
＊＊kwargs：要传递给方法的其他关键字参数。

接 In[16]的案例。进一步设置 which 参数的值为 minor 或 both，以及设置 axis 参数的值为 x 和 y，查看参数设置对网格线显示的影响。

```
In[17]:fig, ax = plt.subplots(figsize = (6, 4))
    x = np.arange(5)
    y = [1664.90, 1688.00, 1684.00, 1687.02, 1730.00]
    ax.bar(x, y)
    ax.set_ylim(1600, 1750)
    ax.yaxis.set_major_locator(mticker.MultipleLocator(50))
    ax.yaxis.set_minor_locator(mticker.MultipleLocator(10))
    ax.yaxis.set_major_formatter(mticker.FormatStrFormatter('%1.2f'))
    ax.yaxis.set_label_text('收盘价')

    xticklabels = ['2022-12-05','2022-12-06','2022-12-07','2022-12-08','2022-
    12-09']
    ax.xaxis.set_ticks(x, xticklabels)
    ax.xaxis.set_label_text('日期')
    ax.grid()          #设置网格线
    ax.set_title('贵州茅台股价', y = -0.25)
    plt.show()
Out[17]:
```

10.2.9　设置数据标签

当需要精确知道每个柱状条对应的数值时,可以通过 bar_label( )方法设置,呈现柱状图的数据标签。

---

matplotlib.axes.Axes.bar_label( )语法及常用参数:

　　bar_label(container, labels＝None, ＊, fmt＝'％g', label_type＝' edge', padding＝0, ＊＊ kwargs)

常用参数说明:

container:柱状条的容器,可以从 bar 返回。

labels:标签文本列表。如果没有设定,标签文本将使用 fmt 格式化的数据文本。

fmt:字符串格式。

label_type:标签类型,可以选择' edge '或' center '。' edge '将标签显示在柱状条的终点; ' center '将标签显示在柱状条的中间位置。

padding:标签与柱状条之间的偏移量。

＊＊ kwargs:要传递给方法的其他关键字参数。

接 In[17]的案例。Out[18]输出的图形中,每个柱状条上方都显示了数据标签。

```
In[18]:fig, ax = plt.subplots(figsize = (6, 4))
        x = np.arange(5)
        y = [1664.90, 1688.00, 1684.00, 1687.02, 1730.00]
        rects = ax.bar(x, y)        ＃返回柱状图容器 rects
        ＃参数 container 的值为 rects,参数 fmt 的值为'％1.2f',即保留两位小数,参数
padding 的值为 5
        ax.bar_label(rects, fmt ='％1.2f', padding = 5)
        ax.set_ylim(1600, 1750)
        ax.yaxis.set_major_locator(mticker.MultipleLocator(50))
        ax.yaxis.set_minor_locator(mticker.MultipleLocator(10))
        ax.yaxis.set_major_formatter(mticker.FormatStrFormatter('％1.2f'))
        ax.yaxis.set_label_text('收盘价')

        xticklabels = ['2022-12-05','2022-12-06','2022-12-07','2022-12-08','2022-
        12-09']
        ax.xaxis.set_ticks(x, xticklabels)
        ax.xaxis.set_label_text('日期')
        ax.grid()
        ax.set_title('贵州茅台股价', y = - 0.25)
        plt.show()
Out[18]:
```

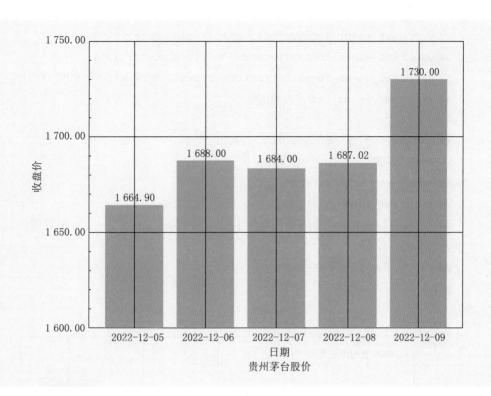

10.2.10 设置图例

我们可以通过 legend()方法设置图例。

---

matplotlib.axes.Axes.legend( )语法及常用参数：

    legend(* args，** kwargs)

常用参数说明：

* args 和 * * kwarys:传递给方法的位置参数和关键字参数。

其中,常用的参数如下：

handles: 图例句柄列表。

labels: 标签文本列表。

loc: 图例的位置。默认为' best '，即最佳位置(遮盖曲线最少)。在垂直方向可选择' upper '、
' center '和' lower ',在水平方向可选择' left '、' center '和' right '。

接 In[18]的案例。In[19]设置了图例,标签名为"贵州茅台股价",位置为左上角。Out
[19]输出的图形中,左上角显示了图例。

```
In[19]:fig, ax = plt.subplots(figsize = (6, 4))
      x = np.arange(5)
      y = [1664.90, 1688.00, 1684.00, 1687.02, 1730.00]
      rects = ax.bar(x, y)
      ax.bar_label(rects, fmt ='%1.2f', padding = 5)
      ax.set_ylim(1600, 1750)
```

```
ax.yaxis.set_major_locator(mticker.MultipleLocator(50))
ax.yaxis.set_minor_locator(mticker.MultipleLocator(10))
ax.yaxis.set_major_formatter(mticker.FormatStrFormatter('%1.2f'))
ax.yaxis.set_label_text('收盘价')

xticklabels = [' 2022-12-05 ', ' 2022-12-06 ', ' 2022-12-07 ', ' 2022-12-08
', '2022-12-09']
ax.xaxis.set_ticks(x, xticklabels)
ax.xaxis.set_label_text('日期')
ax.legend(labels = ['贵州茅台股价'], loc = 'upper left')      # 设置图例
ax.grid()
ax.set_title('贵州茅台股价', y = - 0.25)
plt.show()
```

Out[19]:

贵州茅台股价

10.3　Matplotlib 库的常用技巧

　　Matplotlib 库提供了丰富的方法,用户可以根据需求编写代码,绘制各式各样的图形。

本章介绍了一些常用技巧,包括设置日期型坐标轴刻度和标签格式、设置多系列数据、设置多子图/轴域。

10.3.1　设置日期型坐标轴刻度和标签格式

Out[19]输出的图形中,每一条柱代表某一天的贵州茅台收盘价。有时一组时间序列数据,例如贵州茅台 2017 年至 2021 年每天的收盘价,如果仍然列示为每一条柱的 X 轴刻度(日期),可能会使得 X 轴刻度及其标签高度重叠。如果按照年度,只对 X 轴关键位置设置主刻度和次刻度,就会使得图形更清晰地表达其所蕴藏的经济含义。可以使用 YearLocator()、MonthLocator()方法设置日期型坐标轴刻度,使用 DateFormatter()方法设置日期型坐标轴标签格式。

---

matplotlib.dates.YearLocator( )语法及常用参数:

　　YearLocator(base＝1, month＝1, day＝1, tz＝None)

常用参数说明:

base:指定每隔几年设置一个刻度。

month:放置刻度的月份,默认是 1 月。

day:放置刻度的日期,默认是 1 日。

tz:时区。

matplotlib.dates.MonthLocator( )语法及常用参数:

　　MonthLocator(bymonth＝None, bymonthday＝1, interval＝1, tz＝None)

常用参数说明:

bymonth:按月设置刻度。默认为 range(1, 13),即每月。

bymonthday:放置刻度的日期,默认是 1 日。

interval:两个刻度之间的间隔月份。

tz:时区。

matplotlib.dates.DayLocator( )语法及常用参数:

　　DayLocator(bymonthday＝None, interval＝1, tz＝None)

常用参数说明:

bymonthday:按天设置刻度。默认为 range(1, 32),即每天。

interval:两个刻度之间的间隔天。

tz:时区。

matplotlib.dates.DateFormatter( )语法及常用参数:

　　DateFormatter(fmt, tz＝None, ＊, usetex＝None)

常用参数说明:

fmt:日期格式。

tz:时区。

usetex:启用/禁用使用 TeX 的数学模式来呈现。

In[20]读取了贵州茅台日个股交易数据,提取 2017 年至 2021 年每天的收盘价,共有 1 217 条记录。Out[21]展示了贵州茅台 2017 年至 2021 年股价走势。

```
In[20]:df_data1 = pd.read_excel('贵州茅台 - 日个股数据.xlsx', sheet_name ='data')
        df1 = df_data1.copy()
        df1['Trddt'] = pd.to_datetime(df1['Trddt'])
        df1 = df1.loc[:, ['Trddt', 'Clsprc']]
        df1 = df1[df1['Trddt'].dt.year >= 2017]
        df1 = df1[df1['Trddt'].dt.year <= 2021]
        print(df1)
Out[20]:
            Trddt      Clsprc
    3648 2017-01-03    334.56
    3649 2017-01-04    351.91
    3650 2017-01-05    346.74
    3651 2017-01-06    350.76
    3652 2017-01-09    348.51
          ⋮          ⋮          ⋮
    4860 2021-12-27   2131.82
    4861 2021-12-28   2138.18
    4862 2021-12-29   2041.00
    4863 2021-12-30   2075.00
    4864 2021-12-31   2050.00

    [1217 rows x 2 columns]

In[21]:fig, ax = plt.subplots(figsize = (6, 4))
        ax.plot(df1['Trddt'], df1['Clsprc'])
        ax.yaxis.set_major_locator(mticker.MultipleLocator(500))
        ax.yaxis.set_minor_locator(mticker.MultipleLocator(100))
        ax.yaxis.set_major_formatter(mticker.FormatStrFormatter('% 1.2f'))
        ax.yaxis.set_label_text('收盘价')

        #设置了主刻度,按年设置刻度
        ax.xaxis.set_major_locator(mdates.YearLocator())
        #设置次刻度,每个季度设置一个次刻度
        ax.xaxis.set_minor_locator(mdates.MonthLocator(interval = 3))
        #设置主刻度标签格式,打印其年份
        ax.xaxis.set_major_formatter(mdates.DateFormatter('% Y'))
        ax.xaxis.set_label_text('日期')
        ax.grid()
        ax.set_title('贵州茅台股价', y = - 0.25)
        plt.show()
```

Out[21]:

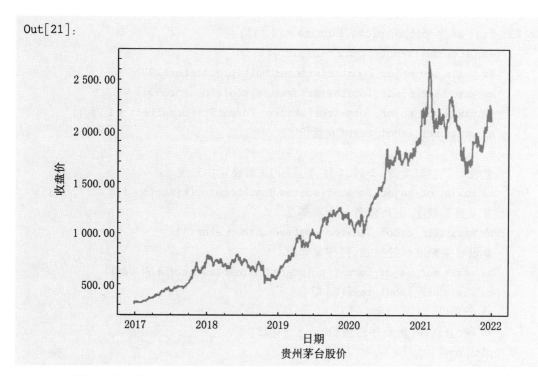

贵州茅台股价

In[23]提取贵州茅台 2022 年每天的收盘价,共有 242 条记录。Out[23]展示了贵州茅台 2022 年股价走势。

```
In[22]: df2 = df_data1.copy()
        df2['Trddt'] = pd.to_datetime(df2['Trddt'])
        df2 = df2.loc[:, ['Trddt','Clsprc']]
        df2 = df2[df2['Trddt'].dt.year == 2022]
        print(df2)
Out[22]:
              Trddt   Clsprc
        4865 2022-01-04  2051.23
        4866 2022-01-05  2024.00
        4867 2022-01-06  1982.22
        4868 2022-01-07  1942.00
        4869 2022-01-10  1966.00
         ⋮       ⋮         ⋮
        5102 2022-12-26  1742.06
        5103 2022-12-27  1733.00
        5104 2022-12-28  1733.00
        5105 2022-12-29  1719.00
        5106 2022-12-30  1727.00

        [242 rows x 2 columns]
```

```
In[23]:fig, ax = plt.subplots(figsize = (6, 4))
        ax.plot(df2['Trddt'], df2['Clsprc'])
        ax.yaxis.set_major_locator(mticker.MultipleLocator(200))
        ax.yaxis.set_minor_locator(mticker.MultipleLocator(50))
        ax.yaxis.set_major_formatter(mticker.FormatStrFormatter('%1.2f'))
        ax.yaxis.set_label_text('收盘价')

        #设置了主刻度,在1月、4月、7月和10月设置主刻度
        ax.xaxis.set_major_locator(mdates.MonthLocator(bymonth = (1, 4, 7, 10)))
        #设置次刻度,每月设置一个次刻度
        ax.xaxis.set_minor_locator(mdates.MonthLocator())
        #设置主刻度标签格式,打印其年月
        ax.xaxis.set_major_formatter(mdates.DateFormatter('%Y-%m'))
        ax.xaxis.set_label_text('日期')
        ax.grid()
        ax.set_title('贵州茅台股价', y = -0.25)
        plt.show()
Out[23]:
```

贵州茅台股价

In[24]提取贵州茅台 2022 年 12 月 1 日至 15 日每天的收盘价,共有 11 条记录。

Out[25]列示了这 11 条记录的股价走势图(折线图),然而 2022 年 12 月 3 日、2022 年 12 月 4 日、2022 年 12 月 10 日、2022 年 12 月 11 日是周末,股票市场休市,因此没有收盘价,但是该折线图没有体现这样的情况,可能会让读者错误解读。

In[26]对此改用柱形图,相应的输出结果也体现了周末股票市场休市情况。但是,更常

见的需求是,不展示没有交易的柱状条。读者可以参照"设置坐标轴刻度标签"的第 2 种方法(即第 13 行输入的例子)进行设置。

In[27]对此进行了设置。Out[27]输出的柱状图将没有股票交易的柱状条删除,仅显示有股票交易的柱状条。这个技巧在后文绘制股价日 K 线图时会用到。

```
In[24]:df3 = df_data1.copy()
        df3['Trddt'] = pd.to_datetime(df3['Trddt'])
        df3 = df3.loc[:, ['Trddt', 'Clsprc']]
        df3 = df3[df3['Trddt'].dt.year == 2022]
        df3 = df3[df3['Trddt'].dt.month == 12]
        df3 = df3[df3['Trddt'].dt.day <= 15]
        print(df3)
Out[24]:
               Trddt    Clsprc
        5085 2022-12-01  1630.80
        5086 2022-12-02  1633.88
        5087 2022-12-05  1664.90
        5088 2022-12-06  1688.00
        5089 2022-12-07  1684.00
        5090 2022-12-08  1687.02
        5091 2022-12-09  1730.00
        5092 2022-12-12  1739.02
        5093 2022-12-13  1750.00
        5094 2022-12-14  1770.87
        5095 2022-12-15  1786.99


In[25]:fig, ax = plt.subplots(figsize = (6, 4))
        ax.plot(df3['Trddt'], df3['Clsprc'])
        ax.set_ylim(1600, 1800)
        ax.yaxis.set_major_locator(mticker.MultipleLocator(50))
        ax.yaxis.set_minor_locator(mticker.MultipleLocator(10))
        ax.yaxis.set_major_formatter(mticker.FormatStrFormatter('%1.2f'))
        ax.yaxis.set_label_text('收盘价')

        ax.xaxis.set_major_locator(mdates.DayLocator())
        ax.xaxis.set_major_formatter(mdates.DateFormatter('%Y-%m-%d'))
        ax.xaxis.set_label_text('日期')
        ax.set_title('贵州茅台股价', y = -0.40)
        fig.autofmt_xdate()
        plt.show()
```

Out[25]:

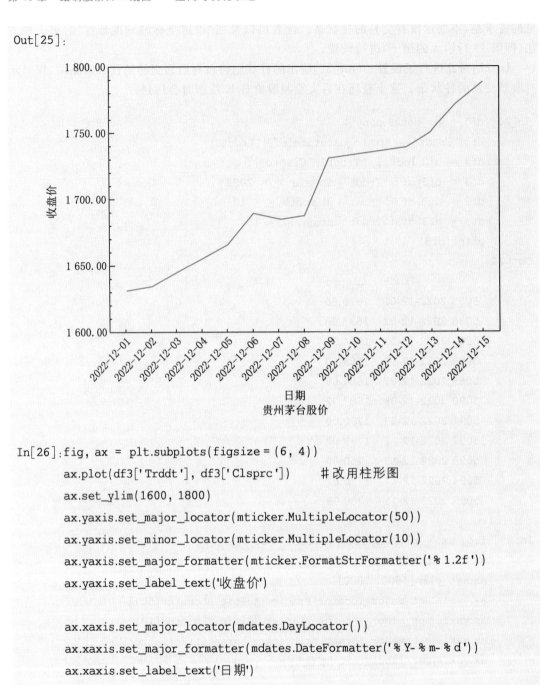

贵州茅台股价

In[26]:
```
fig, ax = plt.subplots(figsize = (6, 4))
ax.plot(df3['Trddt'], df3['Clsprc'])      ♯改用柱形图
ax.set_ylim(1600, 1800)
ax.yaxis.set_major_locator(mticker.MultipleLocator(50))
ax.yaxis.set_minor_locator(mticker.MultipleLocator(10))
ax.yaxis.set_major_formatter(mticker.FormatStrFormatter('%1.2f'))
ax.yaxis.set_label_text('收盘价')

ax.xaxis.set_major_locator(mdates.DayLocator())
ax.xaxis.set_major_formatter(mdates.DateFormatter('%Y-%m-%d'))
ax.xaxis.set_label_text('日期')
ax.set_title('贵州茅台股价', y = - 0.40)
fig.autofmt_xdate()
plt.show()
```

Out[26]:

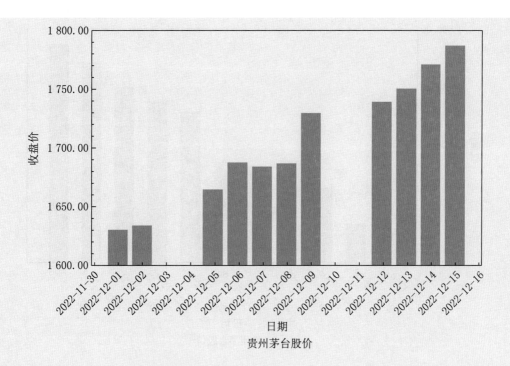

```
In[27]:fig, ax = plt.subplots(figsize = (6, 4))
        x = np.arange(len(df3['Clsprc']))
        ax.bar(x, df3['Clsprc'])
        ax.set_ylim(1600, 1800)
        ax.yaxis.set_major_locator(mticker.MultipleLocator(50))
        ax.yaxis.set_minor_locator(mticker.MultipleLocator(10))
        ax.yaxis.set_major_formatter(mticker.FormatStrFormatter('%1.2f'))
        ax.yaxis.set_label_text('收盘价')

        ax.xaxis.set_major_locator(mticker.MultipleLocator(1))
        # 获取刻度标签文本列表
        xticklabels = [df3['Trddt'].to_list()[i].strftime('%Y-%m-%d') for i in x]
        # 设置了刻度对应位置的标签文字
        ax.xaxis.set_ticks(x, xticklabels)
        ax.xaxis.set_label_text('日期')

        ax.set_title('贵州茅台股价', y = -0.40)
        fig.autofmt_xdate()
        plt.show()
Out[27]:
```

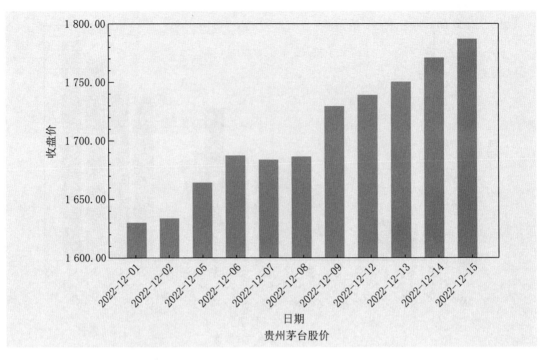

贵州茅台股价

10.3.2　设置多系列数据

设置多系列数据分为两种情况:第一种是共用 Y 轴;第二种是双 Y 轴。

第一种共用 Y 轴比较简单,仅需要在轴域 ax 上添加线条等对象即可。In[28]读取了贵州茅台和五粮液 2017 年至 2021 年净资产收益率数据。In[29]绘制了这两个上市公司净资产收益率年度变化趋势。

```
In[28]:df_data2 = pd.read_excel('净资产收益率.xlsx', sheet_name = 'data')
       df4 = df_data2.copy()
       df4 = df4.set_index('证券代码')
       df4 = df4.drop('证券名称', axis = 1)
       roe1 = df4.loc['600519.SH', :]
       roe2 = df4.loc['000858.SZ', :]
       print(roe1)
       print('-' * 100)
       print(roe2)
Out[28]:
       净资产收益率 ROE(平均)\n[报告期]2017 年年报\n[单位]%    32.954153
       净资产收益率 ROE(平均)\n[报告期]2018 年年报\n[单位]%    34.46435
       净资产收益率 ROE(平均)\n[报告期]2019 年年报\n[单位]%    33.117662
       净资产收益率 ROE(平均)\n[报告期]2020 年年报\n[单位]%    31.410756
       净资产收益率 ROE(平均)\n[报告期]2021 年年报\n[单位]%    29.903568
       Name: 600519.SH, dtype: object
```

净资产收益率 ROE(平均)\n[报告期]2017 年年报\n[单位]%　　19.268287
净资产收益率 ROE(平均)\n[报告期]2018 年年报\n[单位]%　　22.914042
净资产收益率 ROE(平均)\n[报告期]2019 年年报\n[单位]%　　25.261171
净资产收益率 ROE(平均)\n[报告期]2020 年年报\n[单位]%　　24.944031
净资产收益率 ROE(平均)\n[报告期]2021 年年报\n[单位]%　　25.30336
Name: 000858.SZ, dtype: object

```
In[29]:fig, ax = plt.subplots(figsize = (6, 4))
       x = np.arange(len(roe1))
       ＃在轴域 ax 上添加折线,绘制贵州茅台净资产收益率折线(实线)
       ax.plot(x, roe1, 'b', label ='贵州茅台')
       ＃在轴域 ax 上继续添加折线,绘制五粮液净资产收益率折线(虚线)
       ax.plot(x, roe2, '—r', label ='五粮液')
       ax.legend()        ＃对轴域 ax 设置图例
       ax.yaxis.set_major_locator(mticker.MultipleLocator(2))
       ax.yaxis.set_minor_locator(mticker.MultipleLocator(1))
       ax.yaxis.set_major_formatter(mticker.FormatStrFormatter('%1.0f'))
       ax.yaxis.set_label_text('净资产收益率 ROE( % )')

       xticklabels = [str(x) for x in range(2017, 2022)]
       ax.xaxis.set_ticks(x, xticklabels)
       ax.xaxis.set_label_text('年度')
       ax.grid()
       ax.set_title('净资产收益率分析', y = - 0.25)
       plt.show()
Out[29]:
```

第二种双 Y 轴略微复杂些,当不同序系列数据的单位不相同时,则需要用到双 Y 轴图形。可通过 twinx()进行设置。

> **matplotlib.axes.Axes.twinx( )语法及常用参数:**
> twinx()
> **返回值:**
> **Axes:**新的轴域实例。

In[30]读取了上证综合指数数据,并与贵州茅台日个股交易数据进行合并。现在要求在同一张图上,分别显示贵州茅台和上证综合指数走势情况。由于它们的单位不同,需要使用双 Y 轴进行设置。

In[31]对此进行了相应设置。

```
In[30]:df_data3 = pd.read_excel('指数信息.xlsx', sheet_name ='data')
        df5 = pd.merge(df_data1, df_data3, on ='Trddt')
        df5['Trddt'] = pd.to_datetime(df5['Trddt'])
        df5 = df5.loc[:, ['Trddt', 'Clsprc', 'Clsindex']]
        df5 = df5[df5['Trddt'].dt.year >= 2017]
        print(df5)
Out[30]:
                  Trddt    Clsprc  Clsindex
        3648 2017-01-03   334.56  3135.921
        3649 2017-01-04   351.91  3158.794
        3650 2017-01-05   346.74  3165.411
        3651 2017-01-06   350.76  3154.321
        3652 2017-01-09   348.51  3171.236
          ⋮          ⋮        ⋮         ⋮
        5102 2022-12-26  1742.06  3065.563
        5103 2022-12-27  1733.00  3095.568
        5104 2022-12-28  1733.00  3087.400
        5105 2022-12-29  1719.00  3073.702
        5106 2022-12-30  1727.00  3089.258

        [1459 rows x 3 columns]


In[31]:fig, ax = plt.subplots(figsize = (6, 4))
        ＃在轴域 ax 上添加折线,绘制贵州茅台净资产收益率折线(实线,蓝色)
        ＃容易错的地方是,其等式的左边是"line1,"。如果遗漏",",则不能正确显示双
        Y 轴
```

```
    line1, = ax.plot(df5['Trddt'], df5['Clsprc'], 'b', label ='贵州茅台')
    ax.yaxis.set_major_locator(mticker.MultipleLocator(500))
    ax.yaxis.set_minor_locator(mticker.MultipleLocator(100))
    ax.yaxis.set_major_formatter(mticker.FormatStrFormatter('%1.2f'))
    #设置了折线的标签
    ax.yaxis.set_label_text('贵州茅台股价')


    #使用 twinx()方法得到轴域 ax2
    ax2 = ax.twinx()


    #在轴域 ax2 上添加折线,绘制五粮液净资产收益率折线(虚线,红色)
    #容易错的地方是,其等式的左边是"line2,",如果遗漏了",",则不能正确显示
    双 Y 轴
    line2, = ax2.plot(df5['Trddt'], df5['Clsindex'], '--r', label ='上证综
    合指数')
    ax2.yaxis.set_major_locator(mticker.MultipleLocator(200))
    ax2.yaxis.set_minor_locator(mticker.MultipleLocator(100))
    ax2.yaxis.set_major_formatter(mticker.FormatStrFormatter('%1.2f'))


    #设置折线的标签
    ax2.yaxis.set_label_text('上证综合指数')


    ax2.xaxis.set_major_locator(mdates.YearLocator())
    ax2.xaxis.set_major_formatter(mdates.DateFormatter('%Y'))
    ax2.xaxis.set_label_text('日期')


    #设置图例,传入图例句柄列表[line1, line2]
    ax2.legend(handles = [line1, line2], loc ='lower right')
    ax2.set_title('贵州茅台股价', y = -0.25)
    plt.show()
```
Out[31]:

扫码可见

10.3.3 设置多子图/轴域

可以通过 subplots()方法设置多子图,subplots()方法的语法详见"10.2.1 绘制柱形图"小节。下面通过一个简单的例题,说明如何通过 subplots()方法设置多子图。

设置 2 行 2 列的多子图,subplots()方法返回画板 fig 和多个轴域 axs。然后通过索引获取指定轴域,并在指定轴域上绘制图形。分别在左上角轴域、右上角轴域、左下角轴域、右下

角轴域绘制线条。

```
In[32]:#设置 2 行 2 列的多子图
      fig, axs = plt.subplots(nrows = 2, ncols = 2, figsize = (6, 4))

      x = np.linspace( - 10, 10, 200)
      y1 = 2 * np.sin(x)
      ax1 = axs[0, 0]          #获取左上角轴域
      ax1.plot(x, y1)              #对轴域 ax1 绘制一条正弦线

      y2 = 2 * np.sin(x + 5) + 20
      ax2 = axs[0, 1]
      ax2.plot(x, y2)

      y3 = 10 * x + 20
      ax3 = axs[1, 0]
      ax3.plot(x, y3)

      y4 = x ** 2
      ax4 = axs[1, 1]
      ax4.plot(x, y4)

      plt.show()
Out[32]:
```

Out[32]输出的图形为 2 行 2 列的多子图,每个子图的高度和宽度都相同。当需要自定义子图的高度和宽度时,可以使用 GridSpec()方法进行设置。

> **matplotlib.gridspec.GridSpec( )语法及常用参数:**
>
>   GridSpec(nrows, ncols, figure=None, left=None, bottom=None, right=None, top=None, wspace=None, hspace=None, width_ratios=None, height_ratios=None)
>
> **常用参数说明:**
>
> **nrows, ncols:** 网格的行数、列数。
>
> **figure:** 仅用于约束布局,以创建适当的布局网格。
>
> **left, right, top, bottom:** 子图占画板的宽度或高度的比例。
>
> **wspace:** 子图之间的空间保留的宽度。
>
> **hspace:** 子图之间的空间保留的高度。
>
> **width_ratios:** 列的相对宽度。
>
> **height_ratios:** 行的相对高度。

如果需要突出轴域 ax3 的显示,相对于其他 3 个图占用更多的版面,设定轴域 ax1 和 ax2 的高度相同,宽度比为 2：1, ax1 和 ax3 的高度比为 1：2,宽度相同。In[33]绘制了相应的图形。

```
In[33]:fig = plt.figure(figsize = (10, 8))      #绘制了画板
      gs = mgridspec.GridSpec(3, 3, figure = fig)      #将画板分割为 3 行 * 3 列


      x = np.linspace( - 10, 10, 200)
      y1 = 2 * np.sin(x)
      #设定轴域 ax1,高度索引为 0,宽度索引为 0:2
      ax1 = fig.add_subplot(gs[0, 0:2])
      ax1.plot(x, y1)


      y2 = 2 * np.sin(x + 5) + 20
      ax2 = fig.add_subplot(gs[0, 2])
      ax2.plot(x, y2)


      y3 = 10 * x + 20
      ax3 = fig.add_subplot(gs[1:3, 0:2])
      ax3.plot(x, y3)


      y4 = x ** 2
      ax4 = fig.add_subplot(gs[1:3, 2])
      ax4.plot(x, y4)


      plt.show()
```

Out[33]:

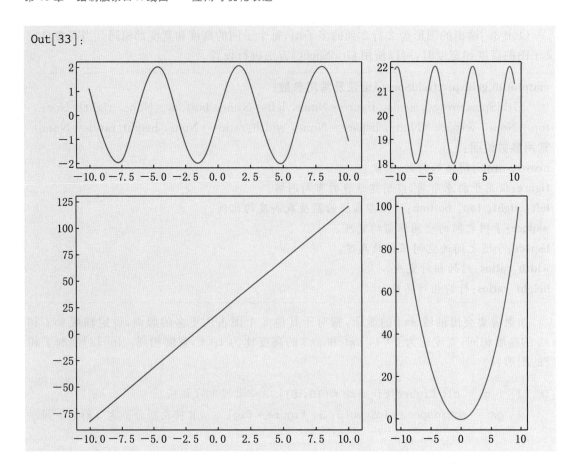

10.4　应用实践

在股票投资决策中,重要步骤之一是分析股票日 K 线图。下面,结合前文所学知识,绘制出股票日 K 线图,包含日 K 线图、移动均线图和交易量图。

10.4.1　绘制一个日 K 线

In[34]首先定义了绘制一个日 K 线的 draw_block()方法,分别传入 X 轴的刻度标签(x),开盘价(open)、收盘价(close)、最低价(low)、最高价(hight)。我们根据开盘价和收盘价定义柱状条(bar)的底部和顶部,并且柱状条的颜色,当收盘价大于开盘价时,柱状图显示为红色,否则为绿色。在柱子的基础上,我们绘制上影线和下影线(vlines)。从输出的图形来看,上影线的顶部为最高价 18,下影线的底部为最低价 6,柱状条的顶部为收盘价 12,柱状条的底部为开盘价 10,柱状条的颜色为红色,符合需求。

```
In[34]:＃定义绘制一个日 K 线方法
       def draw_block(x, open, close, low, hight):
           if close>open:
               color = 'red'
```

```
            bottom = open
            height = close - open
        else：
            color = 'green'
            bottom = close
            height = open - close
        ax.bar(x, height = height, bottom = bottom, width = width, color = color)
        ax.vlines(x, ymin = low, ymax = hight, color = color)


#设定柱子的宽度
width = 0.8
fig, ax = plt.subplots(figsize = (6, 4))
#调用 draw_block()方法
draw_block('0', 10, 12, 6, 18)


#设定网格线
ax.grid()
plt.show()
```
Out[34]：

扫码可见

10.4.2　绘制多个日 K 线

In[35]读取了贵州茅台 2022 年 12 月的日交易数据。In[36]绘制了多个日 K 线。In[36]定义绘制一个日 K 线的 draw_block()方法,同时也定义绘制多个日 K 线的 draw_blocks()方法,需要传入两个参数,第一个参数 df 为日交易数据,第二个参数 ax 为轴域。这个函数通过 for 循环,依次绘制日 K 线。

从输出的图形来看,当股市休市时,没有交易数据,例如 2022 年 12 月 3 日、2022 年 12 月 4 日、2022 年 12 月 10 日、2022 年 12 月 11 日没有对应的日 K 线。因此需要对此进行调整。

```
In[35]:df7 = df_data1.copy()
        df7['Trddt'] = pd.to_datetime(df7['Trddt'])
        df7 = df7.loc[:, ['Trddt', 'Opnprc', 'Hiprc', 'Loprc', 'Clsprc']]
        df7 = df7[df7['Trddt'].dt.year == 2022]
        df7 = df7[df7['Trddt'].dt.month == 12]
        print(df7.head())
Out[35]:
```

	Trddt	Opnprc	Hiprc	Loprc	Clsprc
5085	2022-12-01	1660.00	1680.00	1630.79	1630.80
5086	2022-12-02	1635.00	1652.99	1621.20	1633.88
5087	2022-12-05	1668.00	1679.00	1649.00	1664.90
5088	2022-12-06	1655.00	1726.90	1652.00	1688.00
5089	2022-12-07	1677.81	1720.00	1670.03	1684.00

```
In[36]: #定义绘制一个日 K 线的 draw_block()方法
        def draw_block(ax, col, open, close, low, hight):
            if close > open:
                color = 'red'
                bottom = open
                height = close - open
            else:
                color = 'green'
                bottom = close
                height = open - close
            ax.bar(col, height = height, bottom = bottom, width = width, color = color)
            ax.vlines(col, ymin = low, ymax = hight, color = color)
        #定义绘制多个日 K 线的 draw_blocks()方法
        #需要传入两个参数,第一个参数 df 为日交易数据,第二个参数 ax 为轴域
        def draw_blocks(df, ax):
            for row in range(len(df)):
                data = df.iloc[row].to_dict()
                col = data['Trddt']
                open = data['Opnprc']
                close = data['Clsprc']
                low = data['Loprc']
                hight = data['Hiprc']
                draw_block(ax, col, open, close, low, hight)


        width = 0.8
        fig, ax = plt.subplots(figsize = (10, 4))
        #调用 draw_blocks()方法
        draw_blocks(df7, ax)


        ax.yaxis.set_label_text('价格(单位:元)')
        ax.xaxis.set_major_locator(mdates.DayLocator(interval = 5))
        ax.xaxis.set_major_formatter(mdates.DateFormatter('%Y-%m-%d'))
```

```
        ax.grid()
        fig.autofmt_xdate()
        plt.show()
```
Out[36]:

扫码可见

可参考"10.2.5 设置坐标轴刻度标签"的第 2 种方法（即 In[13]中的例子）进行设置。
Out[37]输出的图形中剔除了没有股票交易的日期。

```
In[37]:def draw_block(ax, col, open, close, low, hight):
        if close > open:
            color = 'red'
            bottom = open
            height = close - open
        else:
            color = 'green'
            bottom = close
            height = open - close
        ax.bar(col, height = height, bottom = bottom, width = width, color = color)
        ax.vlines(col, ymin = low, ymax = hight, color = color)


    def draw_blocks(df, ax, x):
        for row in range(len(df)):
            data = df.iloc[row].to_dict()
            col = x[row]
            open = data['Opnprc']
            close = data['Clsprc']
            low = data['Loprc']
            hight = data['Hiprc']
            draw_block(ax, col, open, close, low, hight)
    width = 0.8
    fig, ax = plt.subplots(figsize = (10, 4))
    x = np.arange(len(df7))
    draw_blocks(df7, ax, x)


    ax.yaxis.set_label_text('价格(单位:元)')
    ＃生成标签列表
```

```
xticklabels = [df7['Trddt'].to_list()[i].strftime('%Y-%m-%d') for i in
x[::5]]
#对每隔5个交易日设置一个主刻度
ax.xaxis.set_major_locator(mticker.MultipleLocator(5))
#根据刻度设置标签
ax.xaxis.set_ticks(x[::5], xticklabels)

ax.grid()
plt.show()
```
Out[37]:

扫码可见

10.4.3　绘制移动均线图

移动均线是指某段时间内的平均股价连成的曲线。通过移动均线,可以分析股价的历史波动。移动均线的计算公式为:

$$MA = (P_1 + P_2 + P_3 + \cdots + P_n) / n$$

其中,P 为某天的收盘价,n 为计算周期。

可以通过 rolling()函数计算特定窗口的均值。In[38]读取了贵州茅台 2022 年 12 月的日交易数据,并分别生成 5 日移动均值、10 日移动均值、20 日移动均值。

接 In[37]的案例。In[39]分别绘制了 5 日移动均线、10 日移动均线、20 日移动均线。

```
In[38]:df8 = df_data1.copy()
       df8['Trddt'] = pd.to_datetime(df8['Trddt'])
       df8 = df8.loc[:, ['Trddt', 'Opnprc', 'Hiprc', 'Loprc', 'Clsprc']]
       #5 日移动均值
       df8['Clsprc_mean1'] = df8['Clsprc'].rolling(window = 5).mean()
       #10 日移动均值
       df8['Clsprc_mean2'] = df8['Clsprc'].rolling(window = 10).mean()
       #20 日移动均值
       df8['Clsprc_mean3'] = df8['Clsprc'].rolling(window = 20).mean()
       df8 = df8[df8['Trddt'].dt.year == 2022]
       df8 = df8[df8['Trddt'].dt.month == 12]
       print(df8.head())
```

Out[38]:

	Trddt	Opnprc	Hiprc	Loprc	Clsprc	Clsprc_mean1	Clsprc_mean2	Clsprc_mean3
5085	2022-12-01	1660.00	1680.00	1630.79	1630.80	1572.138	1555.674	1540.0800
5086	2022-12-02	1635.00	1652.99	1621.20	1633.88	1594.512	1562.349	1545.9455
5087	2022-12-05	1668.00	1679.00	1649.00	1664.90	1625.516	1576.841	1553.8350
5088	2022-12-06	1655.00	1726.90	1652.00	1688.00	1643.316	1591.646	1563.9910
5089	2022-12-07	1677.81	1720.00	1670.03	1684.00	1660.316	1605.146	1575.1960

In[39]:
```python
def draw_block(ax, col, open, close, low, hight):
    if close > open:
        color = 'red'
        bottom = open
        height = close - open
    else:
        color = 'green'
        bottom = close
        height = open - close
    ax.bar(col, height = height, bottom = bottom, width = width, color = color)
    ax.vlines(col, ymin = low, ymax = hight, color = color)


def draw_blocks(df, ax, x):
    for row in range(len(df)):
        data = df.iloc[row].to_dict()
        col = x[row]
        open = data['Opnprc']
        close = data['Clsprc']
        low = data['Loprc']
        hight = data['Hiprc']
        draw_block(ax, col, open, close, low, hight)
width = 0.8
fig, ax = plt.subplots(figsize = (10, 4))
x = np.arange(len(df8))
draw_blocks(df8, ax, x)


ax.plot(x, df8['Clsprc_mean1'], label ='MA5')      #5 日移动均线
ax.plot(x, df8['Clsprc_mean2'], '- .', label ='MA10')     #10 日移动均线
ax.plot(x, df8['Clsprc_mean3'], '- -', label ='MA20')      #20 日移动均线
```

```
ax.yaxis.set_label_text('价格(单位:元)')
xticklabels = [df8['Trddt'].to_list()[i].strftime('%Y-%m-%d') for i in
x[::5]]
ax.xaxis.set_ticks(x[::5])
ax.xaxis.set_ticklabels(xticklabels)

ax.legend(ncol = 3, loc ='upper left')
ax.grid()
plt.show()
```

Out[39]:

扫码可见

10.4.4 绘制交易量图

In[40]读取了贵州茅台 2022 年 12 月的日交易数据,其中变量 Dnshrtrd 为日交易量。In[41]定义了绘制一条交易量柱形的 draw_block_vol()方法,分别传入轴域(ax)、X 轴的刻度标签(col),开盘价(open)、收盘价(close)、交易量(vol)。和前面绘制一个日 K 线的 draw_block()方法类似,根据交易量定义柱状条的高度,根据开盘价和收盘价定义柱状条的颜色。In[41]定义了绘制多条交易量柱形的 draw_blocks_vol()方法,和绘制多个日 K 线的 draw_blocks()方法类似。

```
In[40]:df9 = df_data1.copy()
        df9['Trddt'] = pd.to_datetime(df9['Trddt'])
        df9 = df9.loc[:, ['Trddt','Opnprc','Hiprc','Loprc','Clsprc','Dnshrtrd']]
            df9['Clsprc_mean1'] = df9['Clsprc'].rolling(window = 5).mean()
            df9['Clsprc_mean2'] = df9['Clsprc'].rolling(window = 10).mean()
            df9['Clsprc_mean3'] = df9['Clsprc'].rolling(window = 20).mean()
            df9['Dnshrtrd'] = df9['Dnshrtrd'] / 10000
            df9 = df9[df9['Trddt'].dt.year == 2022]
            df9 = df9[df9['Trddt'].dt.month == 12]
            print(df9.head())
```

Out[40]:

	Trddt	Opnprc	Hiprc	Loprc	Clsprc	Dnshrtrd	Clsprc_mean1	Clsprc_mean2	Clsprc_mean3
5085	2022-12-01	1660.00	1680.00	1630.79	1630.80	513.5768	1572.138	1555.674	1540.0800
5086	2022-12-02	1635.00	1652.99	1621.20	1633.88	238.8390	1594.512	1562.349	1545.9455
5087	2022-12-05	1668.00	1679.00	1649.00	1664.90	361.2746	1625.516	1576.841	1553.8350
5088	2022-12-06	1655.00	1726.00	1652.00	1688.00	441.4748	1643.316	1591.646	1563.9910
5089	2022-12-07	1677.81	1720.00	1670.03	1684.00	355.2626	1660.316	1605.146	1575.1960

```
In[41]: #定义绘制一条交易量柱形
        def draw_block_vol(ax, col, open, close, vol):
            if close > open:
                color = 'red'
            else:
                color = 'green'
            ax.bar(col, height = vol, bottom = 0, width = width, color = color)


        #定义绘制多条交易量柱形
        def draw_blocks_vol(df, ax, x):
            for row in range(len(df)):
                data = df.iloc[row].to_dict()
                col = x[row]
                open = data['Opnprc']
                close = data['Clsprc']
                vol = data['Dnshrtrd']
                draw_block_vol(ax, col, open, close, vol)


        width = 0.8
        fig, ax = plt.subplots(figsize = (12, 4))
        x = np.arange(len(df9))
        draw_blocks_vol(df9, ax, x)
        ax.yaxis.set_label_text('交易量(单位:万股)')
        xticklabels = [df9['Trddt'].to_list()[i].strftime('%Y-%m-%d') for i in x
        [::5]]
        ax.xaxis.set_ticks(x[::5], xticklabels)


        ax.grid()
        plt.show()
Out[41]:
```

扫码可见

最后,合并日 K 线图和交易量图,并且日 K 线图和交易量图的高度比为 2:1。设置多子图/轴域,结合 In[39]和 In[41]的代码,形成 In[42]代码。In[42]将画板分割为 3 行 * 1 列,将轴域 ax1 的高度设为 2 行,将轴域 ax2 的高度设为 1 行,同时共享轴域 ax1 的 X 轴。

```
In[42]:def draw_block(ax, col, open, close, low, hight):
            if close > open:
                color = 'red'
                bottom = open
                height = close - open
            else:
                color = 'green'
                bottom = close
                height = open - close
            ax.bar(col, height = height, bottom = bottom, width = width, color =
            color)
            ax.vlines(col, ymin = low, ymax = hight, color = color)


        def draw_blocks(df, ax, x):
            for row in range(len(df)):
                data = df.iloc[row].to_dict()
                col = x[row]
                open = data['Opnprc']
                close = data['Clsprc']
                low = data['Loprc']
                hight = data['Hiprc']
                draw_block(ax, col, open, close, low, hight)


        def draw_block_vol(ax, col, open, close, vol):
            if close > open:
                color = 'red'
            else:
                color = 'green'
            ax.bar(col, height = vol, bottom = 0, width = width, color = color)


        def draw_blocks_vol(df, ax, x):
            for row in range(len(df)):
                data = df.iloc[row].to_dict()
                col = x[row]
                open = data['Opnprc']
                close = data['Clsprc']
                vol = data['Dnshrtrd']
                draw_block_vol(ax, col, open, close, vol)
```

```
width = 0.8
fig = plt.figure(figsize = (10, 8))
# 将画板分割为 3 行 * 1 列
gs = mgridspec.GridSpec(3, 1, figure = fig)
# 将轴域 ax1 的高度设为 2 行
ax1 = fig.add_subplot(gs[0:2, :])
# 将轴域 ax2 的高度设为 1 行,同时共享轴域 ax1 的 X 轴
ax2 = fig.add_subplot(gs[2, :], sharex = ax1)

x = np.arange(len(df9))
draw_blocks(df9, ax1, x)
ax1.plot(x, df9['Clsprc_mean1'], label = 'MA5')
ax1.plot(x, df9['Clsprc_mean2'], '-.', label = 'MA10')
ax1.plot(x, df9['Clsprc_mean3'], '- -', label = 'MA20')
ax1.yaxis.set_label_text('价格(单位:元)')
ax1.tick_params(labelbottom = False)
ax1.legend(ncol = 3, loc = 'upper left')
ax1.grid()
draw_blocks_vol(df9, ax2, x)
ax2.yaxis.set_label_text('交易量(单位:万股)')
xticklabels = [df9['Trddt'].to_list()[i].strftime('%Y-%m-%d') for i in
x[::5]]
ax2.xaxis.set_ticks(x[::5])
ax2.xaxis.set_ticklabels(xticklabels)
ax2.grid()
plt.show()
```

Out[42]:

扫码可见

10.5　实操练习题

　　1. 请获取上市公司资产负债表、利润表、现金流量表数据,构造资产规模自然对数、资产负债率、总资产净利率、经营活动现金流与总资产比等指标,并对这些指标绘制图形展示。

　　2. 请从统计年鉴或数据库获取 2010 年至今各省的 GDP 数据,并对这些指标绘制图形展示。

第 11 章

建立上市公司价值分类判断指标体系
——应用机器学习

机器学习是一门多领域交叉学科,涉及概率论、统计学等学科。"机器学习"看似高深,其实在生活中,如人脸识别、手机相册依据人物自动分类等应用,均采用了机器学习的思想和方法。机器学习选择合适的算法模型训练数据,从而实现预测功能,是计算机模拟人类学习和决策行为的一门科学。Sklearn 是 Python 中传统机器学习的首选库,本章重点介绍 Sklearn 库的算法逻辑及应用。通过本章的学习,将掌握基本的机器学习方法,构造机器学习模型流程和评估模型效果。

本章包括 12 节内容。首先介绍了 Sklearn 及其安装。然后按照机器学习算法,依次介绍 K-最近邻算法(K-Nearest Neighbor)、K-均值算法(K-Means)、降维算法(PCA)、线性回归、逻辑回归、朴素贝叶斯、决策树、随机森林、支持向量机、Adaboost 算法,每个算法做简单的原理介绍,说明 Sklearn 语法,并结合实际案例进行学习。最后一节为案例应用,基于机器学习构建上市公司价值分类判断模型。

11.1 Sklearn 概述和安装

Sklearn,全称 Scikit-learn,是 Python 中机器学习的库,建立在 Numpy、SciPy、Matplotlib 等库基础之上,涵盖了机器学习样例数据、数据预处理、模型验证、特征选择、分类、回归、聚类、降维等几乎所有环节,功能十分强大。

Sklearn 的建模和优化有统一的形式,如图 11-1 所示:首先输入训练数据,选择合适的算法将数据进行拟合训练,得到一个模型;接着把需要预测的数据输入该模型中,进行预测;最后输出结果。

安装 Scikit-learn 需要:Python 版本不低于 2.7 或 3.4,Numpy 版本不低于 1.8.2,SciPy 版本不低于 0.13.3。

注意,Scikit-learn 0.20 是支持 Python 2.7 和 Python 3.4 的最后一个版本。Scikit-learn 0.21 将需要 Python 3.5 或更高版本。

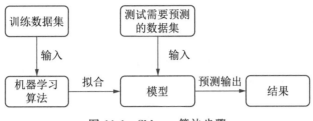

图 11-1　Sklearn 算法步骤

首先，安装 Scikit-learn 库。如果已经安装 Scikit-learn 库，请输入以下代码，验证是否安装成功。如果没有报错，则表示安装成功。

```
In[1]:import sklearn
```

本书使用的 Scikit-learn 版本为 1.0.2。不同版本在代码编写上略有差异，建议读者在学习时安装相同的版本。

```
In[2]:print('版本:', sklearn.__version__)
Out[2]:版本: 1.0.2
```

本章在数据分析之前，需要导入相关包。本章用到 Scikit-learn 的接口比较多，先行导入相关的方法或函数。此外还包括 Numpy、Pandas、Matplotlib 等。

```
In[3]:from sklearn.neighbors import KNeighborsClassifier
     from sklearn.cluster import KMeans
     from sklearn.decomposition import PCA
     from sklearn.linear_model import LinearRegression
     from sklearn.linear_model import LogisticRegression
     from sklearn.naive_bayes import GaussianNB
     from sklearn import tree
     from sklearn.ensemble import RandomForestClassifier
     from sklearn.tree import DecisionTreeClassifier
     from sklearn.svm import SVC
     from sklearn.ensemble import AdaBoostClassifier
     from sklearn import preprocessing
     from sklearn import metrics
     from sklearn.model_selection import cross_val_score
     from sklearn.model_selection import train_test_split
     from sklearn.metrics import accuracy_score
     from sklearn.datasets import load_wine
     from sklearn.datasets import load_breast_cancer
```

```
import numpy as np
import pandas as pd
from scipy.stats.mstats import winsorize
import matplotlib.pyplot as plt


np.random.seed(0)
pd.set_option('display.max_columns', None)
pd.set_option('display.width', 1000)


plt.rcParams['axes.unicode_minus'] = False
plt.rcParams['font.sans-serif'] = ['SimHei']
```

11.2　KNN 算法

11.2.1　KNN 算法介绍

KNN(K-Nearest Neighbor)是机器学习入门级的分类算法。它提供了无监督学习和有监督学习方法,是一个数据挖掘模型。它既可以解决离散型因变量分类问题,也可以处理连续型因变量预测问题,而且该算法对数据的分布特征没有任何要求。本节主要对 KNN 算法的分类功能进行阐述。

(1) 原理。KNN 算法的核心思想是用距离最近的 k 个样本数据来代表目标数据的分类。可以类比为:要判断一个人消费水平,可以通过其身边朋友的消费水平来判断。具体而言,如果一个样本在特征空间中的 k 个最相邻样本的大多数属于一个类别,则该样本也属于这个类别,并具有这个类别的样本特征。该方法在确定分类决策上,只依据最近邻的一个或几个样本类别决定样本的所属类别。

如图 11-2 所示,已知存在两个类别,一类为“正方形”,另一类为“三角形”。现在需要判断新加入的未知形状(圆形)属于什么类别。当 $k=3$ 时,则离未知形状(圆形)最近的 3 个“邻居”是 a、b 和 c,多数属于“三角形”,所以未知形状(“圆形”)被划分为“三角形”;而当 $k=5$ 时,则离“圆形”最近的 5 个“邻居”是 a、b、c、d 和 e,多数属于“正方形”,所以“圆形”被划分为“正方形”。

(2) 距离计算。度量空间中点距离的方式有多种,常见的曼哈顿距离计算、欧式距离计算等。KNN 算法通常使用欧式距离计算,以二维平面为例,二维空间中两个点 (x_1, y_1) 和 (x_2, y_2) 之间的欧式距离计算公式如下:

$$\rho = \sqrt{(x_2 - x_1)^2 + (y_2 - y_1)^2}$$

(3) KNN 算法的优劣势。KNN 算法非常直观,因此深受广大初学者的喜爱。KNN 算法与其他算法模型最大的不同在于,该模型没有参数训练过程,即 KNN 算法并没有通过任

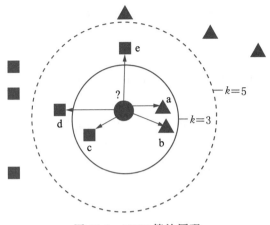

图 11-2　KNN 算法原理

何学习算法来分析训练数据,而是根据测试样本在训练数据中的位置分布直接做出分类决策。因此,KNN 算法属于无参数模型中非常简单的一种。但是,也正是因为无需参数训练,其计算复杂度和内存消耗非常高,因为该模型每处理一个测试样本,都需要对所有事先加载在内存中的训练样本进行遍历、逐一计算空间距离、排序并选取 k 个最近邻训练样本的标记,进而做出分类决策。

(4)KNN 算法代码实现。Python 中的 Sklearn 包提供了 KNN 算法实现分类和预测的功能,该功能存在于子模块 neighbors 中。其中,KNeighborClassifier 类可以解决分类问题,而 KNeighborsRegressor 类可以解决回归问题。

---

sklearn.neighbors.KNeighborsClassifier( )和 neighbors.KNeighborsRegressor( )语法及常用参数:

sklearn.neighbors.KNeighborsClassifier(n_neighbors=5,weights='uniform',algorithm='auto', leaf_size=30, p=2, metric='minkowski', metric_params=None, n_jobs=1)

sklearn.neighbors.KNeighborsRegressor(n_neighbors=5, weights='uniform', algorithm='auto', leaf_size=30, p=2, metric='minkowski', metric_params=None, n_jobs=1)

常用参数说明:

n_neighbors:用于指定近邻样本个数,默认为 5。

weights:用于指定近邻样本的投票权重,默认为'uniform',表示所有近邻样本的投票权重一样;如果为'distance',则表示投票权重与距离成反比,即近邻样本与未知类别的样本点距离越远,权重越小,反之,权值越大。

algorithm:用于指定近邻样本的搜寻算法,如果为'ball_tree',表示使用球树搜寻法寻找近邻样本;如果为'kd_tree',表示使用 KD 树搜寻法寻找近邻样本;如果为'brute',表示使用暴力搜寻法寻找近邻样本。默认为'auto',表示 KNN 算法会根据数据特征自动选择最佳的搜寻算法。

leaf_size：指定球树或 KD 树叶子节点所包含的最小样本量，用于控制树的生长条件，会影响树的查询速度，默认为 30。

metric：用于指定距离的度量指标，默认为闵可夫斯基距离。

p：当参数 metric 为闵可夫斯基距离时，p＝1 时，表示计算点之间的曼哈顿距离；p＝2 时，表示计算点之间的欧氏距离。默认为 2。

metric_params：为 metric 参数所对应的距离指标添加关键字参数。

n_jobs：用于设置 KNN 算法并行计算所需的 CPU 数量，默认为 1，表示仅使用 1 个 CPU 运行算法，即不使用并行运算功能。

11.2.2　KNN 算法实战案例

（1）KNN 算法概述。本节使用 Sklearn 库中提供的 KNN 模型对公司进行分类。一般来说，判断一家公司的过程非常复杂，往往需要行业分析、团队分析、企业资源分析和财务数据分析等。本节以 2021 年沪深 A 股上市公司为样本集，一家公司称为一个"样本"，各个财务指标称为"特征"。这些公司分布在一个多维特征空间中，假设可通过"净资产收益率""净利润现金比率"两个特征值区分普通公司和较差公司。同时，粗略地按公司当年是否被 ST，将其区分为普通公司或较差公司。这一划分标准并不准确，在此主要是为了展示 KNN 的分类功能。

（2）代码实现。

① 导入需要分类的数据。

```
In[4]:def get_data(x):
          result = x
          if type(x) = = str:
              if x = = '——':
                  result = pd.NA
          return result


      df = pd.read_excel('case2.xlsx')
      df.columns = ['id', 'name', 'st', 'roe', 'cash/rev']
      df['st'] = df['st'].map(get_data)
      df['st'] = df['st'].replace(['是', '否'], [0, 1])
      df['roe'] = df['roe'].map(get_data)
      df['cash/rev'] = df['roe'].map(get_data)
      df = df.dropna()
      df['st'] = df['st'].astype(int)
      df['roe'] = df['roe'].astype(float)
      df['cash/rev'] = df['cash/rev'].astype(float)
      print(df)
```

```
Out[4]:          id        name    st         roe      cash/rev
       0    000001.SZ   平安银行     1    9.567405      9.567405
       1    000002.SZ   万  科 A    1    9.783188      9.783188
       2    000004.SZ   ST 国华     1  - 42.346365   - 42.346365
       3    000005.SZ   ST 星源     0   10.637086     10.637086
       4    000006.SZ   深振业 A     1    7.217715      7.217715
       ⋮        ⋮          ⋮       ⋮        ⋮            ⋮
    5187    873223.BJ   荣亿精密     1   13.103736     13.103736
    5188    873305.BJ   九菱科技     1   19.629740     19.629740
    5189    873339.BJ   恒太照明     1   28.989254     28.989254
    5190    873527.BJ   夜光明      1   15.951092     15.951092
    5191    873593.BJ   鼎智科技     1   53.884880     53.884880

    [4722 rows x 5 columns]
```

② 将之前导入的数据随机划分训练集和测试集，一般来说按 8：2 或 7：3 进行划分。本例题中，数据中 80% 的数据用来作为训练集，剩余 20% 用来检验模型的准确性。

```
In[5]:#划分训练集
      x_data = df.iloc[:, 3:5]
      y_data = df.iloc[:, 2:3]

      #随机划分训练集、测试集(按 8：2 进行划分)
      x_train, x_test, y_train, y_test = train_test_split(x_data, y_data, test_
      size = 0.2)

      #查看训练集数据
      print(x_train)
      print('-' * 20)
      print(y_train)
Out[5]:         roe      cash/rev
      636    11.075037     11.075037
      3274   37.781349     37.781349
      1932  - 4.307108    - 4.307108
      2433   10.062257     10.062257
      1581    2.538896      2.538896
       ⋮        ⋮            ⋮
      2361   15.511495     15.511495
      1666   38.142579     38.142579
```

```
4004    11.377521      11.377521
5120    14.972156      14.972156
3523    15.038286      15.038286


[3777 rows x 2 columns]
.....................................
            st
636        1
3274       1
1932       1
2433       1
1581       1
 ⋮         ⋮
2361       1
1666       1
4004       1
5120       1
3523       1


[3777 rows x 1 columns]
```

　　③ 引入 KNN 分类算法 KNeighborsClassifier() 类并建立模型，设置最近的 K 个样本数量 n_neighbors 为 3。接下来通过 fit() 训练模型，运用 predict 预测模型得到分类结果。

```
In[6]:# KNN 算法预测
    knn_classifier = KNeighborsClassifier(n_neighbors = 3)
    #训练模型
    knn_classifier.fit(x_train, y_train)
    #预测 y
    y_predict = knn_classifier.predict(x_test)
    y_test = np.array(y_test).reshape(1, - 1)
    #判断预测值和真实值是否一致,返回布尔值
    m = y_predict = = y_test
    #计算模型准确率
    accuracy_rate = sum(m[0]) / len(y_test[0])
    print('预测准确率:', accuracy_rate)
Out[6]:预测准确率: 0.9830687830687831
```

　　注意，由于训练集和测试集每次分配是随机的，因此每次的运行分类结果会有差异。随

着 k 值的变化,模型的结果也会发生变化。本例使用 k 值 3,不一定代表最理想的参数。若希望获取理想的 k 值,还需要通过交叉验证的方法进行检验。

11.3 K-Means 算法

聚类是一种无监督学习,它将相似的对象归到同一簇中。聚类方法几乎可以用于所有对象,簇内的对象越相似,聚类的效果越好。本节介绍 K-Means 算法,它可以发现 k 个不同的簇,每个簇的中心由簇中所含的均值计算而成。

11.3.1 K-Means 算法介绍

(1)原理。K-Means 算法是一种迭代求解的聚类分析算法。其算法思想是:随机选择 k 个对象作为初始聚类中心,计算每个对象和各个聚类中心之间的距离,将其分配给距离最近的聚类中心。聚类中心及分配给它们的对象就代表着一个聚类。每分配一个样本,根据聚类中现有的对象重新计算聚类的中心。此过程将不断重复,直至满足设置的终止条件。其具体的算法步骤如下:

① 首先明确 k 值(随机),即希望数据经过聚类得到 k 个聚类。

② 在数据集中随机选择 k 个样本作为质心。

③ 分别计算每个样本到 k 个质心的距离,样本属于距离最小的质心所属的聚类。

④ 将所有的样本聚类后得到 k 个聚类,然后按均值重新计算每个聚类的质心。

⑤ 如果新计算出来的质心和原来的质心之间的距离小于某一个设置的临界值,表示重新计算的质心位置变化不大,数据整体趋于稳定,或结果已经收敛,聚类已经达到期望结果,算法可终止;反之,如果新质心和原来质心的距离变化很大,需要重复迭代步骤③~⑤,直至位置变化不大,达到收敛状态。

(2)图解 K-Means 算法的原理。为了方便理解,接下来分步骤展示 K-Means 算法的原理。

① 首先给定需要进行聚类划分的样本集。

K-Means 算法原理-1

② 假设将样本分为 2 类,则随机选择 2 个聚类中心($k=2$)。

K-Means 算法原理-2

③ 遍历每一个点,计算每个样本点到质心的距离,并将数据点划分到离它最近的质心的类。

K-Means 算法原理-3

④ 计算 2 个数据集的各自的质心(红点、蓝点的均值),将聚类中心移动到均值处,变成新的聚类中心。

K-Means 算法原理-4

⑤ 计算出目前红点的均值和蓝点的均值,找到新的聚类中心。

K-Means 算法原理-5

⑥ 重复上述③④⑤步骤(计算质心—分配—重新计算),不断迭代,直至新的聚类中心位置不再改变以及各个数据点的位置也不再发生改变。

K-Means 算法原理-6

(3)距离计算。在 K-Means 算法中,一般采用欧式距离,以二维平面为例,二维空间中两个点(x_1,y_1)和(x_2,y_2)之间的欧式距离计算公式如下:

$$\rho=\sqrt{(x_2-x_1)^2+(y_2-y_1)^2}$$

(4)评价标准。K-Means 属于无监督学习算法,因此不能使用监督学习中的正确率、精确度、召回度等进行评价。聚类效果评价为每个簇内到其质心的距离(inertia)相加。各个簇 inertia 相加的和越小,即簇内越相似。

(5)K-Means 算法优劣势。优势包括三点:一是原理简单,容易实现,算法收敛速度很快;二是聚类效果较好,可解释性强,数据最终收敛时聚类效果清晰可视;三是算法约束条件少,控制参数只有簇数 k,对 k 不断调节能得到最好的聚类效果。

劣势包括三点:一是 k 值的选取不好把握,估计 k 值较为困难,有时候需要通过交叉验证来获取;二是迭代方法的结果只是局部最优解,而不是全局最优解;三是对噪音和异常点很敏感,异常点对质心的确定影响很大。

(6) K-Means 算法代码实现。Python 的 Sklearn 库提供了有关 K-Means 算法分类的功能,该功能存在于子模块 cluster 中,利用 sklearn.cluster.k_means()函数可以建立 K-Means 模型。

① sklearn.cluster.k_means()语法及常用参数。

---

sklearn.cluster.k_means()语法及常用参数:

sklearn.cluster.k_means (X, n_clusters, init='k-means++', precompute_distances ='deprecated', n_init=10, max_iter=300, random_state=None, copy_x=True)

常用参数说明:

n_clusters:用于指定生成的聚类数,即产生的质心数。

init:有三个可选值:'k-means++','random',或者传递一个 ndarray 向量。此参数指定初始化方法,默认为'k-means++'。'k-means++'用一种特殊的方法选定初始质心从而能加速迭代过程的收敛;'random'随机从训练数据中选取初始质心;如果传递的是一个 ndarray,则应该形如(n_clusters, n_features)并给出初始质心。

precompute_distances:三个可选值('auto', True 和 False)。预先计算距离,计算速度更快,但占用更多内存。'auto':如果样本数乘以聚类数大于 14 million,则不予计算距离;True:总是预先计算距离;False:永远不预先计算距离。

n_init:用不同的质心初始化值运行算法的次数,最终解是在 inertia 意义下选出的最优结果。

max_iter:用于指定执行一次 k_means 算法所进行的最大迭代数。

random_state:可选用于初始化质心的生成器(generator)。如果值为一个整数,则确定一个 seed。默认为 Numpy 的随机数生成器。

copy_x:布尔型,默认为 True。当预先计算距离时,将数据中心化会得到更准确的结果。如果把此参数值设为 True,原始数据不会被改变。如果是 False,则直接在原始数据上做修改,并在函数返回时将其还原。

---

② sklearn.cluster.k_means()主要属性。

cluster_centers_:集群中心的坐标。

labels_:每个点的标签。

11.3.2 K-Means 算法实战案例

(1) 建立公司股票评价体系概述。选股是投资决策最关键的问题,投资者往往通过基本面分析、技术路线来选股。本节使用 Sklearn 库提供的 K-Means 模型,构建上市公司股票评价体系,对 2021 年 A 股所有公司股票投资价值进行分析,旨在帮助投资者选股决策。

本例从基本面角度考虑(实际的基本面分析要考虑上市公司的盈利能力、经营管理体制和人才构成等方面的情况,本例为了实现可视化,对此进行简化),考虑上市公司的盈利能力,选取每股净资产和市净率这两个常用指标进行衡量。每股净资产是衡量上市公司盈利能力的重要指标,反映了每股股票的基本内在价值,每股净资产越高,该公司经济实力越强。市净率是每股股价和每股净资产的比率。本例对我国上市公司进行聚类,分析哪类公司具有更高的投资价值。

(2) 代码实现。

① 导入需要分类的数据。

```
In[7]:def get_data(x):
        result = x
        if type(x) = = str:
            if x = = '——':
                result = pd.NA
        return result


    df = pd.read_excel('case2.xlsx')
    df.columns = ['id', 'name', 'bps', 'pb']
    df['bps'] = df['bps'].map(get_data)
    df['pb'] = df['pb'].map(get_data)
    df = df.dropna()
    df['bps'] = df['bps'].astype(float)
    df['pb'] = df['pb'].astype(float)
    print(df)
```

```
Out[7]:           id        name         bps          pb
        0     000001.SZ    平安银行    16.770000    0.964871
        1     000002.SZ    万  科 A   20.300000    0.903624
        7     000009.SZ    中国宝安    3.101832    4.700326
        10    000012.SZ    南  玻 A    3.722177    2.486229
        16    000021.SZ    深科技      6.309750    2.723990
        ⋮         ⋮          ⋮           ⋮           ⋮
        5152  839729.BJ    永顺生物    2.580000    1.582809
        5155  839946.BJ    华阳变速    2.370000    4.407895
        5160  870436.BJ    大地电气    5.140000    4.023483
        5173  871981.BJ    晶赛科技    8.970000    8.258147
        5181  872925.BJ    锦好医疗    6.870000    4.371330

        [2241 rows x 4 columns]
```

② 为了更好地展示数据的分布特征,在聚类之前需要进行数据清洗,包括数据的极端值处理和标准化处理。

```
In[8]: # 对每股净资产和市净率进行极端值处理(上下缩尾 1%)
       data1 = np.array(df.iloc[:, 2:4])
       data2 = pd.DataFrame(winsorize(data1, limits = [0.01, 0.01]))
       # 将缩尾后每股净资产和市净率指标标准化
       zscore = preprocessing.StandardScaler()
       data3 = zscore.fit_transform(data2)
       df2 = pd.DataFrame(data3, columns = ['pbs2', 'pb2'])
       # 将标准化后的两列拼接到原始数据中
       df3 = pd.merge(df, df2, left_index = True, right_index = True)
       # 删除原始的每股净资产和市净率指标
       df3 = df3.drop(['bps', 'pb'], axis = 1)
       print(df3)
```

```
Out[8]:            id        name        bps2          pb2
           0    000001.SZ   平安银行    1.497230    − 0.870788
           1    000002.SZ   万  科 A   2.105845    − 0.884629
           7    000009.SZ   中国宝安   − 0.682578    − 0.683811
          10    000012.SZ   南  玻 A  − 0.647090    − 0.812222
          16    000021.SZ   深科技     1.052209    − 0.904593
          ⋮       ⋮           ⋮           ⋮            ⋮
        2234    300747.SZ   锐科激光  − 0.828609    − 0.119878
        2235    300748.SZ   金力永磁    0.083451    − 0.516982
        2237    300750.SZ   宁德时代  − 0.985504    − 0.092729
        2238    300751.SZ   迈为股份  − 0.507923    − 0.179599
        2240    300753.SZ   爱朋医疗  − 0.209650    − 0.100992

        [957 rows x 4 columns]
```

③ 将样本基于每股净资产和市净率两个特征进行聚类。从 Sklearn 中引入了 K-Means 的聚类算法函数,建立模型。假设要求聚为 3 类,设置 n_clusters 为 3,接下来使用 fit() 训练模型,通过预测模型得到分类结果。

```
In[9]: # 取出每股净资产和市净率两个特征值
       X = np.array(df3.iloc[:, 2:4])
       # 使用 K-Means 类建模
       n_clusters = 3
       kmeans = KMeans(n_clusters = n_clusters, random_state = 0).fit(X)
       y_predict = kmeans.fit_predict(X)
       print(y_predict)
Out[9]: [2 2 0 0 2 0 0 ....]
```

④ 聚类后查看每一个聚类的聚类中心所在位置。

```
In[10]:# 自动分类后的中心
       centeoid = kmeans.cluster_centers_
       dfcenteoid = pd.DataFrame(centeoid)
       print(dfcenteoid)
Out[10]:          0          1
       0  - 0.376919  - 0.284001
       1    0.365618    2.631910
       2    1.675000  - 0.010983
```

⑤ 将聚类结果可视化。

```
In[11]:fig, ax = plt.subplots(figsize = (6, 4))
       # 设定每股净资产和市净率
       x1 = np.array(df3.iloc[:, 2:3]).reshape(1, - 1)
       y1 = np.array(df3.iloc[:, 3:4]).reshape(1, - 1)
       ax.scatter(x1, y1, s = 30, c = y_predict, cmap ='rainbow')


       # 显示质心,以星形表示每个聚类的质心位置
       x_center = np.array(dfcenteoid.iloc[:, 0:1]).reshape(1, - 1)
       y_center = np.array(dfcenteoid.iloc[:, 1:2]).reshape(1, - 1)
       ax.scatter(x_center, y_center, s = 80, marker = " * ")


       # 设置标签
       ax.xaxis.set_label_text('每股净资产')
       ax.yaxis.set_label_text('市净率')
       ax.set_title('聚类结果')
       plt.show()
Out[11]:
```

扫码可见

从聚类结果来看,每股净资产和市净率这两个指标较好地区分了 A 股的公司:"紫色"公司的每股净资产和市净率相对较低,且数量较多;"红色"公司的每股净资产较高,市净率较低,说明该类公司价值较高且经济实力较强,值得投资;"绿色"公司每股净资产较低且市净率较高,说明该类公司经济实力相对较弱且价值较低,理论上不太适合投资。

⑥ 对这一模型的聚类效果进行量化。Sklearn 中的 metric 函数可以评估模型的聚类效果,得分数值越大说明模型聚类效果越好,即类别之间协方差越小,类与类之间协方差越大。从轮廓系数得分来看,该聚类效果较好。

```
In[12]: # 轮廓系数评估,评估质量
        # 类别之间协方差越小,类与类之间协方差越大
        数字越大代表分类效果越好
        score = metrics.calinski_harabasz_score(X, y_predict)
        print('轮廓系数为:', score)
Out[12]: 轮廓系数为: 685.591360008153
```

11.4 PCA 降维算法

高维的数据对于算力需求呈现指数级增长,在实际数据分析时,往往需要把高维数据降成低维数据,称为降维。降维就是在减少维数的前提下,尽量保证数据的完整性。降维算法还可以去除噪声和不重要的特征,从而实现提升数据处理速度。在实际应用中,降维在一定的信息损失范围内,可以节省大量的时间和成本。

目前降维算法有多种:主成分分析(Principal Component Analysis,PCA)、因子分析(Factor Analysis)和独立成分分析(Independent Component Analysis,ICA)。上述三种降维方法中,PCA 的应用目前最为广泛,本节主要介绍 PCA 降维算法。

11.4.1 PCA 降维算法介绍

(1)原理。PCA 是一种无监督的多元统计分析方法。基本思想是在尽量保证数据信息准确的前提下,将高维数据简化为低维数据,即通过获取数据的主要投影方向,实现数据向主要特征方向上的映射,最终达到数据降维、去噪的效果。

(2)图解 PCA 降维算法原理。若特征数据很紧密,模型就比较难将其分开;若数据比较分散,分开就变得比较容易,也就是数据越离散,越容易分开。根据统计学知识,数据越离散,方差越大。因此,PCA 降维算法本质就是找一些投影方向,使得数据在这些投影方向上的方差最大。

(3)PCA 降维算法步骤。

① 对所有的样本数据进行中心化,也称为数据中心平移到坐标原点。

② 求取样本的协方差矩阵。

③ 对协方差矩阵进行特征值分解。

④ 取出最大的 n 个特征值对应的特征向量,将所有特征向量标准化后,组成特征向量矩阵。

⑤ 对样本集中的每一个样本,转化为新的样本,得到输出样本集。

(4)PCA 降维算法的优劣势。PCA 降维算法的核心思想是使降维后的数据方差尽可能大,因此其仅以方差衡量信息量,不受其他数据的干扰;各主成分之间正交,保证各成分之间互不相关;运用特征值分解的方法简单且易实现。

但是降维之后各主成分并没有明确的含义,不如原始变量的解释性强,往往需要进一步

借助因子分析。并且被丢弃的方差小的主成分中可能也含有重要的信息,可能造成后续数据的分类的误差。

(5) PCA 降维算法的代码实现。Python 中 Sklearn 模块提供了有关 PCA 算法实现降维的功能,该功能存在于子模块 decomposition 中,利用 PCA()函数可建立 PCA 模型。

① PCA()语法及常用参数。

---

sklearn.decomposition.PCA( )语法及常用参数:

    sklearn.decomposition.PCA(n_components＝None, copy＝True, whiten＝False, svd_solver＝'auto', tol＝0.0, iterated_power＝'auto', random_state＝None)

常用参数说明:

n-components:用于指定 PCA 降维后的特征维度数目。

copy:表示是否在运行算法时,将原始训练数据复制一份。若为 True,运行 PCA 算法后,原始训练数据的值不改变,因为训练是在原始数据的副本上进行运算;若为 False,运行 PCA 算法后,原始训练数据的值会改变,因为训练是在原始数据上进行降维计算。

whiten:判断是否进行白化。所谓白化,就是对降维后的数据的每个特征进行归一化,让方差都为 1。对于 PCA 降维本身来说,一般不需要白化。如果在 PCA 降维后有后续的数据处理动作,可以考虑白化。默认为 False,即不进行白化。

svd_solver:指定奇异值分解 SVD 的方法有 4 个可以选择的值:'auto'、'full'、'arpack'、'randomized',默认为 auto。PCA 类会自行在这三种算法里面去权衡,选择一个合适的 SVD 算法来降维,一般使用默认值。

iterated_power:int＞＝0 或'auto',默认为'auto'。

---

② sklearn.decomposition.PCA()主要属性。

components_:特征空间中的主轴,表示数据中最大方差的方向。

explained_variance_:代表降维后的各主成分的方差值。方差值越大,则说明该主成分越重要。

explained_variance_ratio_:代表降维后的各主成分的方差值占总方差值的比例,这个比例越大,则该主成分越重要。

11.4.2 PCA 降维算法实战案例

(1) PCA 降维算法概述。一般来说,指标体系包含了很多特征变量,其中可能包含冗杂的信息,处理高维的数据较为费时,所以往往采用降维的方法对高维指标进行降维。本节使用 Sklearn 库提供的 PCA 模型构建公司业绩评价体系。从偿债能力、成长能力、经营能力和盈利能力 4 个方面选取 8 个财务指标,构建上市公司股票投资价值评价指标体系。每个方面选取 2 个代表性指标:偿债能力选取流动比率和资产负债率;成长能力选取净利润增长率和营业总收入增长率;经营能力选取总资产周转率和存货周转率;盈利能力选取净资产收益率和每股收益。

(2) 代码实现。

① 导入需要降维的数据。

```
In[13]: df = pd.read_excel('case3.xlsx')
        columns = ['liquidity', 'lev', 'grow1', 'grow2', 'turnover1', 'turnover2', '
        roe', 'eps']
        df.columns = ['id', 'name'] + columns
        for column in columns:
            df[column] = df[column].map(get_data)
        df = df.dropna()
        for column in columns:
            df[column] = df[column].astype(float)
        df.info()
Out[13]: <class 'pandas.core.frame.DataFrame'>
        Int64Index: 4997 entries, 0 to 5191
        Data columns (total 10 columns):
         #   Column       Non-Null Count   Dtype
        ---  ------       --------------   -----
         0   id           4997 non-null    object
         1   name         4997 non-null    object
         2   liquidity    4997 non-null    float64
         3   lev          4997 non-null    float64
         4   grow1        4997 non-null    float64
         5   grow2        4997 non-null    float64
         6   turnover1    4997 non-null    float64
         7   turnover2    4997 non-null    float64
         8   roe          4997 non-null    float64
         9   eps          4997 non-null    float64
        dtypes: float64(8), object(2)
        memory usage: 429.4+ KB
```

② 对数据进行降维。

```
In[14]: # 对异常值进行极端值处理(上下缩尾1%)
        data1 = np.array(df.iloc[:, 2:10])
        data2 = pd.DataFrame(winsorize(data1, limits=[0.01, 0.01]))
        # 加载 PCA 降维算法,设置降维后的主成分数目为 2
        pca = PCA(n_components=2)
        # 对原始数据进行降维,保存在 reduced_X 中
        reduced_X = pca.fit_transform(data2)
        # 返回具有最大方差的成分
        print('\n 具有最大方差的成分\n', pca.components_)
```

```
#返回所保留的 n 个成分各自的方差百分比
print('\n 保留 n 个主成分各自的方差百分比\n', pca.explained_variance_
ratio_)
#查看降维后每个新特征向量上所带的信息量大小(可解释性方差的大小)
print('\n 保留 n 个主成分的特征值\n', pca.explained_variance_)
# n_components_:返回所保留的成分个数 n
print('\n 保留主成分的个数\n', pca.n_components_)
```

Out[14]:具有最大方差的成分

$$
\begin{aligned}
&[[3.86775087\mathrm{e}{-}04 \quad -1.71166320\mathrm{e}{-}02 \quad 9.70579915\mathrm{e}{-}01 \quad 2.12217424\mathrm{e}{-}01 \\
&\quad 9.22687907\mathrm{e}{-}04 \quad 2.48116403\mathrm{e}{-}03 \quad 1.12292760\mathrm{e}{-}01 \quad 5.34719012\mathrm{e}{-}03] \\
&[-1.12208605\mathrm{e}{-}03 \quad 1.38797319\mathrm{e}{-}02 \quad -2.20236846\mathrm{e}{-}01 \quad 9.73006670\mathrm{e}{-}01 \\
&\quad 1.94353357\mathrm{e}{-}03 \quad -8.22360143\mathrm{e}{-}03 \quad 6.67287170\mathrm{e}{-}02 \quad 5.97658319\mathrm{e}{-}03]]
\end{aligned}
$$

保留 n 个主成分各自的方差百分比
[0.75023678 0.10472538]

保留 n 个主成分的特征值
[8573.95025053 1196.83574887]

保留主成分的个数
2

11.5　线性回归

11.5.1　线性回归介绍

　　线性回归模型是机器学习模型中应用最广泛的模型之一,这是因为线性模型的形式非常简洁,同时在应对实际问题时容易建模。虽然线性模型结构较为简单,但其中蕴含重要的机器学习基本思想,非线性模型也是通过线性基础引入层次结构或者高维映射形成的。下面简要介绍线性回归模型的分析原理,如图 11-3 所示。

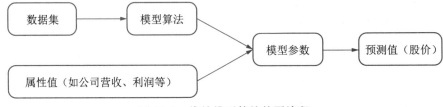

图 11-3　线性模型算法简要流程

如图 11-3 所示,机器学习模型以数据集为基础,第一步需要确定解决问题所需要的数据集,以预测贵州茅台股价为例,首先需要明确使用什么数据去预测贵州茅台未来的股价走势,本例选择以财务数据为主,即将公司的营业收入、利润等相关数据作为输入数据,即为特征值。第二步需要实现线性模型算法,Sklearn 库提供了相应的函数,可使用相关函数。第三步,模型在数据集上训练,调整模型的相关参数,使模型在数据集上的预测效果达到最优。当训练完成之后,使用参数优化之后的模型对贵州茅台的股价进行预测。

线性模型具有明显的优势和不足。其优点主要表现在三个方面:一是结构简单,建模较其他机器学习模型更为容易;二是可解释性强,每个属性值对应的参数大小,反映了该属性值对最终预测结果影响的大小和正负;三是可以引入正则化等方法,较好地解决机器学习的过拟合问题。线性模型也存在一些缺点:问题目标在非线性结构的情况下表现较差,不能灵活处理复杂模式结构的问题,而现实问题往往复杂且非线性。

11.5.2 线性回归实战案例

本节将以预测茅台股价为例,展示使用 Sklearn 库提供的线性回归模型函数,对数据进行训练、调参并完成预测的全过程。需要注意的是,股价变化受多种因素影响,本文只选择了有限的几种特征(如营业收入、净利润等)去预测股价,得到的结果并不准确,主要目的也并非精准预测股价,而是通过这一案例为读者展示 Sklearn 相关库中各函数的用法,以及应用线性回归模型解决实际问题的全流程。

第一步是收集与处理数据。本文选择通过贵州茅台的营业总收入、销售费用、管理费用、财务费用、净利润共计 5 个特征值预测贵州茅台的收盘价,数据来自贵州茅台公司的合并报表,单位周期为一年,数据集的周期为 2010 年至 2021 年。

```
In[15]:df = pd.read_excel('case4.xlsx')
       print(df)
Out[15]:
```

	证券代码	统计截止日期	营业总收入	销售费用	管理费用	财务费用	净利润	年收盘价
0	600519	2010	1.163328e+10	6.765317e+08	1.346014e+09	−1.765770e+08	5.339761e+09	183.92
1	600519	2011	1.840236e+10	7.203277e+08	1.673872e+09	−3.507515e+08	9.250324e+09	193.30
2	600519	2012	2.645534e+10	1.224553e+09	2.204191e+09	−4.209759e+08	1.400845e+10	209.02
3	600519	2013	3.103500e+10	1.858133e+09	2.834741e+09	−4.290744e+08	1.596490e+10	128.38
4	600519	2014	3.215792e+10	1.674733e+09	3.378500e+09	−1.231688e+08	1.626937e+10	189.62
5	600519	2015	3.337264e+10	1.484962e+09	3.812852e+09	−6.726680e+07	1.645500e+10	218.19
6	600519	2016	4.003205e+10	1.681052e+09	4.187190e+09	−3.317519e+07	1.793064e+10	334.15
7	600519	2017	6.092757e+10	2.986069e+09	4.720543e+09	−5.572235e+07	2.900642e+10	697.49
8	600519	2018	7.719938e+10	2.572077e+09	5.325941e+09	−3.521209e+06	3.782962e+10	590.01
9	600519	2019	8.885434e+10	3.278991e+09	6.167983e+09	7.458016e+06	4.397000e+10	1183.00
10	600519	2020	9.799324e+10	2.547746e+09	6.789844e+09	−2.346106e+08	4.952333e+10	1998.00
11	600519	2021	1.094643e+11	2.737369e+09	8.450274e+09	−9.345234e+08	5.572053e+10	2050.00

第二步是对数据集的划分。本节简单地将数据集分为训练集和测试集,其中训练集中的数据用于训练模型,使其获得最优参数,同时将训练好的模型应用到测试集进行预测。因

为数据集较小,此处直接选用 2010 至 2020 年的数据作为训练集,用 2021 年的数据作为测试集,即通过 10 年数据对线性回归模型进行训练,然后预测 2021 年的贵州茅台股价数据,并与真实股价进行对比,评价模型预测效果。

```
In[16]:# 划分数据集
        X_train = df.iloc[:11, 2:7]
        y_train = df.iloc[:11, 7]
        X_test = df.iloc[11, 2:7]
        y_test = df.iloc[11, 7]
Out[16]:
```

下面,使用 Sklearn 库提供的 LinearRegression()方法构建模型,并在训练集上进行训练,随后做出预测,并将预测结果与真实值进行比对。

```
In[17]:# 建立模型
        model = LinearRegression()
        # 使用训练集上的数据训练模型
        model.fit(X_train, y_train)
        # 在测试集上进行预测
        y_pred = model.predict(np.array(X_test).reshape(1, -1))
        # 输出结果,并与真实结果进行比对
        print('2021 年贵州茅台的预测股价:{:.2f}元'.format(y_pred[0]))
        print('2021 年贵州茅台的实际股价:{:.2f}元'.format(y_test))
Out[17]:2021 年贵州茅台的预测股价:2643.33 元
        2021 年贵州茅台的实际股价:2050.00 元
```

从预测结果不难发现,简单的线性回归模型并不能很好地预测贵州茅台的股价,具体原因如下:一是影响股价的因素较多,财务数据并不能完全解释股价的变化原因,因此,应用机器学习模型时要尽量考虑影响目标变量的各方面因素;二是茅台股价的变化并非线性变化过程,所得结果不太准确,这也是进一步学习其他较复杂的机器学习模型的原因。

11.6　逻辑回归

11.6.1　逻辑回归介绍

(1) 原理。逻辑回归虽然被称为回归,但实际上是分类模型,且在二分类的问题上有较好分类效果,其简单、可并行、可解释性强的特点使其深受科研人员喜爱。逻辑回归的分布实质上是连续型的概率分布,其分布函数与密度函数分别如下所示,其中 μ 表示位置参数,γ > 0 表示形状参数。逻辑回归的本质即为:假设数据服从这个分布,使用极大似然估计做参数的估计。

$$F(x) = P(X \leqslant x) = \frac{1}{1 + e^{-(x-\mu)/\gamma}}$$

$$f(x) = F'(X \leqslant x) = \frac{e^{-(x-\mu)/\gamma}}{\gamma(1 + e^{-(x-\mu)/\gamma})^2}$$

逻辑回归分布是由其位置和尺度参数定义的连续分布。逻辑回归分布的形状与正态分布的形状相似,但是逻辑回归分布的尾部更长,所以能据此建模比正态分布具有更长尾部和更高波峰的数据分布。在深度学习中,常用到的 Sigmoid() 函数就是逻辑回归分布函数在 $\mu=0$,$\gamma=1$ 时的特殊形式。

从解决二分类问题来看,逻辑回归的原理在于:对所给数据集来说,假设存在一条直线将数据完成线性可分,决策边界可表示为:假设某个样本点>0,则可以判断该样本属于 1 类。然而,逻辑回归还需要加一层,需要找到分类概率(1 类)与输入向量 x 的直接关系,通过比较概率值来判断类别。同时,考虑到取值是连续的,不能拟合离散型数据,若拟合条件概率,概率的取值也变连续了。因此,使用如下公式对其进行转换。

$$w_1 \times x_1 + w_2 \times x_2 + b = 0$$

$$h_w(x) = w_1 \times x_1 + w_2 \times x_2 + b$$

$$y = \frac{1}{1 + e^{-(w^T x + b)}}$$

(2) 逻辑回归的优劣势。逻辑回归模型的优点非常明显:模型清晰,模型计算的概率值经得起推敲;输出值落在 0 至 1 之间,具有概率意义;建模简单,运算过程也非常高效;可以使用 L1、L2 正则化的方法解决过拟合的问题;可以使用 L2 正则化的方法解决多重共线性的问题。

逻辑回归模型也存在一些缺点:不能很好地处理特征间关系,实际上由逻辑回归的计算形式决定;当特征维度上升时,模型运算性能不够好;逻辑回归模型容易出现欠拟合现象。

(3) 逻辑回归算法代码实现。Python 的 Sklearn 库提供了有关逻辑回归算法实现分类的功能,该功能存在于子模块 linear_model 中,函数名为 LogisticRegression()。

---

sklearn.linear_model.LogisticRegression( )语法及常用参数:

　　sklearn.linear_model.LogisticRegression(penalty='l2', *, dual=False, tol=0.0001, C=1.0, fit_intercept=True, intercept_scaling=1, class_weight=None, random_state=None, solver='lbfgs', max_iter=100, multi_class='auto', verbose=0, warm_start=False, n_jobs=None, l1_ratio=None)

常用参数说明:

penalty: 取值范围为'l1'、'l2'、'elasticnet'和'none',默认为'l2',用于指定惩罚中使用的规范。newton-cg、sag 和 lbfgs 求解器仅支持 l2 惩罚。仅 saga 求解器支持 elasticnet。如果为'none'(liblinear 求解器不支持),则不应用任何正则化。

dual: 指定是否对偶化。默认为 False,仅对 liblinear 求解器使用 l2 惩罚时进行对偶化。当 n_samples>n_features 时,首选 dual=False。

---

tol：停止的容差标准，默认为 1e-4。

C：正则强度的倒数，必须为正浮点数，默认为 1。与支持向量机一样，较小的值指定更强的正则化。

fit_intercept：指定是否将常量（aka 偏置或截距）添加到决策函数，默认为 True。

intercept_scaling：仅在使用求解器 liblinear 并将 self.fit_intercept 设置为 True 时有用，默认为 1。在这种情况下，x 变为 [x, self.intercept_scaling]，即将常量值等于 intercept_scaling 的"合成"特征附加到实例矢量。

class_weight：以 {class_label：weight} 的形式给出与类别关联的权重。如果没有设定，所有类别的权重都应该是 1。balanced 模式使用 y 的值来自动调整为与输入数据中的类频率成反比的权重。如果指定了 sample_weight，则这些权重将与 sample_weight（通过 fit 方法传递）相乘。

random_state：在 solver 取值为 ' sag '、' saga ' 或 ' liblinear ' 时，用于随机整理数据，默认为 None。

solver：用于优化问题的算法。对于小型数据集，适合选择 ' liblinear '，而对于大型数据集，' sag ' 和 ' saga ' 更快。对于多类分类问题，只有 ' newton-cg '、' sag '、' saga ' 和 ' lbfgs ' 处理多项式损失。' liblinear ' 仅限于"一站式"计划。

max_iter：求解程序收敛的最大迭代次数，默认为 100。

multi_class：如果选择的选项是 ' ovr '，则每个标签都看做二分类问题。对于 ' multinomial '，即使数据是二分类的，损失最小是多项式损失拟合整个概率分布。当 solver＝' liblinear ' 时，' multinomial ' 不可用。如果数据是二分类的，或者如果 solver＝' liblinear '，则 ' auto ' 选择 ' ovr '，否则选择 ' multinomial '。

verbose：对于 liblinear 和 lbfgs 求解器，将 verbose 设置为任何正数以表示输出日志的详细程度。

warm_start：设置为 True 时，重用前面调用的解决方案来进行初始化，否则只清除前面的解决方案。这个参数对于线性求解器无用。

n_jobs：当 multi_class ＝' ovr ' 对类进行并行化时使用的 CPU 内核数。将 solver 设置为 ' liblinear ' 时，无论是否指定 multi_class，都将忽略此参数，默认为 None。

l1_ratio：Elastic-Net 混合参数，取值范围为 0 至 1。仅在 penalty＝' elasticnet ' 时使用。设置 l1_ratio＝0 等同于使用 penalty＝' l2 '，而设置 l1_ratio＝1 等同于使用 penalty＝' l1 '。对于 0 ＜ l1_ratio ＜1，惩罚是 L1 和 L2 的组合。

11.6.2　逻辑回归实战案例

　　本节以预测贵州茅台股价在下一个交易日的涨跌情况为例。承接"8.4.3 Logit 回归"小节的例题，生成贵州茅台当期收益率虚拟变量（Dretwd_dum），如果当期收益率非负，则为 1，否则为 0；将贵州茅台滞后一期的收益率（Dretwd_lag1）、贵州茅台滞后两期的收益率（Dretwd_lag2）、上证综合指数滞后一期的收益率（Retindex_lag1）、上证综合指数滞后两期的收益率（Retindex_lag2）作为特征变量，分析这些因素是否能预测贵州茅台上涨或下跌。

　　① 导入并形成需要的数据。

```
In[18]:df_data1 = pd.read_excel('贵州茅台－日个股数据.xlsx', sheet_name='data')
       df_data2 = pd.read_excel('指数信息.xlsx', sheet_name='data')
       df = pd.merge(df_data1, df_data2, on='Trddt')
       df = df.loc[:, ['Trddt', 'Dretwd', 'Retindex']]

       df['Dretwd_lag1'] = df['Dretwd'].shift(1)
       df['Dretwd_lag2'] = df['Dretwd'].shift(2)
       df['Retindex_lag1'] = df['Retindex'].shift(1)
       df['Retindex_lag2'] = df['Retindex'].shift(2)
       df.insert(2, 'Dretwd_dum', df['Dretwd'].apply(lambda x: 1 if x >= 0 else 0))
       df = df.dropna()
       df.info()
Out[18]:<class 'pandas.core.frame.DataFrame'>
       Int64Index: 5105 entries, 2 to 5106
       Data columns (total 8 columns):
        #    Column          Non-Null Count    Dtype
       ---   ------          --------------    -----
        0    Trddt           5105 non-null     object
        1    Dretwd          5105 non-null     float64
        2    Dretwd_dum      5105 non-null     int64
        3    Retindex        5105 non-null     float64
        4    Dretwd_lag1     5105 non-null     float64
        5    Dretwd_lag2     5105 non-null     float64
        6    Retindex_lag1   5105 non-null     float64
        7    Retindex_lag2   5105 non-null     float64
       dtypes: float64(6), int64(1), object(1)
       memory usage: 358.9 + KB
```

② 将数据划分为训练集和测试集,将最后一个交易日的数据作为测试集,其余作为训练集。

```
In[19]:# 划分数据集
       X_train = df.iloc[:5104, 3:8]
       y_train = df.iloc[:5104, 2]
       X_test = df.iloc[5104, 3:8]
       y_test = df.iloc[5104, 2]
Out[19]:
```

③ 使用 Sklearn 库提供的 LogisticRegression()方法,构建模型,并在训练集上进行训

练,做出预测并将预测结果与真实值进行比对。

```
In[20]:#建立模型
       model = LogisticRegression()
       #使用训练集上的数据训练模型
       model.fit(X_train.astype(float), y_train)
       #在测试集上进行预测
       y_pred = model.predict(np.array(X_test).reshape(1, -1))
       #输出结果,并与真实结果进行比对
       if y_pred == 1:
           result = '上涨'
       else:
           result = '下跌'
       print('股价预测将:{}'.format(result))
       print('实际股价变动:{}'.format(y_test))
Out[20]:股价预测将:上涨
        实际股价变动:1
```

从预测结果来看,模型预测股价为上涨,而实际股价变动也为上涨(值 1 表示上涨)。需要说明的是,股价实际上受到许多因素影响,预测的结果并不准确,这一案例主要是为了向读者展示 Sklearn 库中函数的用法。

11.7　朴素贝叶斯

朴素贝叶斯(Naive Bayes)是一个非常简单,但是实用性很强的分类模型。与基于线性假设的模型(线性分类器和支持向量机分类器)不同,朴素贝叶斯分类器的构造基础是贝叶斯理论。朴素贝叶斯法是典型的生成学习方法,即在实际中学习生成数据的机制,属于生成模型。

11.7.1　朴素贝叶斯介绍

(1)朴素的定义。朴素,即为简单,直白。在贝叶斯分类中,朴素意味着整个计算过程只做最原始、最简单的假设。朴素贝叶斯包含两个假设。第一个为独立性假设,即两个随机事件 A 和 B,发生的概率分别为 $P(A)$ 和 $P(B)$,A 和 B 两事件同时发生的概率为 $P(AB)$,若 $P(AB) = P(A) * P(B)$,则 A 与 B 独立。如在分类和文本检测中即一个特征或者单词出现的可能性与它和其他相邻单词没有关系。第二个为等重要性假设,即每个特征同等重要,虽然这个假设看起来有些瑕疵,但朴素贝叶斯的实际效果却很好。

(2)贝叶斯公式。贝叶斯公式用来描述两个条件概率之间的关系,比如 $P(A|B)$ 和 $P(B|A)$。按照乘法法则,可以立刻导出:$P(A \cap B) = P(A) * P(B|A) = P(B) *$

$P(A|B)$。

可变形为：$P(B|A)=P(A|B)*P(B)/P(A)$。

有效计算条件概率的方法称为贝叶斯准则，贝叶斯准则说明交换条件概率中的条件与结果。

（3）朴素贝叶斯分类的正式定义。

① 设 $x=\{a_1,a_2,\cdots a_m\}$ 为一个待分类项，而每个元素为 x 的一个特征属性。

② 有类别集合 $C=\{y_1,y_2,\cdots,y_n\}$。

③ 计算 $P(y_1|x),P(y_2|x),\cdots,P(y_n|x)$。

④ 如果 $P(y_k|x)=\max\{P(y_1|x),P(y_2|x),\cdots,P(y_n|x)\}$，则 $x\in y_k$。

关键是如何计算第③步中的各个条件概率，步骤如下：

① 找到一个已知分类的待分类项集合，这个集合叫做训练样本集。

② 统计得到在各类别下各个特征属性的条件概率估计。

③ 如果各个特征属性是条件独立的，则根据贝叶斯定理有如下推导：

$$P(y_i|x)=\frac{P(x|y_i)P(y_i)}{P(x)}$$

因为分母对于所有类别为常数，因此将分子最大化。由于各特征属性是条件独立的，所以：

$$P(x|y_i)P(y_i)=P(a_1|y_i)P(a_2|y_i)P(a_m|y_i)=P(y_i)\prod_{j=1}^m P(a_j|y_i)$$

（4）朴素贝叶斯的优缺点。朴素贝叶斯模型的优点有：第一，对大数据集训练速度快、支持增量式运算。第二，实时对新增样本进行训练、结果可解释性强、对小规模的数据表现很好。第三，能处理多分类任务，适合增量式训练，尤其是数据量超出内存时，可以一批批进行增量训练。

朴素贝叶斯模型的缺点有：第一，给定输出类别的情况下，假设属性之间相互独立，朴素贝叶斯方法就拥有最小的误差率，但实际应用中很难成立。因此，朴素贝叶斯方法在属性个数多或者属性相关性大时，分类效果不好。半朴素贝叶斯等算法可以通过考虑部分关联性适度改进。第二，需要知道先验概率，且先验概率很多时候取决于假设，假设的模型很多，有时由于假设的先验模型导致预测效果佳。第三，通过先验和数据决定后验概率，进而决定分类，分类决策存在错误率。第四，输入数据的表达形式很敏感。

（5）朴素贝叶斯分类流程。朴素贝叶斯分类分为三个阶段，如图 11-4 所示。

图 11-4　朴素贝叶斯分类流程

第一阶段，准备工作。这一阶段为朴素贝叶斯分类做必要准备，主要工作是确定特征属性,对每个特征属性进行适当划分,由人工对一部分待分类项进行分类,形成训练样本集合。这一阶段的输入是所有待分类数据,输出是特征属性和训练样本。这一阶段是整个朴素贝叶斯分类中唯一需要人工完成的阶段,其质量对整个过程有重要影响,分类器的质量很大程度上由特征属性、特征属性划分及训练样本质量决定。

第二阶段,分类器训练。这一阶段的任务是生成分类器,主要工作是计算每个类别在训练样本中的出现频率、每个特征属性划分对类别条件概率的估计,并记录结果。其输入是特征属性和训练样本,输出是分类器。这一阶段是机械性阶段,根据前面讨论的公式由程序自动计算完成。

第三阶段,应用。这一阶段的任务是使用分类器对待分类项进行分类,其输入是分类器和待分类项,输出是待分类项与类别的映射关系。这一阶段也是机械性阶段,由程序完成。

(6) 常见的朴素贝叶斯分类器。朴素贝叶斯分类器的思想是基于贝叶斯定理的监督学习算法,简单假设特征之间相互独立且等同重要,给定一个类别 y 和从 x_i 到 x_n 的特征向量,通过计算先验概率 $P(c)$ 和先验信息 $P(x|c)$ 以及 $P(x)$,找到最大化的后验概率 $P(c|x)$,从而估计对应数据所属类别,不同的朴素贝叶斯分类器处理 $P(x|c)$ 分布时所做的假设不同。

① 高斯朴素贝叶斯。GaussianNB 实现了运用于分类的高斯朴素贝叶斯法,特征概率假设为高斯分布:

$$P(c|x) = \frac{1}{\sqrt{2\pi\delta_x^2}}\exp\left(-\frac{(x_i-\mu)^2}{2\delta^2}\right)$$

参数 μ 和 δ 用极大似然估计。

② 多项分布朴素贝叶斯。MultinomialNB 实现了服从多项分布数据的朴素贝叶斯算法,也适用于文本分类的两大经典朴素贝叶斯分类算法之一,往往以词向量表示,分布参数由每个 x 的 $\theta = (\theta_1, \theta_2, \cdots, \theta_n)$ 向量决定,n 代表特征的数量(文本分类中即词汇量的大小),θ_i 是属于特征 i 的概率 $P(x_i|c)$,θ_i 由平滑过的最大似然估计来估计,相对频率计数:

$$\theta_i = \frac{Nc_i + \alpha}{Nc + \alpha_i}$$

Nc_i 是特征 i 在类 c 中出现的次数,N_c 是 c 中所有特征出现总数。

③ 多重伯努利分布朴素贝叶斯。BernoulliNB 实现了多重伯努利分布数据的朴素贝叶斯训练和分类算法,假设每个特征是一个二元变量,这种算法要求样本以二元制特征变量表示,若有其他类数据,一个 Bernoulli 实例会将其二值化(取决于 Bernoulli 参数),决策规则基于:

$$P(x_i|y) = P(i|y)x_i + (1 - P(i|y)(1 - x_i))$$

与多项分布贝叶斯的规则不同,BernoulliNB 明确惩罚类 C 中没有出现作为预测因子的特征 i,而 MultinomialNB 则是简单地忽略了未出现的特征。在文本分类的例子中,次品向量可能用于训练这类分类器。尤其地,伯努利分类器在短文档上表现更佳。

11.7.2　朴素贝叶斯案例介绍

① 调用 Sklearn 自带的数据集 breast_cancer,查看数据集信息。

```
In[21]:cancer = load_breast_cancer()
        print(cancer.keys())
        print('肿瘤的分类:', cancer['target_names'])
        print('肿瘤的特征:', cancer['feature_names'])
        print('肿瘤的数据:', cancer['data'])
Out[21]:dict_keys(['data', 'target', 'frame', 'target_names', 'DESCR', 'feature_
names', 'filename', 'data_module'])
```

肿瘤的分类: ['malignant' 'benign']

肿瘤的特征: ['mean radius' 'mean texture' 'mean perimeter' 'mean area'

'mean smoothness' 'mean compactness' 'mean concavity'

'mean concave points' 'mean symmetry' 'mean fractal dimension'

'radius error' 'texture error' 'perimeter error' 'area error'

'smoothness error' 'compactness error' 'concavity error'

'concave points error' 'symmetry error' 'fractal dimension error'

'worst radius' 'worst texture' 'worst perimeter' 'worst area'

'worst smoothness' 'worst compactness' 'worst concavity'

'worst concave points' 'worst symmetry' 'worst fractal dimension']

肿瘤的数据: [[1.799e + 01 1.038e + 01 1.228e + 02 ... 2.654e − 01 4.601e −

01 1.189e − 01]

[2.057e + 01 1.777e + 01 1.329e + 02... 1.860e − 01 2.750e − 01 8.902e − 02]

[1.969e + 01 2.125e + 01 1.300e + 02... 2.430e − 01 3.613e − 01 8.758e − 02]

⋮

[1.660e + 01 2.808e + 01 1.083e + 02... 1.418e − 01 2.218e − 01 7.820e − 02]

[2.060e + 01 2.933e + 01 1.401e + 02... 2.650e − 01 4.087e − 01 1.240e − 01]

[7.760e + 00 2.454e + 01 4.792e + 01... 0.000e + 00 2.871e − 01 7.039e − 02]]

② 随机划分训练集和测试集,查看训练集和测试集的数据形态。

```
In[22]:X, y = cancer.data, cancer.target
        X_train, X_test, y_train, y_test = train_test_split(X, y, random_state = 38)
        print('训练集数据形态:', X_train.shape)
        print('测试集数据形态:', X_test.shape)
Out[22]:训练集数据形态: (426, 30)
        测试集数据形态: (143, 30)
```

③ 常用朴素贝叶斯模型的构建类是 GaussianNB,此处以高斯朴素贝叶斯类,构建朴素贝叶斯模型,直接使用划分后的数据 X_train 和 X_test 作为模型输入,训练后返回 GaussianNB 对象。

```
In[23]:gnb = GaussianNB()
        gnb.fit(X_train, y_train)
        print('训练出来的朴素贝叶斯模型为:', gnb)
Out[23]:训练出来的朴素贝叶斯模型为: GaussianNB()
```

④ 通过访问属性获取各个类别的概率、训练样本的数量、特征均值和特征方差。

```
In[24]:print('每个类别的概率为:', gnb.class_prior_)
        print('每个类别的数量为:', gnb.class_count_)
        print('每个类别的均值为:\n', gnb.theta_)
        print('每个类别的方差为:\n', gnb.sigma_)
Out[24]:每个类别的概率为: [0.38732394 0.61267606]
        每个类别的数量为: [165. 261.]
        每个类别的均值为:
        [[1.75383636e + 01 2.14979394e + 01 1.15980545e + 02 9.90083030e + 02
          1.03602242e - 01 1.47088364e - 01 1.63894000e - 01 8.94673333e - 02
          1.93506061e - 01 6.28977576e - 02 6.28794545e - 01 1.22150727e + 00
          4.46816970e + 00 7.58517576e + 01 6.76980000e - 03 3.20046788e - 02
          4.12799394e - 02 1.49587273e - 02 2.05895879e - 02 4.05689091e - 03
          2.12241212e + 01 2.90786061e + 01 1.42134909e + 02 1.43762364e + 03
          1.45705394e - 01 3.71133030e - 01 4.46315636e - 01 1.81918667e - 01
          3.22550303e - 01 9.11564848e - 02]...]
```

⑤ 使用 predict()、score()方法获取预测结果、测试集的准确率及概率。

```
In[25]:print("训练集得分:{:.3f}".format(gnb.score(X_train, y_train)))
        print("测试集得分:{:.3f}".format(gnb.score(X_test, y_test)))
        Y_pred = gnb.predict(X_test)
        print(Y_pred)
        prob = gnb.predict_proba(X_test)
        print(prob)
Out[25]:训练集得分:0.948
        测试集得分:0.944
        [0 1 1 0 0 0 1 0 1 1 0 1 1 1 1 0 1 1 1 0 1 0 1 0 1 1 1 1 1 1 1 1 1 1 1 1 1
         1 1 1 1 0 1 1 0 1 0 1 1 1 0 0 0 1 1 0 1 0 1 1 0 0 1 1 1 1 1 1 1 1
         0 0 1 0 1 1 1 1 1 1 0 1 1 0 1 1 1 1 1 1 1 0 1 1 1 1 0 1 1 1 1 0 1 0 1
         0 0 1 1 1 0 1 0 1 1 0 1 1 1 0 1 0 1 1 0 1 1 0 1 0 0 1 0 0 1]
        [[1.00000000e + 000 1.61316267e - 020]
         [8.00877531e - 016 1.00000000e + 000]
         [1.38551851e - 011 1.00000000e + 000]...]
```

11.8 决策树

11.8.1 决策树介绍

决策树的思想,基于常用的"if...else"思想进行拓展,如图 11-5 所示。不过,决策树算法会更为复杂一些。

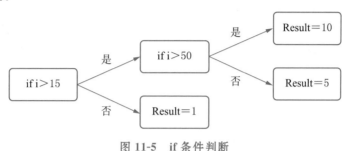

图 11-5 **if 条件判断**

(1)决策树含义。决策树的结构为树形,如图 11-6 所示。下面对其进行解释。

根节点:最顶部节点。

叶子节点:每条路径最末尾的节点,也就是最外层节点。

非叶子节点:一些条件节点,会有更多分支,也叫做分支节点。

分支:分叉。

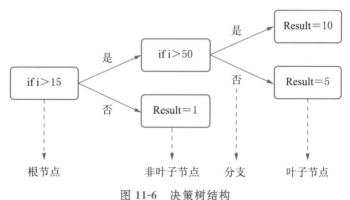

图 11-6 **决策树结构**

(2)决策树的优缺点。

决策树的优点有:第一,能够同时处理数值型和连续型的数据(其他技术通常只支持一种数据类型)。第二,能够简单地解释和理解其原理,且能够以可视化的方式来显示决策树。第三,数据准备工作较少。其他技术通常需要正则化后的数据,处理缺失数据。但需注意该模块目前不支持缺失数据的处理。第四,可处理带有多输出的问题。第五,该算法为白盒模型,如果在模型中可以观察到特定情况,则可以通过简单的布尔逻辑条件来表达这一情况。相比之下,黑盒模型(例如人造神经网络)的结果可能不太容易表现出来。第六,可以使用统计测试来验证模型,这使得模型可靠性更强。第七,能够良好地辨别"人造数据"。

决策树的缺点有：第一，决策树学习器能够为当前问题创建出超级复杂的树，但是这个树的泛化能力较差，这种低效现象称为"过拟合"。可以通过对叶子节点设置最小值或给树的深度设置最大值等"修剪机制"来避免过拟合现象。第二，文本决策树稳定性较弱，可能会因为细微的改变而产生一个完全不同的树。这个问题可以通过树的整体方法来缓解。第三，能否生成一个最优决策树的关键在于，我们是需要一个在多方面都是最优的决策树，还是只需要一个在理论上最优的决策树。在实际使用中的决策学习算法都是使得在每个节点上都取其局部最优值。当然，使用这样的算法并不能保证产生的树是一个全局最优树。可以让一组训练器训练出多个树，其中训练器的特征和数据点都使用随机获取，然后再进行评估，以选出"全局最优树"。第四，有一些概念无法使用决策树较好地学习，如异或奇偶性和复用器等问题。

（3）信息熵。如图 11-7 所示，若想探知手机的像素，需要获取一些信息进行判断：手机的价格、摄像头的类型等等。这些信息中，有的可以更加准确判断手机的像素，而有些信息则不会。信息熵正是对信息量有效性的一种度量方法。

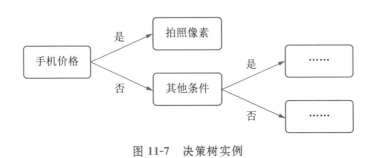

图 11-7　决策树实例

熵在化学中是表示分子的混乱程度，分子越混乱，它的熵就越大，若分子越有序，熵值就越小。信息熵也是一样的，它能对信息的不确定性进行衡量，如果某个信息让判断更加有序清晰，则它的信息熵就小，反之就大。

计算信息熵的公式如下：

$$H(U) = E[-\log p_i] = -\sum_{i=1}^{n} p_i \log p_i$$

其中，U 是某一信息；p_i 是指信息中各种可能出现的结果的概率。

（4）过拟合与剪枝。构建决策树时，构建一棵"最矮"的决策树，达到避免过拟合的效果。过拟合效果如图 11-8 所示，左边是正常的分类效果，右边是过拟合的分类效果。

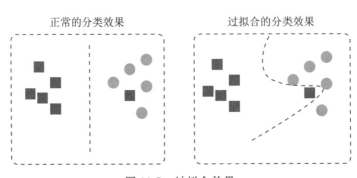

图 11-8　过拟合效果

现实世界中,数据通常不会很完美,数据集中常会出现错误数据,如图 11-8 中的方块。正常情况下,为追求普适性结果,允许一定误差的存在,也就是适应大多数情况即可。然而,在过拟合情况下,过度追求正确性会导致普适性较差。

剪枝,即减少树的高度,目的是为了解决过拟合问题。在过拟合的情况下,决策树能对给定样本的每一个属性进行精准分类,但太过精准就会导致图 11-8 中的情况,丧失了普适性。剪枝分两种方法:预剪枝干和后剪枝。这两种方法一种是自顶向下,一种是自底向上。

预剪枝,是一种自顶向下的方法,基本原理为:构建前设定一个高度,当构建的树达到这一高度,就停止建立决策树。后剪枝,是一种自底向上的方法,基本原理为:决策树构建完成后,从底部开始,判断哪些枝干是需要剪掉。由于预剪枝是提前停止,而后剪枝是决策树构建完成后再修剪,所以从性能上说,预剪枝会更快一些,后剪枝则更加精确。

11.8.2 决策树案例介绍

① 调用 sklearn 自带数据集 wine,查看数据集信息。

```
In[26]:wine = load_wine()
        # 打印数据结构
        shape = wine.data.shape
        print(shape)
        # 打印标签
        target = wine.target
        print(target)
        # 形成表格
        table = pd.concat([pd.DataFrame(wine.data), pd.DataFrame(wine.target)], axis = 1)
        print(table)
Out[26]:(178, 13)
        [0 0 0 0 0 0 0 0 0 0 0 0 0 0 0 0 0 0 0 0 0 0 0 0 0 0 0 0 0 0 0 0 0 0 0 0
         0 0 0 0 0 0 0 0 0 0 0 0 0 0 0 0 0 0 0 0 0 0 1 1 1 1 1 1 1 1 1 1 1 1 1 1
         1 1 1 1 1 1 1 1 1 1 1 1 1 1 1 1 1 1 1 1 1 1 1 1 1 1 1 1 1 1 1 1 1 1 1 1
         1 1 1 1 1 1 1 1 1 1 1 1 1 1 1 1 2 2 2 2 2 2 2 2 2 2 2 2 2 2 2 2 2 2 2 2
         2 2 2 2 2 2 2 2 2 2 2 2 2 2 2 2 2 2 2 2 2 2 2 2 2 2 2 2]
                  0     1     2     3      4     5     6     7     8     9    10    11     12   0
        0      14.23  1.71  2.43  15.6  127.0  2.80  3.06  0.28  2.29  5.64  1.04  3.92  1065.0  0
        1      13.20  1.78  2.14  11.2  100.0  2.65  2.76  0.26  1.28  4.38  1.05  3.40  1050.0  0
        2      13.16  2.36  2.67  18.6  101.0  2.80  3.24  0.30  2.81  5.68  1.03  3.17  1185.0  0
        3      14.37  1.95  2.50  16.8  113.0  3.85  3.49  0.24  2.18  7.80  0.86  3.45  1480.0  0
        4      13.24  2.59  2.87  21.0  118.0  2.80  2.69  0.39  1.82  4.32  1.04  2.93   735.0  0
        ...      ...   ...   ...   ...    ...   ...   ...   ...   ...   ...   ...   ...     ...  ...
        173    13.71  5.65  2.45  20.5   95.0  1.68  0.61  0.52  1.06  7.70  0.64  1.74   740.0  2
        174    13.40  3.91  2.48  23.0  102.0  1.80  0.75  0.43  1.41  7.30  0.70  1.56   750.0  2
        175    13.27  4.28  2.26  20.0  120.0  1.59  0.69  0.43  1.35 10.20  0.59  1.56   835.0  2
        176    13.17  2.59  2.37  20.0  120.0  1.65  0.68  0.53  1.46  9.30  0.60  1.62   840.0  2
        177    14.13  4.10  2.74  24.5   96.0  2.05  0.76  0.56  1.35  9.20  0.61  1.60   560.0  2

        [178 rows x 14 columns]
```

② 划分训练集和测试集。

```
In[27]:X_train, X_test, y_train, y_test = train_test_split(wine.data, wine.tar-
       get, test_size = 0.3)
       print('训练集数据形态:', X_train.shape)
       print('测试集数据形态:', X_test.shape)
Out[27]:训练集数据形态: (124, 13)
        测试集数据形态: (54, 13)
```

③ 建立模型。

```
In[28]:clf = tree.DecisionTreeClassifier(criterion = 'entropy')
       ＃ 使用实例化的模型进行拟合
       clf = clf.fit(X_train, y_train)
       ＃ 返回预测的准确度
       score = clf.score(X_test, y_test)
       print(score)
Out[28]:0.9444444444444444
```

11.9　随机森林

11.9.1　随机森林介绍

（1）随机森林的含义。随机森林是一种以决策树为基础的更高级算法。与决策树一样,随机森林可以用于回归和分类。顾名思义,随机森林是用随机的方式构建出一个森林,这一森林由很多相互不关联的决策树组成。理论上,随机森林的表现一般要优于单一的决策树,因为随机森林是基于多个决策树投票的结果。简单来说,在随机森林中,每个决策树都有自己的结果,通过统计每个决策树的结果,选择投票数最多的结果作为其最终结果。

实际上,随机森林是一种特殊的方法,将决策树用作 bagging 中的模型。首先,用 bootstrap 方法生成 m 个训练集;然后,对于每个训练集,构造一棵决策树,在节点找特征进行分裂时,在特征中随机抽取一部分特征,从中找到最优解,应用于节点并进行分裂。随机森林的方法由于有了 bagging,实际相当于对样本和特征进行了采样(如果把训练数据看成矩阵,就像实际中常见的那样——是一个行和列都进行采样的过程),所以可以避免过拟合。

（2）构建随机森林的四个步骤。构建随机森林的步骤如图 11-9 所示。

① 一个样本容量为 N 的样本,有放回的抽取 N 次,每次抽取 1 个,最终形成了 N 个样本。这选择好了的 N 个样本用来训练一个决策树,作为决策树根节点处的样本。

② 当每个样本有 M 个属性时,在决策树的每个节点需要分裂时,随机从这 M 个属性中

选取出 m 个属性,满足条件 $m \ll M$。然后从这 m 个属性中采用某种策略(比如说信息增益)来选择 1 个属性作为该节点的分裂属性。

③ 决策树形成过程中每个节点都要按照步骤②来分裂(很容易理解,如果下一次该节点选出来的那一个属性是刚刚其父节点分裂时用过的属性,则该节点已经达到了叶子节点,无需继续分裂了)。一直到不能够再分裂为止。注意整个决策树形成过程中没有进行剪枝。

④ 按照步骤①~③建立大量的决策树,这样就构成了随机森林了。

图 11-9　构建随机森林步骤

(3)随机森林的优缺点。

随机森林的优点有:第一,可以获得很高维度(特征多)的数据,不用降维,无需做特征选择。第二,可以判断特征的重要程度。第三,可以判断不同特征之间的相互影响。第四,训练速度比较快,可以并行计算。第五,对于不平衡的数据集来说,可以平衡误差。第六,如果有很大一部分的特征遗失,仍可以维持准确度。

随机森林的缺点有:第一,对于有不同取值属性的数据,取值划分较多的属性会对随机森林产生更大的影响,在这种数据上产出的属性权值是不可信的。第二,随机森林在某些噪音较大的分类或回归问题上会过拟合。

(4)随机森林算法代码实现。Sklearn 的 ensemble 模块提供了 RandomForestClassifier 类用于构建随机森林分类模型。下面对 RandomForestClassifier() 的语法及常用参数进行说明。这些参数可以参照机器学中的决策树模型,单个决策树的准确率越高,随机森林的准确率也会越高,因为装袋法是依赖于平均值或者少数服从多数原则来决定集成结果的。

RandomForestClassifier 类的语法及常用参数:

RandomForestClassifier(n_estimators=100, criterion='gini', max_depth=None, min_samples_split=2, min_samples_leaf=1, min_weight_fraction_leaf=0.0, max_features='auto', max_leaf_nodes=None, min_impurity_decrease=0.0, min_impurity_split=None, bootstrap=True, oob_score=False, n_jobs=None, random_state=None, verbose=0, warm_start=False, class_weight=None)

主要参数说明:

Criterion:不纯度的衡量指标,有基尼系数和信息熵两种选择。

n_estimators:森林中树木的数量,默认为 100。

max_depth:树的最大深度,超过最大深度的树枝都会被剪掉。

min_samples_split:一个节点在分枝后的每个子节点都必须包含至少几个训练样本,否则分枝就不会发生。

min_samples_leaf:一个节点必须要包含至少 min_samples_split 个训练样本,这个节点才允许被分枝,否则分枝就不会发生。

min_weight_fraction_leaf:位于叶节点所需的(所有输入样本的)权重总和的最小加权分数。当没有提供 sample_weight 时,样本具有相等的权重。

> **max_features**：限制分枝时考虑的特征个数，超过限制个数的特征都会被舍弃，默认值为总特征个数开平方取整。
>
> **min_impurity_decrease**：限制信息增益的大小，不会发生信息增益小于设定数值的分枝。

11.9.2　随机森林案例介绍

随机森林和决策树在交叉验证下的效果对比，可以看到，随机森林模型效果比决策树略微好些。

```
In[29]:DF_cv = []
       RF_cv = []
       for i in range(10):
           clf = DecisionTreeClassifier()
           rfc = RandomForestClassifier(n_estimators = 20)
           DF_cv.append(cross_val_score(clf, X, y, cv = 10).mean())
           RF_cv.append(cross_val_score(rfc, X, y, cv = 10).mean())

       fig, ax = plt.subplots(figsize = (6, 4))
       ax.plot(range(1, 11), DF_cv, label ='DecisionTreeClassifier')
       ax.plot(range(1, 11), RF_cv, label ='RandomForestClassifier')
       plt.legend(loc = 7)
       plt.show()
Out[29]:
```

11.10　支持向量机

11.10.1　支持向量机介绍

（1）支持向量机的原理及其优劣势。支持向量机模型是 Support Vector Machines 直译过来的名称，简称 SVM，是一种二分类模型。模型是定义在特征空间上的间隔最大的线性分类器。SVM 还包括核技巧，这使其成为实质上的非线性分类器。SVM 的学习策略就是间隔最大化，可形式化为一个求解凸二次规划的问题，也等价于正则化的损失函数的最小化问题。SVM 的学习算法就是求解凸二次规划的最优化算法。

支持向量机学习的基本想法，是求解能够正确划分训练数据集并且几何间隔最大的分离超平面。如图 11-10 所示，即为分离超平面，对于线性可分的数据集来说，这样的超平面有无穷多个（即感知机），但是几何间隔最大的分离超平面却是唯一的。

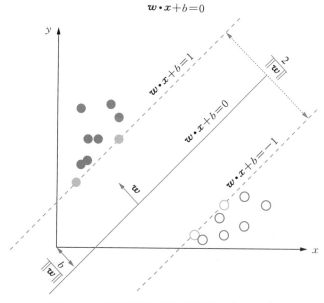

图 11-10　逻辑回归的分布函数与密度函数

支持向量机模型的优点非常明显：第一，支持向量机是一种有坚实理论基础的、适用小样本的机器学习方法，基本上不涉及概率测度及大数定律等，也简化了通常的分类和回归等问题；第二，计算的复杂性取决于支持向量的数目，而不是样本空间的维数，因此在处理维度较多的现实问题时拥有更高的效率；第三，少数支持向量决定了最终结果，因此对异常值不敏感，这可以抓住关键样本、剔除大量冗余样本，屏蔽异常样本对模型的影响，具有较好的鲁棒性；第四，支持向量机模型的泛化能力较强，解决实际问题的能力较为出色。

支持向量机模型也存在一定缺点：第一，不能很好地处理大样本数据集，巨大的数据量将会导致训练模型的时间变长；第二，解决多分类问题较为困难，传统的支持向量机模型能够解决二分类问题，但对于多分类问题则需要构建多个二分类的支持向量机模型组合来解决;第三,支持向量机模型对于参数与核函数的选择较为敏感,当参数或者核函数发生变化时,模型效果有明显变化。

(2) 支持向量机算法代码实现。Python 的 Sklearn 库提供了有关支持向量机算法实现分类的功能,该功能存在于子模块 svm 中,类名为 SVC()。

---

sklearn.svm.SVC( )语法及常用参数:

　　sklearn.svm.SVC(* , C=1.0, kernel='rbf', degree=3, gamma='scale', coef0=0.0, shrinking=True, probability=False, tol=0.001, cache_size=200, class_weight=None, verbose=False, max_iter=−1, decision_function_shape='ovr', break_ties=False, random_state=None)

常用参数说明:

C:正则化参数,默认为 1.0。正则化的强度与 C 成反比,必须严格为正。此惩罚系数是 12 惩罚系数的平方。

kernel:指定算法中使用的内核类型。它必须是'linear'、'poly'、'rbf'、'sigmoid'、'precomputed'或者'callable'中的一个,如果没有给出,将默认使用'rbf'。如果给定了一个可调用函数,则用它来预先计算核矩阵。

degree:多项式核函数的次数('poly'),默认为 3。

gamma:核系数包含'rbf','poly' 和 'sigmoid'。如果 gamma='scale'(默认),则它使用 $1/$(n_features $*$ X.var())作为 gamma 的值;如果是 auto,则使用 $1/$n_features。

coef0:核函数中的独立项,默认为 0.0。它只在 'poly'和 'sigmoid'中有意义。

shrinking:指定是否使用缩小启发式,默认为 True。

probability:指定是否启用概率估计,默认为 False。必须在调用 fit()之前启用此参数,因为该方法内部使用 5 折交叉验证,因此会减慢计算速度,并且 predict_proba 可能与 dict 不一致。

tol:残差收敛条件,默认为 1e-3。

cache_size:指定内核缓存的大小(以 MB 为单位),默认为 200。

class_weight:在 SVC 中,将类 i 的参数 C 设置为 class_weight [i] $*$ C。如果没有给出值,所有类都将设置为单位权重。'balanced'模式使用 y 的值自动将权重与类频率成反比地调整为 n_samples / (n_classes $*$ np.bincount(y))。

verbose:是否启用详细输出。此参数针对 liblinear 中运行每个进程时设置,如果启用,可能无法在多线程上下文中正常工作。

max_iter:对求解器内的迭代进行硬性限制,默认为−1(无限制)。

decision_function_shape:是否要将返回形状为(n_samples, n_classes)的 one-vs-rest ('ovr')决策函数应用于其他所有分类器,而在多类别划分中始终使用 one-vs-one('ovo'),对于二进制分类,将忽略该参数。

break_ties:如果为 True,decision_function_shape ='ovr',并且类数大于 2,预测将根据 decision_function 的置信度值打破平局;否则,返回绑定类中的第一类。与简单的预测相比,打破平局的计算成本较高。

random_state:控制用于数据抽取时的伪随机数生成。当 probability 为 False 时将忽略该参数。在多个函数调用之间传递可重复输出的整数值。

11.10.2　支持向量机实战案例

承接"11.2.2　KNN算法实战案例",此处使用支持向量机方法,对公司进行分类。

① 导入需要分类的数据。

```
In[30]:def get_data(x):
        result = x
        if type(x) = = str:
            if x = = '——':
                result = pd.NA
        return result


    df = pd.read_excel('case2.xlsx')
    df.columns = ['id', 'name', 'st', 'roe', 'cash/rev']
    df['st'] = df['st'].map(get_data)
    df['st'] = df['st'].replace(['是', '否'], [0, 1])
    df['roe'] = df['roe'].map(get_data)
    df['cash/rev'] = df['roe'].map(get_data)
    df = df.dropna()
    df['st'] = df['st'].astype(int)
    df['roe'] = df['roe'].astype(float)
    df['cash/rev'] = df['cash/rev'].astype(float)
    print(df)
Out[30]:          id         name     st       roe        cash/rev
        0     000001.SZ    平安银行    1     9.567405      9.567405
        1     000002.SZ    万  科A    1     9.783188      9.783188
        2     000004.SZ    ST 国华    1    -42.346365    -42.346365
        3     000005.SZ    ST 星源    0     10.637086     10.637086
        4     000006.SZ    深振业A    1     7.217715      7.217715
       ⋮        ⋮          ⋮       ⋮       ⋮            ⋮
       5187   873223.BJ    荣亿精密    1     13.103736     13.103736
       5188   873305.BJ    九菱科技    1     19.629740     19.629740
       5189   873339.BJ    恒太照明    1     28.989254     28.989254
       5190   873527.BJ    夜光明     1     15.951092     15.951092
       5191   873593.BJ    鼎智科技    1     53.884880     53.884880

       [4722 rows x 5 columns]
```

② 划分训练集和测试集。

```
In[31]:#划分训练集
       X_data = df.iloc[:, 3:5]
       y_data = df.iloc[:, 2:3]

       #随机划分训练集、测试集(按8∶2进行划分)
       X_train, X_test, y_train, y_test = train_test_split(X_data, y_data, test_
       size = 0.2)

       #查看训练集数据
       print(X_train)
       print('-' * 20)
       print(y_train)
Out[31]:           roe        cash/rev
       636    11.075037     11.075037
       3274   37.781349     37.781349
       1932   - 4.307108    - 4.307108
       2433   10.062257     10.062257
       1581    2.538896      2.538896
        ⋮         ⋮             ⋮
       2361   15.511495     15.511495
       1666   38.142579     38.142579
       4004   11.377521     11.377521
       5120   14.972156     14.972156
       3523   15.038286     15.038286

       [3777 rows x 2 columns]
       --------------------------------------
              st
       636     1
       3274    1
       1932    1
       2433    1
       1581    1
        ⋮      ⋮
       2361    1
       1666    1
       4004    1
       5120    1
       3523    1

       [3777 rows x 1 columns]
```

③ 建立模型。

```
In[32]: # 建立支持向量机模型
        model = SVC()
        # 在训练集上训练支持向量机模型
        model.fit(X_train, y_train)
        # 使用训练好的支持向量机模型对测试集进行分类
        y_pred = model.predict(X_test)
        # 输出支持向量机模型的分类准确率
        print('分类准确率为:{:.2f}'.format(accuracy_score(y_test, y_pred)))
Out[32]:分类准确率为:0.99
```

11.11　Adaboost 算法

11.11.1　Adaboost 算法介绍

(1) 原理。Adaboost 算法是一种集成学习算法,集成学习按照个体学习器之间是否存在依赖关系可以分为两类:一类是个体学习器之间存在强依赖关系,另一类是个体学习器之间不存在强依赖关系。前者的代表算法就是 boosting 系列算法,在 boosting 系列算法中,Adaboost 是最著名的算法之一。Adaboost 既可以用作分类,也可以用作回归,本节重点介绍 Adaboost 用于分类的基本原理与使用方法。

Adaboost 算法的基本原理是将多个弱分类器(一般选用单层决策树)进行合理结合,使其成为一个强分类器,如图 11-11 所示。Adaboost 算法的核心思想就是迭代,每次迭代只训练一个弱分类器,训练好的弱分类器将参与下一次迭代。在第 N 次迭代中,一共就有 N 个弱分类器,其中 $N-1$ 个是以前训练好的,各种参数都不再改变,训练第 N 个分类器。其中,弱分类器的关系是:第 N 个弱分类器更可能分对前 $N-1$ 个弱分类器没分对的数据,最终分类输出要看这 N 个分类器的综合效果。

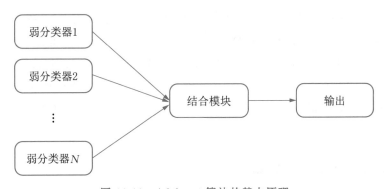

图 11-11　Adaboost 算法的基本原理

Adaboost 算法一般使用单层决策树作为其弱分类器。单层决策树是决策树的最简化版本,只有一个决策点。如果训练数据有多维特征,单层决策树也只能选择其中一维特征来做决策,当该特征的值超过某一阈值时,将其归于 1 类,而低于某一阈值时,将其归于 0 类,如图 11-12 所示。

图 11-12　Adaboost 算法弱分类器分类原理

（2）Adaboost 算法的优劣势。 Adaboost 算法的主要优点有:一是 Adaboost 算法作为分类器时,分类精度往往很高;二是在 Adaboost 算法的框架下,可以使用各种回归分类模型来构建弱学习器,模型非常灵活;三是作为简单的二元分类器时,构造简单,结果可理解性强;四是 Adaboost 算法不容易发生过拟合。

同时,Adaboost 模型同样存在明显的缺点,即 Adaboost 算法对异常样本敏感,异常样本在迭代中可能会获得较高的权重,影响最终的强学习器的预测准确性。

（3）Adaboost 算法代码实现。 Python 的 Sklearn 库提供了有关 Adaboost 算法实现分类的功能,该功能存在于子模块 ensemble 中,函数名为 AdaBoostClassifier()。

---

sklearn.ensemble.AdaBoostClassifier( )语法及常用参数:

sklearn.ensemble.AdaBoostClassifier(base_estimator = None, *, n_estimators = 50, class learning_rate=1.0, algorithm='SAMME.R', random_state=None)

常用参数说明:

base_estimator: 建立增强集成的基础估计器。需要支持示例权重,以及适当的 classes_ 和 n_classes_ 属性。若没有,则基础估计器是 DecisionTreeClassifier(max_depth=1)。

n_estimators: 终止推进估计器的最大数目。如果完全拟合,学习过程就会提前停止,默认为 50。

learning_rate: 学习率通过 learning_rate 缩小每个分类器的贡献程度。learning_rate 和 n_estimators 之间存在权衡关系。默认为 1。

algorithm: 取值范围为'SAMME'、'SAMME.R',默认为'SAMME.R'。若为'SAMME.R'则使用 real bossting 算法;若为'SAMME',则使用 discrete boosting 算法。SAMME.R 算法的收敛速度通常比 SAMME 快,通过更少的增强迭代获得更低的测试误差。

random_state: 控制每个 base_estimator 在每个增强迭代中给定的随机种子。因此,仅在 base_estimator 引入 random_state 时使用它。在多个函数调用之间传递可重复输出的整数。默认为 None。

11.11.2　Adaboost 算法实战案例

本节对比了决策树、随机森林和 Adaboost 算法在交叉验证下的效果,可以看到,随机森林和 Adaboost 模型效果比决策树略微好些,随机森林和 Adaboost 之间的效果差异不大。需要注意的是,这里主要目的是讲解算法的实现原理,在其他案例中,它们的效果可能各有差异。

```
In[33]:DF_cv = []
    RF_cv = []
    AB_cv = []
    for i in range(10):
        clf = DecisionTreeClassifier()
        rfc = RandomForestClassifier(n_estimators = 20)
        abc = AdaBoostClassifier()
        DF_cv.append(cross_val_score(clf, X, y, cv = 10).mean())
        RF_cv.append(cross_val_score(rfc, X, y, cv = 10).mean())
        AB_cv.append(cross_val_score(abc, X, y, cv = 10).mean())

    fig, ax = plt.subplots(figsize = (6, 4))
    ax.plot(range(1, 11), DF_cv, label = 'DecisionTreeClassifier')
    ax.plot(range(1, 11), RF_cv, label = 'RandomForestClassifier')
    ax.plot(range(1, 11), AB_cv, label = 'AdaBoostClassifier')
    plt.legend(loc = 7)
    plt.show()
Out[33]:
```

扫码可见

11.12　应用实践

本节以上市公司财务数据与公司是否被 ST(或者 * ST,以下均简称为 ST)的关系研究为例,使用 Sklearn 库提供的支持向量机模型对数据进行训练、调参并完成预测的全过程。需要注意的是,上市公司是否被 ST 受很多因素影响,本例只选择有限的几种特征对公司进行分类,展示 Sklearn 库中各函数的用法以及应用决策树模型解决实际问题的全流程。

本例从偿债能力、成长能力、经营能力和盈利能力 4 个方面选取 8 个财务指标,构建上市公司股票投资价值评价指标体系。每个方面选取 2 个代表性指标：偿债能力方面选取流动比率和资产负债率；成长能力方面选取净利润增长率和营业总收入增长率；经营能力方面选取总资产周转率和存货周转率；盈利能力方面选取净资产收益率和每股收益。

① 形成需要的数据。

```
In[34]:def get_data(x):
        result = x
        if type(x) == str:
            if x == '——':
                result = pd.NA
        return result


    df1 = pd.read_excel('case1.xlsx')
    df1.columns = ['id','name','st','roe','cash/rev']
    df1 = df1[['id','name','st']]


    df2 = pd.read_excel('case3.xlsx')
    columns = ['liquidity','lev','grow1','grow2','turnover1','turnover2','roe','eps']
    df2.columns = ['id','name'] + columns
    df2 = df2.drop(labels='name', axis=1)
    df3 = pd.merge(df1, df2, on='id')


    df3['st'] = df3['st'].map(get_data)
    df3['st'] = df3['st'].replace(['是','否'], [0, 1])
    for column in columns:
        df3[column] = df3[column].map(get_data)
    df3 = df3.dropna()
    df3['st'] = df3['st'].astype(int)
    for column in columns:
        df3[column] = df3[column].astype(float)
    df3.info()
Out[34]:<class 'pandas.core.frame.DataFrame'>
    Int64Index: 4570 entries, 1 to 5191
    Data columns (total 11 columns):
```

```
#    Column        Non-Null Count    Dtype
---  ------        --------------    -----
0    id            4570 non-null     object
1    name          4570 non-null     object
2    st            4570 non-null     int64
3    liquidity     4570 non-null     float64
4    lev           4570 non-null     float64
5    grow1         4570 non-null     float64
6    grow2         4570 non-null     float64
7    turnover1     4570 non-null     float64
8    turnover2     4570 non-null     float64
9    roe           4570 non-null     float64
10   eps           4570 non-null     float64
dtypes: float64(8), int64(1), object(2)
memory usage: 428.4 + KB
```

② 划分训练集和测试集,建立模型。

```
In[35]: # 划分训练集
        x_data = df.iloc[:, 3:10]
        y_data = df.iloc[:, 2:3]


        # 随机划分训练集、测试集(按 8 : 2 进行划分)
        x_train, x_test, y_train, y_test = train_test_split(x_data, y_data, test
        _size = 0.2)
Out[35]:


In[36]: # 建立支持向量机模型
        model = AdaBoostClassifier()
        # 在训练集上训练支持向量机模型
        model.fit(x_train, y_train)
        # 使用训练好的支持向量机模型对测试集进行分类
        y_pred = model.predict(x_test)
        # 输出支持向量机模型的分类准确率
        print('分类准确率为 : {:.2f}'.format(accuracy_score(y_test, y_pred)))
Out[36]:分类准确率为 : 0.99
```

11.13　实操练习题

1. 请构建上市公司财务困境指数（Z-Score）指标，分别使用不同的机器学习方法进行预测，并评价不同模型的预测效果。

2. 请构建上市公司财务舞弊指标，分别使用不同的机器学习方法进行预测，并评价不同模型的预测效果。

郑重声明

高等教育出版社依法对本书享有专有出版权。任何未经许可的复制、销售行为均违反《中华人民共和国著作权法》，其行为人将承担相应的民事责任和行政责任；构成犯罪的，将被依法追究刑事责任。为了维护市场秩序，保护读者的合法权益，避免读者误用盗版书造成不良后果，我社将配合行政执法部门和司法机关对违法犯罪的单位和个人进行严厉打击。社会各界人士如发现上述侵权行为，希望及时举报，我社将奖励举报有功人员。

反盗版举报电话　（010）58581999　58582371
反盗版举报邮箱　dd@hep.com.cn
通信地址　北京市西城区德外大街 4 号　高等教育出版社知识产权与法律事务部
邮政编码　100120

教师教学资源服务指南

关注微信公众号"**高教财经教学研究**",可浏览云书展了解最新经管教材信息、下载教学资源、申请教师样书、下载试卷、观看师资培训课程和直播录像等。

下载教学资源

电脑端进入公众号点击导航栏中的"教学服务",点击子菜单中的"资源下载",或浏览器输入网址链接http://101.35.126.6/,注册登录后可搜索相应资源并下载。

申请教师样书

点击导航栏中的"教学服务",点击子菜单中的"云书展",了解最新教材信息及申请样书。

下载试卷

高教财经教学研究公众号目前提供基础会计学、中级财务会计、财务管理、管理会计、审计学、税法、税收筹划、税务会计课程试卷下载。点击导航栏中的"教学服务",点击子菜单中的"免费试卷",下载试卷。

观看教师培训课程

高教财经教学研究公众号上线了名师谈"中级财务会计教学""高级财务会计教学""财务报表分析教学""管理会计教学""审计学教学",以及"智能投资在线课程""Python量化投资在线课程"等课程。点击导航栏中的"教师培训",点击子菜单中的"培训课程"即可观看教师培训课程和"名师谈教学与科研直播讲堂"的录像。

联系我们

联系电话:(021)56718921 　　　　高教社本科会计教师论坛QQ群:116280562